논어 품질경영

논어 품질경영

박재홍 지음

이화여자대학교출판부

머리말

2006년은 대한민국 역사상 가장 기억될 만한 해이다. 마침내 한국의 국민 총생산이 인도를 따돌리고 세계 10위를 기록하였기 때문이다. 절대적으로 자원이 부족한 상태에서 이러한 성과를 얻게 된 배경에는 여러 분야의 발전이 원동력이 되었겠지만 특히 품질경영 활동의 성과도 크게 기여하였다.

그러나 품질경영 활동에 투입된 노력에 비해 성과가 못 미치고 있다는 주장도 상당한 설득력을 가지고 있다. 그 이유는 우리가 품질경영에 대한 지식과 정보를 획득하는 과정이 우리 스스로의 기술과 노력에 의해서라기보다는 일본을 경유한 미국식 품질경영 시스템을 한국화하는 과정을 거치지 않고 그대로 도입했기 때문이다. 이 결과 단기간 내에 압축 성장의 성과를 얻을 수 있었다. 그러나 선진국의 제도를 도입하는 데만 급급하였기 때문에 스스로의 능력을 개발하는 데는 소홀하였다.

21세기에서는 생산자가 주도하던 시장이 소비자가 주도하는 시장으로 바뀌었고, 시장 규모도 글로벌 경쟁 체제로 바뀌었다. 세계적이라는 것이 각 나라의 고유한 특성을 버리고 단순히 표준만을 따르는 것이 아니라 세계 시장에서 그 나라의 특색이 장점으로 나타나는 것이다. 가장 한국적인 것이 가장 세계적인 것으로 통하는 것이 글로벌 경쟁 체제에 적응하는 것이다. 품질경영도 소품종 대량생산을 위주로 하는 집단주의를 극복하고 창의성을 바탕으로 하여야 할 것이다. 이런 점에서 본다면 현 시점에서 우리의 고유 정서와 사상에 맞는 한국적 경영 시스템을 연구 · 발전시키는 것이 매우 긴요하며, 품질경영 활동이 성과를 제대로 발휘하기 위해서는 우리나라의 정서와 제도에 맞는 이론을 확립해야 한다.

저자는 지난 30여 년간 품질경영을 연구해 오면서 한국의 품질 수준을 높일 수 있는 방법을 다방면으로 분석해 보았다. 가장 한국적인 것이 가장 세계적인 것이라는 역설적인 명제가 참이라면 가장 한국적인 품질이 가장 세계적인 품질이라는 명제 또한 참일 것이다. 저자는 오랜 시간 동안 한국인의 삶은 무엇인가, 한국적인 것은 무엇인가, 세계 시장에서 존중받는 품질의 제품을 생산하려면 어떻게 해야 하는가에 대하여 자문하였다.

이 책이 나오게 된 배경을 간단히 언급하는 것이 필요할 것 같다. 1980년대 저자가 이화여자대학교에 부임한 이후에 처음으로 관심을 가졌던 것이 한국의 품질경영 활동은 자생적인가 하는 것과 자생적이 아니라면 어떤 과정을 거쳐서 내재화되었을까 하는 것이었다. 이 연구 결과를 정리하여 「기업의 경쟁력 향상과 품질관리 활동의 내재화에 관한 연구」(1989)를 발표하였고, 이어서 「한국 품질경영 체제의 단계별 특징에 관한 연구」(1992)와 「한국적 품질경영 시스템의 탐색적 연구」(2004)를 발표하였다. 2005년에 한국의 품질 수준을 한 단계 높이는 것을 목적으로 품질관련 학자들이 설립한 신품질포럼이 주관한 「신품질 컨벤션 2005」에서 특별 강연으로 「한국형 품질경영」(2005)을 발표하였다.

저자는 30여 년 동안 한국적 품질을 탐구하다가 한국인의 의식이 우리의 고유 사상인 하늘사상과 유교사상에 바탕을 두고 있음을 찾아내고, 품질경영의 토대를 논어에 근거하여 전개하는 것이 가장 한국적이며 세계적인 품질을 구현하는 방법이라고 확신하게 되었다. 마침 시의 적절하게 이화여자대학교출판부의 지원을 받게 되어 연구에 많은 도움이 되었다.

이 책에는 현재 독서 인구의 대다수를 차지하고 있는 한글 세대가 친숙하게 접근할 수 있도록 논어를 인용할 때 원문을 먼저 해석한 다음 원문을 수록하였다. 논어를 제외한 다른 인용문들은 주(註)로 표시하였지만 논어의 경우 편명과 장으로 표시하였다.

2007년 6월

저자 박 재 홍

차례

머리말 _ 5

1. 왜 논어 품질경영인가? _ 11

시장의 변화 _ 15

삼강오륜 경영 _ 23

성선설 · 성악설 _ 25

인 · 의 · 예 · 지 _ 29

한국인의 의식 _ 40

건도(乾道)와 곤도(坤道) _ 47

2. 유교사상과 품질경영 _ 53

한국인의 유교사상 _ 53

공자의 사상과 발자취 _ 59

논어의 구성과 품질경영 _ 65

인 _ 94

군자 _ 112

도 _ 143

3. 품질이란 무엇인가? _ 153
품질 _ 153
품질 개념의 진화 _ 162
품질의 8가지 요소 _ 170
총체적 품질 _ 180
경영품질 _ 190

4. 품질경영 _ 195
품질경영 _ 195
품질경영의 구성 요소 _ 201
품질경영의 기본 사고방식 _ 217
품질경영 추진을 위한 제도와 기법 _ 229

5. 인간과 품질경영 _ 237

참고문헌 _ 256
찾아보기 _ 261

1. 왜 논어 품질경영인가?

지난 반세기 동안 한강의 기적이라 불리는 압축 성장의 결과 한국은 세계 10대 경제 대국으로 우뚝 자리를 잡았다. 절대적으로 자원이 부족한 상태에서 이러한 성과를 얻게 된 배경에는 여러 분야의 발전이 원동력이 되었겠지만 특히 품질경영 활동의 성과도 크게 기여하였다. 그러나 품질경영 활동에 투입된 노력에 비해 성과가 못 미치고 있다는 주장도 상당한 설득력을 가지고 있다. 그 이유는 품질경영에 대한 지식과 정보를 획득하는 과정이 우리 스스로의 기술과 노력에 의해서라기보다는 일본을 경유한 미국식 품질경영 시스템을 한국화하는 과정을 거치지 않고 그대로 도입했기 때문이다. 이 결과 짧은 시간 내에 압축 성장의 성과를 얻을 수 있었다. 그러나 선진국의 제도를 도입하는 데만 급급하였기 때문에 스스로의 능력을 개발하는 데는 소홀히 하였다. 품질경영 활동의 성과가 더욱 성공적이기 위하여서는 우리 스스로의 노력과 기술을 바탕으로 독창적인 품질을 확보하여야 한다.

한국이 산업화 과정에서 벤치마크의 대상이 되고 있는 일본은 집단주의 특징을 가지고 있다. 일본의 집단주의에서는 개인이 집단 내의 한

부분이 되기 때문에 개인이 부분의 역할을 수행하는 데는 우수한 능력을 발휘한다. 예를 들면 자동차 · 만화 영화 등이 그것이다. 일본의 산업이 발달하는 이유는 여기에 있다. 그러나 개인이 부분의 역할만 하게 되면 창의력을 발휘하기는 어렵다. 창의력이란 개인이 정신적 입장에서 전체가 되어 전체적 입장에서 판단할 때 가능하기 때문이다(이기동 · 배요한, 87).

품질경영 활동이 성과를 발휘하는 데 가장 큰 영향을 미치는 것은 기업가 정신이다. 사업의 발전과 성공에 주도적인 역할을 하는 것이 기업가이고 기업가들이 지니고 있는 기업가 정신이 사업 성공에 결정적인 영향을 미치게 된다. 기업가 정신이라 해도 고전적, 신고전적, 현대적, 그리고 신현대적 기업가 정신이 서로 다르다. 그것은 기업가의 개념과 환경이 다름으로써 그 정신도 다르기 때문이다. 예컨대 고전적 기업가란 돈키호테식으로 행동하는 기인 혹은 모험 사업가나 청부업자, 혹은 소유 경영자를 의미한다. 신고전적 기술 사업가는 독창적 기업가, 과업에 대한 열정과 성취 동기가 있는 기업가라는 개념을 지니고 있다(박우희 · 이어령, 41). 현대적 기업가라고 하면, 우수 기업의 창조 개념으로써 창업을 하거나 창의성과 혁신이 있거나 모험심과 성취 동기, 전문 경영자와의 협동, 사내 기업가 정신과 혁신적 리더십이 있는 기업가를 의미한다. 그런데 신현대적 기업가 정신이라고 하면, 여기에서 한발 더 나아가 새로운 시대의 첨단 과학 기술, 고객 만족도, 국제 경영 능력, 시대 변화에 적응하는 정신, 이노베이션 제일의 기술 혁신, 고객 밀착 관리, 목표 관리와 자율 책임 경영, 개방과 자유, 창의성, 인본주의 인재 경영, 믿음 창조와 민주적 리더십 등을 그 내용으로 한다.

그러면 성공한 기업가와 실패한 기업가의 차이는 무엇인가? 성공한 기업가 정신으로는 도전 정신, 신용 제일주의, 근검 절약 정신, 고객 만족 정신, 인간 존중과 인재 제일주의, 창의와 협동 정신, 책임주의 정신, 합리 추구 정신, 산업 평화주의 즉 노사 협동 정신, 정직과 정도 경영 정신, 끝으로 사업 보국 정신 등을 들 수 있다. 반대로 실패한 기업가 정신으로는 탐욕적 낭비, 불성실, 피해망상, 판단력 부재, 인내력 부족, 사업 지식 결여, 경영 관리 체계의 이완, 신념 결여, 도전과 개척 정신 결핍 등을 들 수 있다(박우희 · 이어령, 42).

성공한 기업가와 실패한 기업가의 차이는 건전한 사고방식을 바탕으로 한 도전 정신을 갖추고 있느냐 하는 것이다. 현재 한국의 교육과 경제가 제자리를 찾지 못하고 갈팡질팡하는 이유는 대체할 가치관을 확립하지 않은 채 기존의 유교적 가치관을 서둘러 해체하였기 때문이다. 진정한 혁신과 변화를 달성하려면, 혁신과 변화에도 원칙이 있어야 한다.

1978년 미국 제약회사 머크(Merk)는 새로 개발한 신약 '멕티잔(Mectizan)'을 놓고 고민에 빠졌다. 멕티잔은 회선사상충증(흑파리떼에 의해 시력을 잃는 병)을 예방하는 데 탁월한 효과가 있다. 하지만 이 약을 생산하는 것은 회사에 이익이 되지 않았다. 왜냐하면 이 병은 아프리카에서만 주로 발생하는 풍토병이었고 정작 이 지역 주민들은 멕티잔을 구입할 만한 경제력이 없었던 것이다. 그러나 머크는 결국 임상 실험 결과, 식품의약국(FDA) 승인 등에 드는 막대한 비용을 감수하고 대량 생산에 나섰고 1987년 아프리카 주민들에게 약을 무상으로 공급하기 시작했다. 지금까지 멕티잔은 4억8,000여 만 명의 아프리카인들의 시력을 되찾아 주었다. 2003년 6월 미국 뉴저지 주의 화이트하우스 스테이션에 있는 머크 본사를 찾아가 레이먼드 회장에게 물었다.

"돈이 안 될 줄 뻔히 알면서 왜 10여 년에 걸쳐 신약을 개발하고, 또 그 약을 공짜로 나눠줬습니까?"

레이먼드 회장은 두 가지 이유를 들었다. 첫 번째 이유는 '기부는 장기 투자'라는 것이다. 자기 회사가 하는 기부의 수혜자 또는 수혜국의 정치 경제 상황에 도움을 주면 언젠가는 이들이 고객이 될 수 있다는 생각이다. 또 다른 이유는 종업원 만족이다. 종업원은 내부 고객이며 내부 고객은 외부 고객을 만족시킬 수 있는 인적 자원이다. 경영자가 내부 고객인 종업원을 만족시킬 수 있어야 종업원도 외부 고객을 만족시킬 수 있다.

레이먼드 회장은 이렇게 말했다.

"생각해 보세요. 직원들에게 인류 건강에 도움이 되는 약품을 만들자고 다짐해 놓고 정작 회사가 돈이 안 된다는 이유로 약품 개발을 포기한다면 직원들에게 어떤 메시지를 주겠습니까?"

그러나 기업은 자선단체가 아니다. 주주들의 이익을 최우선으로 고려해야 한다. 머크는 지금까지 멕티잔 생산에만 10억5,000만 달러를 쏟아부었고 그 외에도 아프리카 33개국에 보급하는 비용도 엄청나다. 과연 주주들로부터 반대는 없었을까. 머크사의 약품 기부 담당이사는 웃으며 "그런 질문을 많이 받는다"면서 "주주들이 반대했다면 지금까지 멕티잔 기부를 계속 할 수 있었겠느냐"고 되물었다. 머크는 신용 평가기관인 무디스가 최우수(AAA) 등급을 부여하는 8개의 미국 회사 중 하나이다. 화이자(Pfizer), 글락소 스미스 클라인(Glaxo Smith Kline), 브리스톨마이어스 스큅(Bristol-Myers Squibb) 등 경쟁 업체보다 덩치는 작지만 주가는 2~3배 높다. 코트라렐라 이사는 "'사회적 책임을 다하는 기업'이라는 평가가 주가 관리에 도움을 준다고 믿는다"고 말했다.

기업 윤리, 나아가 건전한 기업가 정신이 있는 기업은 장기적 이익을 향유할 수 있다. 즉 기업 관리자가 윤리적 행동을 하게 되면, 먼저 고객의 믿음을 얻게 된다. 회사 내에서는 종업원의 자부심을 향해서 자랑스러운 회사라는 생각을 갖게 하며, 이것이 작업 능률 향상과 전사적 품질경영으로 이어져 장기적 이익으로 환원된다고 보는 것이다. 이런 기업의 윤리 수준 향상의 효과를 장기적 이익, 단기적 이익의 수익 측면에서 비교 연구하며 실제 통계를 축적하고 있다. 이런 사례 연구를 통해 윤리적 투자와 일반적 투자의 수익성을 비교해 보면, 단순한 금전적 투자보다 윤리적 투자가 장기적 이익에 훨씬 크게 기여한다(박우희 · 이어령, 42~43).

시장의 변화

21세기에서는 지금까지 생산자가 주도하던 시장이 고객이 주도하는 시장으로 변하고 있으며 고객의 품질에 대한 욕구도 매우 다양해지고 있다. 품질경영도 집단주의를 극복하고 창의성을 바탕으로 하여야 할 것이다. 이런 점에서 본다면 우리의 고유 정서와 사상에 맞는 한국적 품질경영 시스템을 연구 · 발전시키는 것이 매우 긴요하며, 품질경영 활동이 성과를 제대로 발휘하기 위해서는 우리나라의 정서에 맞는 제도와 이론을 확립해야 한다. 이 책에서는 우리의 전통사상(하늘사상)과 논어를 중심으로 한국적 품질경영의 모델을 탐색하여 기업과 사회에 널리 알리는 목적을 갖고 있다.

사람은 알게 모르게 그가 몸담고 있는 주변 환경에 영향을 받으면서 살아간다. 특히 우리를 둘러싸고 있는 자연 환경은 우리의 의식과 성격에까지 영향을 미친다. 이는 바닷가 사람의 기질과 산촌 사람의 기질이 상당한 차이가 있다는 경험적 사실로도 알 수 있다(이석명, 101~102).

한국인은 명사인 이성보다 형용사와 부사의 감성이 더 풍부하다. 그래서 한평생의 갖가지 애환에 예민하며, 즉흥적인 기질의 남용이 밤낮을 가리지 않는 축제로 채우는 것이다. 지난 2002년 「집으로」라는 영화가 300만 명 이상의 관객을 동원하며 큰 성공을 거뒀다. 말 못하는 자신을 '병신'이라고 놀리는 손자에게 매번 가슴을 문지르며 미안함을 표시하고, 해진 옷과 찢어진 고무신을 몇 번이나 기워 입고 신으면서도 손자에게 새 운동화를 사주는 할머니의 모습에 관객들은 말로 표현하기 어려운 찡한 그 '무엇'을 느꼈다. 하지만 외국인이 이 영화를 보고 한국인과 똑같은 감정을 느끼리라고 보기는 어렵다. 한국인의 마음속에 면면히 이어 내려오는 '정'에 대한 이해가 부족하기 때문이다.

한국의 고유한 정서는 외국의 그것과 다르다. 그런데도 이러한 정서를 무시하고 우리의 정서와 다른 외국의 제도와 이론을 그대로 우리에게 적용한다면 그것이 제대로 소화될 리 없다. 한국인에게 외국의 것을 맹목적으로 강요하는 것은 소에게 개밥을 강요하는 꼴이다. 개밥이 쇠꼴보다 영양가가 더 있어 보인다고 해서 섣불리 소에게 개밥을 먹이면 소는 힘을 쓰지 못한다. 외국의 제도와 이론을 맹목적으로 강요하는 것은 소에게 개밥을 먹이는 것과 같은 상황이다(이기동 · 배요한, 56).

이러한 상황을 극복하는 방법은 우리 정서에 맞는 제도와 이론을 탐색하여 적용하는 것이 다. '빨리빨리'는 한국인이 일을 완벽하게 처리하지 못하는 것을 지적하는 말로 쓰이고 있지만 사실은 한국인의 큰 장점이다. 기다리는 것을 빨리 갖다 주는데 싫어할 사람은 없을 것이다. '빨리빨리'에 익숙한 우리는 세계인들에게 누구보다 앞서 그들이 필요로 하는 것을 공급할 수 있었다. 우리의 건설업이 사막에서 일어설 수 있었던 것도, 일본이 선점하고 있던 전자제품 시장을 석권할 수 있었던 것도 한국인이라면 누구나 익숙해져 있는 '빨리빨리' 덕이 크다.

빛에 그림자가 따르듯 '빨리빨리'에는 '대충대충'이라는 부작용이 있었다. 그 결과 부실 공사, 불량 제품과 같은 오명이 따라다녔다. 하지만 이제 한국은 '빨리빨리'와 '철저함'을 동시에 이루는 경지에 접근했다. 품질과 가격 모두에 있어서 세계 최고의 제품들이 이 땅에서 만들어지고 있다는 것이 그 증거이다.

역사적인 사실에서 관찰할 때, 사람들이 부지런해지고, 빨라지기 시작한 것은 일해서 저축해도 빼앗기지 않고 자기 것이 된다는 확신이 들면서부터이다. 눈앞에 잘살 수 있는 기회, 돈 벌 수 있는 기회가 보이는데 게으름을 피우고 앉아 있을 사람은 많지 않을 것이다. 뿌린 대로 거둘 수 있게 되자 사람들은 빨리 뿌리고 빨리 거두었다. 그 결과 한국인도 풍요를 누릴 수 있게 되었다.

그런 사정은 다른 나라도 비슷하다. 사람들은 오랫동안 만만디(천천히)가 중국인의 속성이라고 생각해 왔다. 큰 나라 사람들이라서 역시 크게 보고 천천히 움직인다는 것이다. 그러나 그건 오해였다. 덩샤오핑이 개혁개방 정책으로 실질적인 사유재산제를 도입한 이후 중국인의 성격은 만만디에서 콰이콰이(빨리빨리)로 변했다. 베이징이나 상하이에서 택시를 타면 어찌나 빨리 차를 모는지, 오금이 저려서 앉아 있기 힘들 지경이다. 과거에 그들이 만만디였던 것은 큰 나라 사람이었기 때문이 아니라 부지런을 떨어도 그 결과가 자기의 것이 되지 않았기 때문이었다.

일본인도 원래부터 부지런했던 것이 아니다. 일본인이 부지런해진 것은 1867년 메이지유신으로 다이묘 사무라이들의 착취가 사라지면서부터였다. 중동 사람들이 즐겨 입에 담는 '인샬라'(Inch' alla, 신의 뜻대로), 터키인의 '수하힐리'(천천히), 필리핀의 '마나냐'(내일)는 모두 여유와 일맥상통한다. 하지만 그들에게도 뿌린 대로 거둘 수 있음이 보장

된다면 한국과 일본 · 중국 사람들처럼 빠르고 부지런한 성격으로 변해 갈 것이고 그에 따라 생활 형편도 좋아질 것이다. 느림의 미학을 전파하는 사람들은 안타까워하겠지만, 이처럼 제도는 민족성을 만든다.

자본주의의 성립 이론을 제시한 저명한 사회학자인 베버(Max Weber)가 내세운 동양주의는 사실과 소설을 섞어 버리고, 외부의 범주와 개념을 강압하여 충돌케 하고, 이질적 실제를 동질화해 버리며, 교과서적 접근을 채택, 전 세계를 '요체화(要體化)' 해 버리는 과오를 범하고 있다. 막스 베버의 대표작인 『프로테스탄티즘의 윤리와 지본주의 정신』에서 베버는 오직 서구에만 우리가 타당하다고 인정하고 있는 발전 단계에 오른 과학이 존재한다고 하면서 서구 문화의 우수성에 대하여 다음과 같이 강변하고 있다(막스 베버, 5~9).

경험적 지식, 우주와 삶의 문제에 대한 반성, 가장 심오한 종류의 철학적이고 신학적인 지혜 등은 서구에만 국한되지 않는다. 물론 이슬람과 인도의 다른 몇몇 종파에서는 단지 단편적인 신학이 존재했기 때문에 앞서 말한 지혜의 종류가 체계적 신학이 만개한 발전에 이른 것은 헬레니즘(Hellenism)의 영향 아래에서 기독교에만 국한되지만, 간단히 말해 매우 세련된 지식과 관찰은 다른 곳, 특히 인도 · 중국 · 바빌로니아 · 이집트 등에도 존재했다. 그러나 바빌로니아나 다른 곳에는 천문학이—그래서 그 발전을 더욱 놀라운 것으로 여기게 되는데—최초로 그리스인들로부터 수용된 수학적 기초를 결여하고 있다. 인도의 기하학은 아무런 합리적 증명도 가지고 있지 못했다. 이러한 증명도 역학과 물리학의 창시자인 그리스적 지성이 낳은 또 다른 산물이다. 인도의 자연과학은 비록 관찰 면에서는 잘 발달했지만 실험 방법이 결여되어 있다. 이 방법은 고대에 시작되었다는 점 말고는 본질적으로 근대의 실험

실과 마찬가지로 르네상스의 산물이었다. 그러므로 특히 인도에서 약학은 경험적 기술에서는 매우 발달했을지라도 생물학적 토대, 특히 생화학적 토대를 결여하고 있었다. 합리적 화학은 서구를 제외하고는 문화의 어떤 영역에도 존재하지 않았다.

중국의 고도로 발전된 역사 연구도 투키디데스의 방법을 가지고 있지는 못했다. 마키아벨리(Niccoló Machiavelli)가 그 선구자를 인도에 가지고 있는 것은 사실이다. 그러나 모든 인도의 정치사상은 아리스토텔레스(Aristoteles)의 것에 비견할 만한 체계적 방법을 가지고 있지는 못했으며, 실제로 합리적 개념의 소유라는 점에서 그러했다. 인도에서 모든 선구적 업적들(Mimāmsā학파)도, 특히 근동에서의 광범한 성문화 작업도, 또 인도와 다른 곳의 법률서들도 엄격한 체계적 사고를 갖지 못했다. 이러한 사고는 로마법과 그 영향을 받은 서구 법률의 합리적 법학에만 있는 본질적인 면이다. 교회법과 같은 구조는 단지 서구에만 알려져 있다.

예술의 경우도 마찬가지이다. 다른 나라 국민들의 음악적 귀는 아마도 우리 자신의 경우보다 더 감각적으로 발달되었을지 모른다. 분명 덜 발달하지는 않았다. 다양한 종류의 다성 음악이 지구상에 널리 퍼져 있다. 여러 악기들의 협연과 여러 음부의 합창은 다른 곳에도 존재했다. 우리가 알고 있는 모든 합리적 음계가 다 알려져 있었고 다 계산되었다. 그러나 합리적인 화성 음악, 대위법과 화음, 3도 음정을 지닌 세 화음에 근거한 음의 조작, 공간에 따라 해석되지 않고 르네상스 이래로 화음에 따라 해석된 반음계와 미세 음계는 단지 서양 음악에만 존재하는 것이다. 또한 현악 사중주를 중심으로 하는 오케스트라, 관악 합주의 조직, 베이스 반주, 근대적 음악 작품의 작곡과 생산을 가능하게 하고 그것의 생존 자체를 가능하게 한 기보 체계, 소나타 · 심포니 · 오페라, 그리고 마지막으로 이 모든 것에 대한 수단인 기본적인 악기들, 오르간 · 피아노 · 바이올린 등등, 이 모든 것은 단지 서양에만 존재하는 것이다. 설령 표제 음악, 음률시, 음조의 변경과 반음계 등이 표현 수단으로서 다양한 음악적 전통 안에 존재했다 하더라도 그렇다.

건축의 경우 뾰족한 아치는 고대에 그리고 아시아에서도 장식의 수단으로 사용된 적이 있다. 아마도 뾰족한 아치와 십자 아치의 둥근 천장은 동양에는 알려지지 않은 것 같다. 그러나 압력을 배분시키는 수단으로서의 고딕식 둥근 천장의 사용과 무엇보다도 거대한 기념 건물의 구성 원칙으로서 그리스 중세에 이루어진 것과 같이 조각과 회화에까지 확장된 스타일의 토대로서의 모든 형태의 지붕 공간의 합리적 사용 등은 다른 곳에서는 이루어지지 않았다. 우리 건축의 기술적 토대는 동양에서 유래된 것이다. 그러나 동양은 르네상스가 우리에게 제공했던 모든 예술의—회화의 경우 산과 공간적 원근법의 합리적 사용에 의한—고전적 합리화 유형과 돔 문제의 해결 등을 결여하고 있다. 중국에서도 인쇄는 있었다. 그러나 '단지' 인쇄를 위해서, 그리고 오직 인쇄를 통해서만 디자인된 인쇄 문헌, 특히 신문과 정기 간행물은 단지 서양에서만 출현했다.

모든 가능한 유형의 고등교육 기관, 심지어 우리의 대학 혹은 적어도 아카데미와 피상적으로만 유사한 유형의 기관이 존재했다(중국과 이슬람). 그러나 훈련되고 전문화된 인원을 갖추고 이루어지는 합리적이고 체계적이며 전문화된 과학의 추구는 우리 문화에서 현재 차지하고 있는 지배적 위치에 접근하는 의미로는 단지 서구에만 존재했다. 무엇보다도 근대 국가와 서구의 경제 생활 모두에 기둥 역할을 하는 훈련된 관리에 대해서는 진정으로 그러하다. 훈련된 관리란 지금까지 단지 암시되었을 뿐, 사회질서에 대하여 현재와 같은 중요성에는 접근한 적도 없는 유형을 구성한다. 물론 관리, 그것도 전문화된 관리란 매우 다양한 사회에서 매우 오래된 구성 인자이다. 그러나 어떤 나라도 어떤 시대도 근대 서양과 동일한 의미에서의 특별히 훈련된 관리들의 '조직'에 전적인 존재, 그리고 그 삶의 정치적 · 기술적 · 경제적 조직을 절대적이고도 완전하게 의존해 본 적은 없다. 사회적 일상생활의 가장 중요한 기능이 기술적으로, 상업적으로 그리고 특히 법적으로 훈련된 정부 관리의 손에 들어오게 되었다.

봉건 계급 내에서 정치적이고 사회적인 집단들의 조직은 일상적인 것들이었다. 그러나 서구적인 의미에서 '법에 따라 통치한다'는 봉건 국가마저도 서양 문화에만 알려져 있는 것이다. 의회의 책임을 지는 각료로서의 정당 지도자 그리고 선동가들에 의한 정부와 함께 정기적으로 선출되는 대표들의 의회의 경우에는 더욱더 서양에만 특유한 것이다. 비록 영향력을 행사하고 정치권력에 대한 통제를 획득하기 위한 조직이란 의미에서의 정당이 세계 전역에 걸쳐 존재했다 해도 그러하다. 사실상 합리적인 성문 헌법과 합리적으로 정비된 법률, 합리적인 규칙이나 법에 따른 행정 등을 갖춘 정치적 결사체란 의미에서의, 훈련된 관리들에 의하여 움직여지는 국가 자체가 이러한 특징들의 결합의 형태로는 그 모든 유사성에도 불구하고 단지 서양에만 알려져 있는 것이다.

이는 우리의 근대적 삶에서 가장 강력한 힘인 자본주의에 대해서도 마찬가지이다. 획득에의 충동, 이윤과 화폐, 가능한 한 많은 양의 화폐에 대한 추구 그 자체는 자본주의와 관계가 없다. 이 충동은 웨이터 · 의사 · 마부 · 예술가 · 창녀 · 관리 · 군인 · 귀족 · 십자군 · 도박꾼 · 거지 등에게도 존재하고 있으며 존재해 왔다. 아마도 이 충동은 그것의 객관적 가능성이 있거나 혹은 있었던 곳이라면 지구상의 모든 나라에 그리고 모든 시대에 모든 종류와 조건의 인간들에게 공통된 것이라고 말할 수 있을 것이다. 자본주의에 대한 이러한 소박한 생각이 단적으로 포기되어야 함은 문화사의 초기에 가르쳐져야 한다. 획득을 위한 무제한한 탐욕은 결코 자본주의와 동일한 것이 아니며 자본주의의 정신과는 더욱 동일한 것이 아니다. 자본주의는 '아마도' 이러한 비합리적 충동의 절제 혹은 적어도 그러한 충동의 합리적 완화와 동일할 수 있을지 모르겠다. 그러나 자본주의는 지속적이고 합리적인 자본주의적 경영에 의한 이윤 추구 그리고 영원히 '재생되는' 이윤의 추구와 동일한 것이다. 이는 반드시 그러해야만 하는데 왜냐하면 전적으로 자본주의적인 사회질서 안에서 이윤 획득을 위한 자신의 기회를 이용하지 않는 개별적인 자본주의 기업은 소멸할 수밖에 없기 때문이다.

베버에 따르면 서구에서 취하는 자본주의 형태는 오직 서구에서만 탄생될 수 있었다. 왜냐하면 자본주의 정신이나 부는 상업 이익과 이윤 추구를 강요하기 때문이며 이 정신은 프로테스탄트가 지배하는 유럽에서만 일반적으로 나타나기 때문이다. 베버의 해석이 이러하기 때문에 자본주의란 진보된 경제체제이며, 따라서 서구 사회가 월등하다는 것으로 보는 것이다. 비서구 학자들은 결과적으로 방어적 입장을 취하고 그들의 종교인 이슬람교 · 불교 · 유교가 자본주의 발전에 나쁘지 않으며 부의 획득에 반대하지 않음을 보이려고 애쓰게 되었다. 우리는 이를 베버적 프로테스탄트 윤리 이론의 동양화라 부른다. 동양의 학자들은 자본주의에 관한 연구에서 대부분 베버의 저작에 따르며, 베버의 저작에서 찾을 수 없는 것도 무조건 베버의 저작에 근거하여 사고하는 경향이 있다. 즉 프로테스탄트 윤리와 기능적으로 유사한 것을 탐구한다는 것이다.

대표적으로 홀(David L. Hall) · 도어(Ronald Dore) · 딘(Vera

Micheles Dean) · 칸(Herman Kahn)은 동아시아의 유교 윤리와 경제성장 간의 정의 관계를 제시하였다. 이러한 생각은 베버 내에서 동양주의적 특징을 지닌 학자들의 입장을 대변한 것인데, 이들은 이슬람교 · 불교 · 유교 등 종교와 철학 속에서 프로테스탄트 윤리와 기능적으로 유사한 것을 방어적으로 탐구하는 자료를 제공한다(박우희 · 이어령, 68~69).

한국이 우리 정서에 맞는 품질경영 활동의 제도와 이론을 탐색하려면 먼저 베버적 동양주의를 탈피하여야 한다. 미국 사회에 태권도를 뿌리내리게 한 태권도의 대부 이준구 씨는 워싱턴의 국회의사당 내에 의원들을 대상으로 한 '태권도 클래스'를 40여 년간 운영하면서 미국 정계에 태권도를 심어 놓은 인물이다. 그에게 태권도가 미국 학부모들에게 설득력이 있는 이유를 물어보니까, 한마디로 '규범(discipline)' 교육 때문이라고 말했다. 태권도가 청소년들의 규범 교육에 효과가 있다는 것이다. 그는 "태권도를 배우면 학교에서도 우등생이 되어야 한다", "부모님 말씀을 잘 들어야 한다", "부모님의 추천서가 있어야 검은 띠를 준다", "인성이 좋아야 태권도의 고수가 될 수 있다"는 내용을 태권도를 배우러 온 미국 청소년들에게 강조하였다(조용헌, 253). 미국 청소년들에게 가장 결여된 것이 바로 규범 교육이었고, 태권도가 이 약점을 보충해 주었던 것이다. 태권도의 규범은 결국 유교사상에서 나온 것이다.

삼강오륜 경영

통신 단말기 업계에서 명성을 떨치고 있는 (주)팬택, (주)팬택 & 큐리텔, (주)팬택 씨앤아이로 구성된 팬택 계열사들이 삼강오륜 경영을 펼치고 있는 것도 이러한 자각에서 이루어진 것이다. 팬택 계열에서는 바람직한 직장 생활의 규범으로 유교의 삼강오륜을 벤치마킹하여 팬택 삼강오륜을 제정하고 이를 책자로 발간하여 삼강오륜을 기업 문화로 정착시키고 있다. 팬택이 통신 단말기 업계에서 단기간에 뚜렷한 두각을 나타낸 것도 유교적 규범의 가치가 발휘된 것으로 보인다. 이와 마찬가지로 우리가 경쟁력 있는 품질경영 시스템을 갖추기 위해서는 한국의 고유한 정서를 바탕으로 외국의 품질경영 시스템을 학습하고 도입하여야만, 노력에 합당한 성과를 얻을 수 있다.

한국은 현재 일본이 미국의 모델을 모방해서 개량한 품질경영 모형을 본받고 있지만, 미국뿐만 아니라 일본과도 정서가 다르기 때문에 실정에 잘 맞지 않는 경우가 많다. 이러한 사상적 차이를 거슬러 올라가 보면 성선설과 성악설이 나타난다.

성선설을 주장한 사람은 맹자이다. 맹자의 이름은 맹가인데, 그 정확한 출생 연대에 대해서는 여러 가지 설이 있지만, 기원전 372년에 공자의 고향 가까운 추현(趨縣)에서 태어나 기원전 289년에 84세의 일기로 세상을 떠났다는 것이 정설이다. 즉 기원전 4세기 전반에 태어나 3세기 초까지 활동한 것으로 볼 수 있다. 맹자가 보기에 극심한 전쟁의 소용돌이 한가운데 있던 중국에는 두 가지 극단이 존재했다. 하나는 자기 자신의 이름을 지우고 타인을 위해 헌신해야 한다는 부르짖음이었고, 다른 하나는 오직 자기 자신만을 긍정해야 한다는 부르짖음이었다. 맹자는 이런 양 극단을 거부하고 자신은 중도를 걷겠다고 말했다.

그는 타인과의 관계 맺음, 그리고 그 관계를 좋은 상태로 유지하는 일은 여러 관계가 구성하는 전체에 헌신하는 것이지만 여러 관계에 관행적으로 내려오는 규칙을 수동적으로 맹종하는 일이 아니며, 오히려 자기 자신에 대한 진실함을 통해 능동적으로 접근해 나가야 하는 일이라고 생각했다. 현대적인 표현을 빌려 말하자면, 자기 자신에게 진실한 사람만이 타인에 대해 진실할 수 있다. 이러한 견해는 크게 두 가지 방향으로 표출되었다. 첫 번째로는 성선설이다. 맹자는 성선설을 통해 인간이 타인과의 관계를 맺을 수 있는 능력을 본래부터 갖고 있음을, 그리고 도덕적인 인간이 되는 길은 철저히 자신의 힘으로 가능한 것임을 주장하고, 개인이 스스로에 대해 책임감을 느낄 것을 촉구했다. 두 번째로는 왕도 정치론이다. 이는 맹자의 성선설과 표리를 이루는 것으로 보다 능동적인 역할을 수행할 수 있는 지식인과 지배층의 도덕적 책임을 강조한 것이다. 맹자는 능동적으로 자신의 임무를 수행할 수 있는 지배층과 지식인이 솔선수범해야 하며 그들이 자신의 책무를 방기하거나 냉소적이 되면 세상이 타락한다고 보았다.

성선설 · 성악설

이러한 맹자의 생각에는 인간의 본성에 대한 깊은 신뢰, 즉 인간 바탕은 선하다는 신념이 깔려 있다. 그것을 맹자는 이렇게 설명하였다.

> 사람에게는 누구나 다 남의 불행을 차마 못 보는 마음이 있다
> (所以謂人皆有不忍人之心者).
> 지금 만약 불의에 어린애가 우물에 빠지려고 하는 것을 보았다면
> (今人乍見孺子將入於井),
> 누구나 다 깜짝 놀라 측은한 마음을 가지고 구해 주려 할 것인데
> (皆有怵惕惻隱之心),
> 이는 아이의 부모와 친교를 맺으려는 것도 아니고

(非所以內交於孺子之父母也),

한동네 사람들이나 친구들에게 칭찬을 받으려는 것도 아니고

(非所以要譽於鄕黨朋友也),

악평을 듣기 싫어서도 아니다

(非惡其聲而然也). - 맹자 「공손추 상편」 6장

이러한 측은지심이 인(仁)의 근본이며, 의롭지 못한 것을 부끄러워하고 미워하는 마음이 의(義)의 근본이며, 사양하고 양보하는 마음이 예(禮)의 근본이고, 옳고 그름을 판별하는 마음이 지(智)의 근본이다.

성악설을 주장한 사람은 순자이다. 순자의 이름은 순황으로 전국 말기에 태어나 활동했다. 그의 생애는 그다지 많이 알려져 있지 않다. 생몰 연대만 해도 기원전 4세기 초 · 중반에서 3세기 중반 사이라는 대략적인 연대만을 추정할 수 있다. 비록 정확한 생몰 연대는 알 수 없지만, 그가 중국 역사상 가장 극심한 전란의 소용돌이 속에서 태어나 활동했다는 점만은 확실하다. 바로 그러한 시대적 배경을 통해 이른바 그의 성악설을 이해할 수 있다.

인의와 예절이 땅에 떨어지고 사람들이 서로 다투면서 자신의 이익을 챙기기에 급급했던 시대에 순자가 내놓은 해결책은 사람들이 자신의 그릇된 성품과 행동거지를 바로잡도록 끊임없이 노력해야 한다는 것이었다. 바꾸어 말하면 예에 입각한 철저한 교육을 통해 사람의 잘못된 품성을 바로잡아야 개인과 개인, 나라와 나라 사이의 갈등과 반목이 잦아들고 평화를 이룰 수 있다는 것이다.

순자도 교육의 중요성을 무척 강조한다. 『순자』 제1편이 바로 「권학」 즉, '학문을 권한다'는 주제인데, 여기에서 학문이란 옛 성인이 제정하여 남긴 문물제도와 예법에 대한 지식을 쌓고 자신의 품성을 열심

히 갈고 닦는 공부를 뜻한다. 순자는 사람들이 학문에 전념하는 데 있어서 "쇠를 숫돌에 갈 듯", "나무를 먹줄로 그은 직선에 맞추어 깎듯"해야 한다고 강조한다. 이렇게 본다면 순자의 성악설은 "잘못된 심성과 행동을 끊임없는 수양과 공부를 통해 바로잡아야 한다"는 주장을 함축하고 있으며, 사람들이 악하게 되지 않기를 바라는 순자의 간절한 심정을 반영하고 있다.

우리는 "사람은 저마다 타고난 소질과 본성을 잘 길러 살아야 한다"는 말을 자주 듣는다. 그러나 다른 한편으로 "사람은 자신의 단점과 결함을 꾸준한 노력을 통해 극복해야 한다"는 말도 그에 못지않게 자주 듣는다. 꼭 들어맞는 것이 아닐지라도, 대략 맹자가 전자의 입장이라면 순자는 후자의 입장이라 할 수 있다. 맹자와 순자의 그러한 입장은 상반되는 것처럼 보이기도 한다. 하지만 타고난 저마다의 소질과 본성을 잘 기르면서 동시에 단점과 결함을 극복하려고 끊임없이 노력하는 것은 결코 모순이 아니다. 요컨대 성선설과 성악설은 서로를 완전히 배척하는 모순적인 입장이라기보다는 상호보완적인 입장에 가깝다고 볼 수 있다.

성선설과 성악설

성선설	주 장	성악설
맹자	주장자	순자
이상주의	주 의	현실주의
증자의 영향을 받음	근 원	자하의 영향을 받음
타고난 덕의 수양을 강조	강조점	예로써 나쁜 습관을 제거할 것을 강조
사람은 인의예지의 덕을 갖춘 존재	인간관	사람은 이기적이고 악한 존재
유가의 사상 발전에 큰 영향을 미침	전 개	법가사상에 큰 영향을 미침

공자는 인간의 본성이 흐르는 물과 같아서 동쪽으로 인도하면 동쪽으로 흐르고 서쪽으로 인도하면 서쪽으로 흐른다고 보았다. 즉 물이 흐르는 데 동서의 구분이 없는 것처럼 인간의 본성에도 선악의 구분이 없다는 것이다. 이에 대해 맹자는 "물은 진실로 동서의 구분이 없지만 그렇다고 상하의 구분도 없는가? 인간이 선한 것은 마치 물이 위에서 아래로 흐르는 것과 같다"라고 반론을 펼쳤다. 또한 공자는 식욕과 성욕처럼 태어날 때부터 갖고 있는 본성은 처음부터 선악의 구별이 없다고 보았다. 이에 대해 맹자는 공자가 말한 본성은 사실 동물적 본능과 같은 것이고 진정한 인간의 본성이 아니라고 보았다. 맹자는 인간은 동물과 다른 존재이며 인간이 동물과 구별이 되는 것은 도덕이 있기 때문이라고 하였다.

맹자는 "이런 것들로 미루어 본다면 남을 불쌍히 여기는 측은한 마음, 곧 차마 잔악하게 하지 못하는 마음이 없으면 사람이라 할 수 없고, 자기의 잘못을 부끄럽게 여기지 않고 남의 옳지 않은 것을 미워하는 마음이 없으면 사람이라 할 수 없다. 또 남에게 양보하고 사양하는 마음이 없으면 사람이라 할 수 없으며, 옳고 그른 것을 가려내는 시비의 마음이 없으면 사람이라 할 수 없다. 측은한 마음은 인의 실마리이며, 부끄러워하고 옳지 않은 것을 미워하는 마음은 의의 실마리이고, 사양하는 마음은 예의 실마리이며, 시비의 마음은 지의 실마리로서 이것을 사단(四端)이라 이른다. 사람이 이 사단을 가지고 있는 것은 마치 사람의 몸에 사지가 있는 것과 같다"고 하였다.

인 · 의 · 예 · 지

맹자는 인간과 인간이 아닌 것의 근본적인 구별은 '인 · 의 · 예 · 지' 등 사단이 있느냐 없느냐에 있다고 보았으며, 사단은 인간이 인간되게 하는 지표이고 '성'의 기본 내용이라고 보았다. 또한 그는 사지가 나면서부터 갖추어진 것처럼 인간에게 인 · 의 · 예 · 지 등 사단은 선천적인 것이라고 보았다. 맹자는 이를 "인 · 의 · 예 · 지는 외부에서 나에게 녹아든 것이 아니고, 나에게 고유한 것이다"라고 명확하게 표현하였다.

맹자는 인간의 선천적인 요소를 사단으로 명명하였을 뿐만 아니라 '양지(良知)', '양능(良能)'이라는 말로도 설명하였다. 그는 "사람이 배우지 않고서도 가능한 것이 그의 양능이며, 생각하지 않고도 아는 것이 그의 양지이다"라고 하였는데 이것은 사단과 마찬가지로 선하다. 사단 · 양지 · 양능 등 선한 본성이 인간에게 선천적으로 갖추어져 있다는 맹자의 성선설은 일종의 도덕 선험론으로 당대의 유학자뿐만 아니라 후대의 순자 등 여러 학자들로부터 비판을 받았다. "인간의 본성이 선하다는데 왜 악한 사람이 존재하는가?"라는 직접적인 비판으로부터 선한 본성이 있다면 후천적인 학습이나 교육이 무슨 의미가 있으며 정치는 무엇을 위해 존재하는가 하는 간접적인 비판에 맹자는 직면해야 했다. 그러나 맹자는 인간의 본성은 선하고 그것이 선천적이라 한 것은 인간의 잠재적 도덕의식을 말하는 것이며, 따라서 이 선천적 도덕의식을 반드시 후천적으로 배양하고 발전시켜야 한다고 하였다. 인간 세상을 아름답고 이상적인 세계로 만들기 위해서는 사단을 넓히고 확충하는 방법밖에 없으며 그것은 후천적인 학습과 수양을 통해서 이루어진다고 보았다.

맹자에게 있어 후천적인 학습과 수양은 효제의 도의를 펼치는 것이었다. 맹자는 요임금이 설에게 사도라는 직위를 주어서 백성들에게 인륜을 가르치도록 했는데 그 내용은 "부모와 자식 간에는 친밀함이 있어야 하고, 임금과 신하 사이에는 의로움이 있어야 하며, 남편과 아내 사이에는 분별이 있어야 하고, 어른과 아이 사이에는 차례가 있어야 하며, 벗들 사이에는 믿음이 있어야 한다"는 것이었다. 맹자는 이런 오륜에 관한 교육으로 효제의 도의를 펼치고 사단을 넓히고 확충해 인간 세상을 이상적인 세계로 만들 수 있다고 본 것이다.

맹자의 '인간 본성은 선하다'는 명제는 비록 그것이 도덕 선험론적인 한계를 갖고 있다고 하더라도 인간의 사회생활에서 도덕의 중요성을 인정하고, 인간과 짐승의 근본적인 구별을 제시한 것으로 중국 고대 윤리학과 철학의 발전에 중요한 의의를 갖는다(김철호, 94~97).

한국과 일본은 모두 유교적인 전통을 고수하고 있지만 한국인들은 성선설적 정서로 살아가는 사람이고, 일본인들은 성악설적 정서로 살아가는 사람들이다. 예를 들어 A라는 사람이 B라는 사람에게 돈을 꾸었다고 하자. 그 때 B는 평소 A의 양심을 믿기 때문에 차용증서를 받지 않고 돈을 빌려주었다. 그런데 B가 나중에 A에게 돈을 돌려달라고 했을 때, A가 그런 일이 없다고 시치미를 뗀다면 어떠한 결과가 일어날 것인가? 이 경우 한국인들은 대개 A를 양심도 없는 나쁜 놈이라고 판단한다. 이는 양심을 중시하는 정서에서 나타나는 특징이다. 양심이란 모든 인간이 다 함께 가지고 있는 공통된 마음이다. 양심의 개념이 있는 경우에는 양심을 지켜야 한다는 것이 전제되어 있다. 양심을 지키면 저절로 합의점에 도달하기 때문에 따로 계약서를 쓸 필요가 없다. 그러나 양심을 인정하지 않을 때는 합의한 내용을 양심에 저장할 수가 없다. 그러므로 그 합의한 내용을 쌍방이 다 인정하는 계약서를 써서 교환하는 수밖에 없다(이기동 · 배요한, 59).

일본의 경우는 성악설적 사고와 조립 산업에 적합한 집단주의가 전후 일본 산업의 부흥과 품질경영에 긍정적인 영향을 미치고, 그 결과 일본이 세계적인 품질 강국이 되었다. 그러나 한국인들은 성선설적 사고를 하기 때문에 일본과는 다르고 따라서 우리가 지향하는 품질경영 모형도 다를 수밖에 없다. 지금까지 생산자가 주도하는 시장이 고객이 주도하는 시장으로 변화하면서 고객의 다양한 요구를 만족시키기 위해서는 성선설적 사고를 하는 한국이 더욱 유리할 수 있다. 한국인과 일본인의 사고방식을 사상체질론으로 설명할 수도 있다.

한의학의 천재 이제마(李濟馬)는 사람의 체질을 태양인 · 태음인 · 소양인 · 소음인 4가지로 나누었다. 태양인은 매우 드물기 때문에 대부분의 사람들은 나머지 3종류의 체질에 해당된다고 한다. 겉으로 드러난 한 · 중 · 일 3국의 기질을 사상체질에 대비시켜 볼 수 있다.

중국 사람들의 기질적 특징을 '만만디[慢慢的]'라고 한다. 매사에 서두르지 않고 느긋하다. 자기의 속을 쉽게 드러내지 않는다. 이는 태음인에 해당하는 기질이다. 간이 크고 폐가 작은 태음인은 느긋하고 뚝심이 있다. 흔히 대륙적 기질이라고 일컬어지기도 하는 중국인들의 만만디 기질은 태음인 기질에 가깝다(조용헌, 46).

일본 사람들은 정확하고 꼼꼼하다. 타인에게 폐를 끼치지 않으려고 매사에 조심스럽다. 일상 회화에서도 '스미마셍(すみません)'이 입에 붙었다. 이런 스타일은 소음인 기질이다. 신장이 크고 비장이 작은 소음인들은 내성적이면서 별로 오버하지 않는다. 그러니까 실속을 챙긴다. 주변에서 고시에 많이 합격하는 비율을 관찰해 보면 소음인이 많다. 밖에 나돌아다니기를 좋아하지 않고 책상에 오래 앉아 있으므로 시험 공부에 유리한 체질이다.

한국인은 어떤가. 소양인 기질에 가깝다. 소화기관인 비장이 튼튼하고 신장이 작은 소양인들은 '빨리빨리' 체질이다. 동남아에 가보면 가장 유명한 한국어가 '빨리빨리'이다. 그만큼 한국 사람들은 빠르다. 소양인들은 순발력과 스피드가 좋고 적응이 빠르다. 부정적으로 표현하면 냄비근성이다. 하지만 소양인의 빨리빨리 기질이 있었기 때문에 다른 나라 사람들이 100년 겪어야 할 변화를 20~30년에 압축해서 감당할 수 있었다(조용헌, 47).

일본의 이 소음인 특성은 역사적 사실로 입증된다. 주목할 것은, 강자에게 약하고 약자에게 강한 일본의 '뛰어난 위계 감각'이다. 일본은 자국이 약하고 타국이 강할 때에는 타국을 섬기지만 반대 상황에서는 항상 타국을 도발했다. 일본은 19세기 말 양이를 외치다가 함포에 혼이 난 후에는 구미에 굴복하여 저자세를 취하였으나, 20세기 들어 군사적 강국이 되자 구미를 상대로 전쟁을 일으켰다. 패전 후 일본은 다시 미국을 받들고 주변국의 눈치를 살폈다. 그러나 전후 경제를 재건하자 주변국을 넘보며 힘을 과시하기 시작했다. 2001년의 일본의 국민 총생산은 한국과 중국을 합친 것의 2배이고, 1인당 소득은 중국의 30배, 한국의 2.5배이다.

일본의 도발은 '약자에게 강한' 소음인 강자의 위계적 '전횡'인 것이다. 더욱 놀랄 만한 것은, 이 도발이 소음인적 변덕을 자극하는 경기변동과도 정밀하게 맞물려 있다는 것이다. 일본은 힘을 느끼는 호경기에 도발하고 쪼들리는 불황기에 이를 반성하는 행태를 반복해 왔다. 일본은 1970~80년대 번영기에 들어서자 집중적으로 도발하기 시작했다. 그러다가 1991~95년 불황기에는 총리의 신사참배 거부, 교과서 자진 수정, 법원의 신사참배 위헌 선고 등 일련의 반성이 있었다. 이후에도 같은 패턴이 반복되었다. 1996년 일시적인 경기회복과 잦은 도발, 1997~98년 불황 속에서 총리의 신사참배 거부 표명, 1999~2000년 경기

회복과 잦은 도발, 2001~2002년 불황과 일부 교과서 자진 수정 등. 이러다가 2003년부터 경기가 회복되자 총리의 신사참배와 각종 도발이 연방 터져나왔다. 2005년에는 독도 영공 침입 기도와 시네마현[島根縣]의 '다케시마[竹島]의 날' 제정 사건이 터졌고 연이어 독도 수역에 대한 측량을 강행하려는 시도가 있었다.

이와 같이 국력 추이와 경기변동을 세심하게 반영하는 일본의 도발 패턴은 너무나도 소음인적이다. 이 분석이 맞다면 일본의 도발을 퇴치하는 길도 자명하다. 한국 경제가 일본을 앞지른다면, 일본은 조선 전성기처럼 한국을 받들 것이다. 골드만삭스사는 한국이 5% 성장률을 유지할 경우 2025년 국민소득 세계 3위, 2050년에는 세계 2위로 일본을 앞지를 것으로 전망하고 있다. 이러한 예측을 반영하는 것처럼 일부 일본인들은 이미 한류(韓流)에 젖어들기 시작했다. 따라서 한국 경제가 일본 경제를 앞지르기 전에라도 한류가 더욱 확산된다면 일본의 도발도 마침내 끝날 날이 올 것이다. 이 시기를 앞당기려면 5% 성장률을 유지하고, 정확한 눈대중과 '은근과 끈기'의 실무 외교로 도발을 잘 처리해 한류를 키워야 한다.

일본의 자본주의적 정신 구조가 성립된 과정을 살펴보면, 일본은 불교와 유교를 심학(心學)으로 통합, 자본주의 체제에까지 적용하고, 나아가 '일본 혼'이란 정신을 창안, 지금과 같은 부강한 사회를 이룩했다. 일본의 정신문화를 원형적으로 보면 불교와 유교에 깊이 관계되어 있고 이를 빼고서는 일본을 이해할 수 없다.

근대 이전의 일본인들에게 오랜 기간 동안 정신세계의 근간을 이루게 한 것은 '은(恩)'과 '의(義)'이다. 은은 불교에서, 의는 유교에서 배워 온 것이라고 생각된다. 다시 말하면 불교에서 배운 많은 것들 중에서 지주가 된 것은 은이며, 유교의 경우는 의였다. 물론 불교나 유교에 의해 은과 의가 처음으로 도입되었다는 것은 아니다. 그러나 은과 의에 의한 정신생활의 모습은 불교와 유교가 들어와 보급됨에 따라 더 크게 발전되었다. 일본의 자본주의적 정신 구조는 일본 전국시대의 번(藩)과 에도 260년의 역사에서 찾을 수 있는 매우 역사적인 특성을 지니고 있다. 일본 자본주의적 정신의 사상적 스승은 스즈키 쇼산[鈴木正三]과 이시다 바이간[石田梅岩] 두 사람이다.

이시다 바이간은 1685년 지금의 교토에서 태어났고 무학력으로 샐러리맨의 생을 살아온 사람이었다. 스즈키 쇼산은 이시다의 스승으로, 1579년에 태어나 무사로서 전국 말기의 전란의 체험을 지닌 선종의 승려였다. 이시다의 시대가 성장에서 정체기로의 전환기였던 것에 반해 스즈키의 시대는 전국 무사의 시대였다. 스즈키는 농민을 승려보다 훌륭하다고 보고 농민도 성불할 수 있다고 보았다. 상인도 나라 안의 자유를 지키는 훌륭한 직업인이었고, 농민이든 직인이든 상인이든 "결과로서의 이윤은 선"이라는 사상을 전파시켰다. 농 · 공 · 상 등 세속의 모든 업무는 종교적 수업이며 이것을 일사불란하게 행한다면 성불할 수 있다고 보았다. 즉, 선과 이윤은 공존할 수 있다고 생각한 것이다.

이시다는 석문심학을 만들어 현대의 일본 실용주의 사상을 확립하였다. 그의 세계관은 스즈키와 같고 표현은 유교적이었지만 도식화하면 서로 비슷하다. 상인일지라도 본심에 따라 수요와 공급을 이어주면 성불할 수 있고 그로써 얻어지는 이윤은 옳은 것이라고 믿었다. 낭비 · 사치는 죄악이 되고 청빈이 높게 평가된다. 이시다가 말하는 검약이란 자체의 윤리이고 그것이 동시에 제가(齊家), 즉 상가라는 기업체의 질서의 기본이 된다. 소위 이윤추구라는 욕심을 자제하고 소비자에게 봉사한다는 발상은 대외적 자제이나 그것은 한편 합리성의 추구가 되고, 그 추구는 다시 대내적 자제, 즉 검약이 된다. 검약은 소비의 윤리이다.

이러한 마음가짐을 보면 경제성과 합리성의 추구는 그것대로 윤리가 되고 거기에 요청되는 것은 자제이며 그것이 사회질서의 기초가 된다고 보았다. 일본이 미국의 통계적 품질관리 방식을 받아들여 일본식 전사적 품질관리(Total Quality Control: TQC)로 발전시킬 수 있었던 것도 이러한 사상이 내재되어 있었기 때문이다.

현재 일본의 사상은 이시다 사상의 국제판이라 할 수 있다. 현재 일본 기업의 생리도 마찬가지다. 현대 일본 사회와 기업에 이시다의 사상이 스스로 배태되어 존속한 것이다. 그의 사상은 일본 자본주의의 윤리가 되었고, 지본의 논리와 융합, 일본 사회 및 기업의 경쟁력을 제고시켰다(박우희 · 이어령, 57~59). 이러한 사상이 현대 일본 자본주의 정신의 밑바탕에 깔려 있다. 스즈키나 이시다, 우에스기[上杉] 모두 노동을 존중하고 생산 활동을 신성시하였다. 에도 시대에도 무사 이데올로기적 신념을 가진 '홍(紅)'과 경제적 합리성을 추구하는 주자파적 무사인 '전(專)'과의 싸움이었다. 이런 싸움의 끝에 메이지 시대가 왔고 일본의 번영은 이러한 상반되는 두 사상의 조화가 잘 이루어진 상태에서 생겨났다.

에도 시대에도 경제적 합리성이 없는 것은 존립할 수 없다는 것이 이미 공리가 되어 왔다. 즉, 자본의 논리를 무시하면 개인 · 사회 · 번의 발전을 기대할 수 없다는 것이다. 다시 말하면 경제적 합리성의 추구는 선이었다. 이시다에 의하면 소불자(小佛者)를 위한 철저한 합리화가 정직이며 번(藩)의 경제적 합리성을 확립하기 위해 사랑하는 자기 말에 인분을 싣든가 번(藩)의 원로(元老)인 가노(家老)가 호미를 들고 논밭에 들어가는 것도 선이 되었다. 단 그것은 자기의 이익 추구, 즉 사욕을 위한 것이 아니고 번이라는 공동체를 위한 것이어야만 했다.

마찬가지로 이시다도 사욕을 금하였다. 그에게 상이란 행위 자체가 사회에 봉사하고 상가란 공동체를 확립, 그에 속하는 사람들의 생활을 보장하기 위한 행위였다. 이러한 원칙은 번이라는 공동체를 유지하기 위해서는 자본의 논리에 바탕을 둔 기능 집단으로 전환되지 않으면 안 된다는 발상이었으며, 동시에 상가라는 기능 집단은 공동체로 전환되지 않으면 안 된다는 생각이었다. 이러한 원칙이 메이지 시대에도 이어져 이것이 일본의 경제적 발전을 가능하게 한 것이었다. 당시 필요할 때에는 무사도 호미를 들고 말똥을 치우는 것이 훌륭한 행위였다. 즉, 기능 집단의 일원으로서 기능하는 것 자체가 그대로 공동체에 대한 봉사였고, 여기서 정신적 충족을 얻는다. 집단은 공동체이기 때문에 당연히 종신 고용이 되며, 고용은 약속에 의해 이루어지지 않고 어떤 형태로든 연공 서열제가 되게 된다. 이러한 구조와 동시에 자제와 그 표현인 검약이 질서의 기본이 되고, 이런 검약이 사회적 의무가 될 때, 또 이것이 개인의 논리로 확립될 때, 그 경제는 번영하게 될 수밖에 없게 되는 것이다.

일본의 기업은 기능 집단과 공동체의 이중 구조로 되어 있다고 할 수 있다. 예컨대 어떤 젊은이가 이런 종교적인 공동체에 사원으로 입사해서 자기의 기능을 최고로 발휘하게 되면 공과 업적은 세우게 되지만 반드시 공동체의 서열에 전화되는 것은 아니다. 기능 집단에 대한 공이 공동체의 우열에 전화될 때 비로소 그 사람은 인정받게 되고 기업도 사회적으로 기능을 다하게 된다.

일본 사회는 '의제(擬題) 혈연(血緣) 사회'이지 지연(地緣) 사회가 아니다. 따라서 일본 기업들도 혈연 사회적 정신을 갖고 있기 때문에 퇴직을 하는 경우도 강제 퇴직이 아니라 희망 퇴직밖에 없으며 고용 계약이 없어도 종신 고용이 가능하게 된다. 지연 집단은 땅을 상실하면 소멸되어 버리지만 혈연 집단은 그렇지 않다. 회사 내에 정규 사원과 임시직 사원도 엄격히 구별되며, 내국인과 외국인의 구별도 엄격하다. 개인의 명예, 가족의 명예보다 회사의 명예가 더욱 높게 평가되는 동시에 기능 집단으로서의 회사가 사원을 해고한다는 것은 원칙적으로 부당하며, 유일한 예외는 회사라는 공동체의 명예를 훼손시켰을 경우에 국한된다.

그와 대조적인 것이 미국이다. 미국 회사에서는 그 회사가 세계적인 스캔들에 빠져 있다 하더라도 사원들은 전혀 무관심할 수 있다. 그러나 일본에서는 사원 전원이 스캔들의 주인공이 되며 그 책임을 공동으로 진다는 의식을 가지고 있다. 기업이란 두말할 필요도 없이 이익을 위해 기능하는 집단이며 그렇지 않으면 도산 · 소멸해 버린다. 즉 이익이 아닌 손해를 보기 위해 기능하지 않는다. 군대가 마치 전쟁에서 지기 위해 기능하지 않는 것과 마찬가지이다. 그런데 일본에서는 공동체 그 자체에 어떤 생명이 있고, 그 공동체를 유지하기 위해서는 손해를 볼 때도 있다고 본다. '국철일가(國鐵一家)'란 말이 일본 사회를 형성하는 정신구조가 되어 있듯이 여기에는 어떤 이론이나 학문적 논리가 있을 수 없다. 공동체의 요청을 절대화할 때, 일본에서는 서로 이야기하여 합의하는 것을 절대시한다. 공동체 안에서는 계약이라든가 문서, 또는 법적 규범이 없이도 초법적으로 이야기하면서 합의하는 것이 절대적 의가 된다. 현재 일본이 '일본 주식회사'라든가 '경제 동물'로 불리면서 전 세계로부터 규탄을 받고 있는 것도 실은 이러한 점에서 생겨난다.

현대 일본의 사회규범은 불교 등 여러 가지 요소의 복합체로 볼 수 있다. 특히 심학(心學)은 대단히 유교적이며 그중에서도 논어적이다. 세속 사회의 질서인 논어가 공통의 고전이 되었고, 이것이 일본 사회와 개인 생활을 이끄는 기본 사회규범의 하나가 되고 있다. 논어가 사회와 생활 속에서 일본인들의 사물을 보는 눈, 인식하는 방법, 또는 사회생활의 기본 가치가 되면서 현대 일본 사회의 공통 규범이 되고 있다는 것이다. 이러한 논어적인 전통 규범을 바탕으로 정치인과 국민, 부모와 자식, 교수와 학생 간의 대화가 가능하고, 그 가운데서 신뢰감이 생기고, 근대화의 목표와 수단에서 발생되는 여러 가지 상이한 의견의 수렴이 가능해지면서 산업사회의 질서가 유지 · 발전되고 있다.

이러한 일본의 전통사상은 메이지 유신으로 넘어오면서 먼저 상인자본과의 대결로 천민자본주의를 척결, 본래의 생산에 자본축적을 지향하였고, 이것이 근대 일본의 전형적 산업자본가 군을 이루는 기초가 되었다. 즉, 투기가 아닌 대담한 투자 계획, 결단과 개척 정신, 유능한 인재에 바탕을 둔 조직 등 개척가적 기업가 상이 부각된 것이다. 차츰 경제가 발달함에 따라 근대 사회에 적합한 비즈니스의 모습과 위치를 확보하기 위해 일본은 시민 정신에 의한 생산자적 독립 자존의 정신을 강조하였고, '우량 생산주의', '일인 일업주의'를 통해 협조주의적인 대가족주의의 노사 관계를 찾는 데 기본을 두었다. 생산량이 더욱 증강되자 대량생산에 대응할 질 높은 노동력을 양성하기 위해 노동자들의 생활 조건 개선 등에 관심을 가지기 시작하면서, 생산과 복지, 그리고 도덕성을 찾기 시작하였다.

일본은 초기 자본주의의 모순이 드러나기 시작한 제1차 세계대전 후의 중화학 공업화 시기에 근면과 저임금만으로는 한계가 있었기 때문에 기술 혁신과 과학주의적 공업으로 돌파구를 찾는 소위 '과학적 생산력'을 제창하게 되었다. '일본적 자본주의 개작'이 바로 그것이다. 제2차 세계대전 이후 산업구조의 변화와 기술 혁신에 대응하기 위해 일본은 이때까지의 온정주의 차원을 넘어 노사간에도 대립하면서 상호 협조하는 민주적 기업을 제창하게 되었다. 그 후 독점자본주의가 진전되면서 장기적인 경기 침체와 노동계급 탄생 등으로 체계가 위기에 봉착하자 냉정한 현실 판단을 중시하는 실업 사상을 모색하게 되었다. 이러한 과정을 겪어 나가면서 일본의 사회규범 또는 경제 윤리는 '도덕경제 합일주의'나 '의리양전(義利兩全)'처럼, 개인이 협조하고 책임지는, 즉 개체와 전체를 하나로 묶는 사상을 집약하는 소위 '회사주의'의 모습으로 지금까지 이어지고 있다(박우희 · 이어령, 60~65).

일본의 정신문화를 원형적으로 보면 불교와 유교에 깊이 관계되어 있고, 불교와 유교를 도외시하면 처음부터 아무런 얘기도 할 수 없다. 일본의 일상적인 도덕 내지 인간 교육도 마찬가지이다. 불교는 본래 극히 우주적이면서도 사회적이다. 따라서 지연이나 혈연을 끊을 것을 강조하고, 이에 마음이 속박되지 않도록 가르친다. 즉, 속세의 인연을 끊는 것이 번뇌 해탈의 길이라 한다. 따라서 부모 형제에 대한 마음, 이른바 은애(恩愛)의 정에 얽매이는 것을 금하고 이를 불문의 금기로 배척했다. 불교가 은애의 정을 배척한다면 불교에서의 은의 도덕과 그것은 어떻게 관계되는가? 보은(報恩)이란, 불(佛) · 보살(菩薩) 등의 은덕에 보답하는 것이다. 불은(佛恩)에 준하는 은덕으로는 국왕의 은혜, 중생의 은혜, 부모의 은혜가 있고 이 삼은(三恩)을 삼복전(三福田)이라 부른다.

그러면 유교사상에서 배워온 의(義) · 의리(義理)는 어떠한 것인가. 일반적인 의는 사의(事宜)에 맞아 좋다고 하는 행위, 사물의 정당한 길, 사람이 행해야 할 덕 · 책무 · 임무를 의미한다. 의가 의미하는 바는 여러 가지 있지만, 의의 성격으로 주목할 만한 것은 공공적 성격과 합리적 성격이다. 의정(義井)은 공동의 우물, 의창(義倉)은 공익을 위한 창고, 의학(義學)은 공중을 위한 학교, 의숙(義塾)은 공유의 교육기관이라는 것이다. 공정하고 공평한 사회적 도리가 정의의 본뜻이며, 공공이 생각하는 올바른 길에 있어야 의인이 된다. 의가 의미하는 사회적 성격은 그대로 덕목으로서 의의 사회성과 통한다고 할 수 있다. 의는 이(理)

에 통하고, 이는 본래 옥석(玉石)을 가리고 다스린다는 뜻에서 '사리(事理)', '조리(調理)'라는 뜻으로 쓰였다. 옳은 것은 옳고 아닌 것은 아니라고 냉정하게 판단하고, 사물의 도리를 조리 있게 또 엄하게 세우는 것, 여기에서 의의 합리적인 성격을 엿볼 수 있다. '의리(義理)'란, 사물의 올바른 길, 또는 사람이 행해야 할 도와 도리로 해석되었고, 직업·계층·부모·자식·주종 등 다양한 대인관계에서는 사람이 남에 대해 자신의 입장에서 해야 할 것 또는 체면이나 면목으로 풀이되었다. 불교와 유교의 은과 의는 일본인의 정신생활에 뿌리 깊게 정착되었고, 정신생활의 2대 지주가 되었다.

논어는 의(義)와 이(利)를 분별하지만 노자처럼 생활 속의 이(利)를 부정하지는 않는다. 이로움이 올바르면 좋다. 땀 흘려 얻은 이익은 자랑스럽고 훔쳐 얻은 이익은 부끄럽다고 말할 뿐이다. 의가 이를 부정하는 것은 아니다. 다만 나만 이익을 취하고 남을 손해 보게 하면 그것은 부덕이 된다는 것이다. 반대로 너만 이익이 되고 내가 손해를 보게 되어도 부덕이 된다. 두 경우 모두 덕을 해칠 우려가 있기 때문이다. 모두를 이롭게 할 때 비로소 덕(德)이 되며, 이런 덕을 인(仁)이라 했다.

한국인의 의식

한국인의 의식 속에 가장 보편적으로 존재하고 있는 것은 하늘 관념이다. 하늘이란 모든 존재자를 하나로 연결하는 공통분모이다. 마치 형제들을 하나로 묶는 부모의 존재와도 같다. '하늘'과 사람이, 그리고 '하늘'을 매개로 하여 '사람'과 '사람'이 하나로 연결되어 있다고 생각하는 것이 한국 사상의 핵심이다. 이러한 한국 사상의 표본이 바로 '인내천' 사상이다. 모든 존재는 본질적으로 한마음 상태에서 서로 돕고 협조하는 존재로 인식되기 때문에 '모든 존재는 본질적으로 착하다'고 하는 성선설이 성립한다. 그래서 한국인들은 성선설적 사고를 한다. 성선설적 사고는 하늘 관념을 바탕으로 해서 성립된다(이기동 · 배요한, 64).

내가 하늘이면 남도 하늘이고 만물도 하늘이기 때문에 하늘의 입장에서 남과 내가 하나가 되고 만물과 내가 하나가 된다. 내가 만물이고 만물이 나라는 근원을 통찰하여, 하나되는 마음으로 삶을 영위한다면 모든 사람을 자신처럼 사랑하는 마음이 발현될 것이다. 이러한 마음이 바로 논어의 중심 사상인 '인'이다(이기동 · 배요한, 65).

한국을 비롯한 동양 사회에서는 그동안 서양 문물을 받아들여 근대화하는 과정에서 유교가 근대화를 저해하는 암적 요소로 작용한다고 잘못 믿어 왔다. 기독교는 그들의 유일신을 정점으로 하는 피라미드 형태로 되어 있어 '신은 죽었다'고 하면 모든 윤리적 기반이 무너져 내린다. 즉 단일 종교를 갖는 사회이기 때문에 믿는 순간까지 낙원이지만 한번 믿지 않는다고 할 때에는 부모 · 처자식과 같은 가장 기본적인 가족 관계까지도 무의미해진다. 반면 유교에는 삼강오륜이 있어 그중 하나를 잃는다 해도 모든 것이 일시에 무너지지 않는다. 게다가 유교는 인간관계에 있어서도 서로 주고받는 상대적인 학문으로 도의를 더 중시한다. 즉 신하가 충성스러우면 임금은 자비로워야 하고 아들이 효도하면 아버지는 인자해야 하는 주고받는 관계로, 기독교처럼 어떤 계층을 정해 놓고 일방적으로 절대적인 윤리를 강조하지 않는다(박우희 · 이어령, 97~98). 이렇게 볼 때 유교는 개인의 인권을 억압하는 사상이 아니라 상대방을 상호존중하는 민주적인 사상이다.

이 세상을 지향하는 유교는 역사에 대한 존경심을 의미하고 있으며, 보수적이고 안전 지향적인 태도를 보인다(로스 테릴 저, 이춘근 역, 118). 해럴드 보크만(Harold Bockman)은 선조에 대한 제사의 전통은 "서구 문명에서는 나타나지 않는 과거로부터 유래하는 공통의 기원과 공통의 운명을 창출해 냈다. 이는 신에 대한 수직적 정향이 아니라 과거에 대한 수평적 정향을 산출했다"고 말했다(로스 테릴 저, 이춘근 역, 118). 같은 한자 문화권에 속해 있으면서도 일본 사람들은 '원(怨)'이라는 말을 쓰고 한국 사람들은 '한(恨)'이란 말을 즐겨 쓴다(박우희 · 이어령, 98).

일본인이 우리나라의 『춘향전』만큼이나 사랑하는 고전에 『주신구라[忠臣藏]』가 있다. 에도 시대에 47명의 사무라이가 주군의 원수를 갚고 비장하게 죽는다는 스토리이다. 루스벨트(Thedore Roosevelt)대통령은 포츠머스 회담에서 일본에 호의를 보인 이유를 『주신구라』에 감동받았기 때문이라고 말했다. 『주신구라』는 영화로만 100여 편이 제작되었고 드라마 · 연극 · 소설 · 만화로 끊임없이 리메이크되고 있다. 그만큼 일본인의 정신적 바탕에는 『주신구라』의 정서가 깔려 있는 셈이다. 복수는 '사무라이 국가' 일본의 정신세계의 뿌리를 풀어내는 키워드 중 하나이다. 5000엔권 지폐에 초상이 실릴 만큼 근대 일본의 최대 지성으로 평가 받는 니토베 이나조[新渡戶稻造](1862~1933)는 저서 『사무라이』에서 "세상에서 가장 아름다운 것은 부모와 주군의 원수를 갚는 것"이라고 했다.

원은 『주신구라』처럼 칼로 갚고 한은 『춘향전』처럼 기다림과 참음으로 푼다. 그래서 같은 금속을 가지고서도 일본인은 세계에서 가장 크고 잘 드는 일본도를 만들어냈고, 한국인은 세계에서 가장 크고 잘 울리는 에밀레종을 만들었다. 『주신구라』는 칼을 뽑는 데서 시작하여 칼의 피를 씻는 것으로 끝나지만, 『춘향전』은 만나는 데서 시작하여 다시 만나는 자리에서 끝난다. 원수를 갚으려면 보다 날카로운 칼이 있어야 한다. 그러나 한은 아무리 잘 드는 칼로도 풀 수 없다. 에밀레종과 같은 호소의 목소리 같은 절절한 소망의 울림에 의해서 풀린다. 그래서 『주신구라』의 복수담을 좋아하는 일본인들이 만든 것은 갚는 문화요, 『춘향전』을 좋아하는 한국인이 만든 것은 푸는 문화이다. 억울한 것도 분한 것도 풀고, 막혀 있는 것도 풀어 버려야 한다. 한국 샤머니즘의 특징은 죽은 영혼의 원한을 풀어주는 데 있고, 예술 형식도 장점을 풀어주는 데 그 근본을 두었다. 노래를 부르는 것, 시를 짓는 것, 춤을 추는 것, 그 모든 것을 시름을 풀기 위한 것으로 본다. 심지어 한국인들은 이미 풀어진 상태인 심심한 것까지도 다시 풀어 심심풀이라고 한다.

일본인들은 갚는다는 말을 잘 쓴다. 그들이 미안하다는 인사말로 쓰는 '스미마셍(すみません)'을 직역하면 덜 끝났다는 뜻이다. "당신에게서 받은 그 은혜를 아직 덜 갚았다"는 것이다. 은혜도 갚고 원수도 갚는다. 좋은 일이든 궂은 일이든 일본인들의 사고는 언제나 타인을 향해 있다(박우희 · 이어령, 101~102). 원을 갚은 기업은 희생자가 없이는 번영할 수 없다. 일본 경제의 번영이 세계 경제에 아무런 도움이 되지 못하고 오히려 다른 나라에 많은 불행을 던진다는 사실은 일본 기업이 안고 있는 한계로 지적되는 약점이다. 원 갚음의 동기에는 절대로 공존공생의 원리가 나오지 않는 법이다. 칼은 남을 자를 때에 그 힘이 나온다. 잘리는 자가 없으면 무공은 세워지지 않는다. 피를 전제로 한 무사도의 힘이 기업으로 되었을 때, 그 번영은 많은 희생자를 부르기 마련이다. 일본 기업으로 인해 세계의 많은 기업들이 쓰러지고 일본인의 손안에 들어갔다.

한국의 기업 문화는 한(恨)풀기이다. 한이나 시름을 풀면 거기에서 신바람이 난다. 한의 문화는 푸는 문화로, 푸는 문화는 신바람의 문화로 이어진다. 그래서 일본 사람들은 멍석이라는 틀을 만들어 주어야 능률이 오르나 한국인은 하던 것도 멍석을 펴 놓으면 하지 않는다. 신이란 자율성에서 우러나오는 것이다. 이 '신'은 조화에서 우러나오는 것이므로 서구의 개인주의와는 다른 성격이다. 일본인의 집단주의와 서양의 개인의 힘이 가지고 있지 않은 것이 바로 그 개인 속에 세계를 끌어들이는 한국의 신바람의 힘이라고 할 수 있다. 한국인이면 누구라 할 것 없이 조금씩은 춤을 추고 노래를 부르는 모습을 볼 수 있다. 외국에서는 구경하기 힘든 광경이다. 노는 경우만이 아니라 신만 오르면 피로도 어려움도 잊고 열심히 일을 한다. '신명'이 열사의 사막에서 실현된 것이 이른바 중동 건설 붐이다(박우희 · 이어령, 102~103).

한민족은 예로부터 정이 많은 민족이다. 명절 때 부모님이나 가족을 만나보기 위해 고향으로 가는 그 기나긴 행렬이나, 한식 때 몇 시간을 길바닥에 버려가면서도 조상의 산소에 벌초를 하러 가는 모습은 그 어떤 나라에서도 볼 수 없는 진풍경이다. 나는 이렇게 따뜻한 정을 가진 사람들을 마음으로 움직여 신나게 일하게끔 만드는 것이 위기 극복의 가장 좋은 방법이라고 생각한다. 한국인들은 정이 깊을 뿐만 아니라 주체할 수 없는 끼를 갖고 있다. 그래서 자신의 일과 신념에 확신을 갖게 되면 두려움 없이 달려든다. 이런 우리 국민들의 특성을 잘 살려, 자신들의 잠재 능력을 온통 쏟아 부을 수 있는 환경을 만들어 준다면 그 어떤 어려움도 극복할 수 있다고 생각한다. 또 신명이 나면 물불을 안 가리는 민족이 바로 한국 사람들이다. 따라서 한국인의 장점을 제대로 알고 이를 살려주기만 하면 무슨 일이든지 자발적으로 해낼 수 있다. 그것이 바로 경영의 성공 조건이다. 그러나 반대로 수틀리면 부정적인 방향으로 극한까지 치달을 수 있는 것이 또한 한국인의 특성이다. 그러므로 신명이 나도, 수가 틀려도 극한까지 갈 수 있는 한국인의 정체성을 살리는 것이 무엇보다도 중요하다(서두칠, 81).

2002년, 자발적인 대규모 거리 응원을 통해 한국인으로서의 강한 집단 응집력과 단결력을 보였고, 축제의 즐거움 또한 만끽했다. 이러한 우리의 국민성은 세계를 놀라게 했으며, 우리에게는 한국인으로서의 자부심을 느낄 수 있는 계기가 됐다. 우리는 이러한 모습이 한국인의 실제 모습이라고 인식하고 있는가? 억울한 일을 마음에만 품고 순응해 버리는 한(恨)의 정서, 능력 없고 뒤떨어진다는 열등의식이 우리의 특성이라고 인식하고 있지는 않았던가. 그러나 2002년 월드컵에서는 패배로 인한 한(恨)이나 열등의식은 찾아보기 어려웠다. 이뿐만 아니라 세계가 놀랄 만한 국가 발전을 이루었던 1970~80년대, 국제통화기금(IMF)의 외환 위기에서 우리는 오히려 역동과 신명을 통한 성장과 위기 극복을 경험했다.

실제 한국은 역동과 신명이 넘치는 나라이다. 과거 조상들은 힘든 삶 속에서도 가무를 즐기며 고난을 역동과 신명으로 승화시켰고, 하회탈의 미소를 간직했다. 역동과 신명으로의 승화는 민족이 하나가 되는 시점에서 그 빛을 발했다. 그 이유는 한국 문화가 나보다 우리(we)를 강조하는 관계주의 중심의 문화이고, 집단의 일체감을 중시하는 공동체 의식을 가진 문화이기 때문이다. 따라서 '나' 보다, '집단' 을 형성할 때 더욱 큰 힘을 발휘할 수 있다. 이러한 역동과 신명은 우리 스스로의 모습에 긍정적인 의미를 부여할 때 더 강해진다. 즉 각 구성원이 자신이 속한 집단에 긍정적인 의미를 부여할수록 개인의 능력 또한 잘 발현될 수 있다. '신명과 역동의 한국' , '한(恨)과 열등의식을 지닌 한국' 어떠한 수식어를 붙이느냐에 따라 실제 우리가 보여줄 수 있는 역량에 큰 영향을 줄 수 있다.

칭기즈칸의 장점 가운데 단연 첫손에 꼽는 것은 그가 10만에 불과

한 기마병으로 2년여 만에 유라시아 대륙을 정복한 속전속결의 비법이다. 당시 몽골 기병들은 말을 타고 무인지경을 달리는 속도만큼이나 빠르게 유라시아 전역을 정복해 나갔다. 그것은 통계나 과학적 분석으로는 도저히 이해가 불가능한 신화이다. 이런 신화가 가능했던 이유로 몽골족의 기질과 습성이 연구되었고, 사고방식과 그들만의 독특한 조직체계가 '벤치마킹' 됐다. 우리 민족의 유전적 기저에는 몽골족과 훈족의 특질이 고스란히 살아 있다. 그중에 한번 흥이 나서 단합하면 화산처럼 에너지를 분출하는 폭발적 역동성의 원형질을 우리만큼 고스란히 간직한 민족도 없다. "뭉치면 살고 흩어지면 죽는다"는 구호도 그런 인식의 바탕에서 나왔다.

근년의 역사에서 이 점을 가장 효율적으로 활용해 성공한 CEO는 박정희와 그 시대의 기업인이다. 식민지 시대에 이은 동란과 분단의 폐허 위에 세계 10위의 눈부신 경제 대국을 건설한 한민족의 부흥 신화는 800년 전 칭기즈칸의 유라시아 정복 신화와 궤를 같이한다. 한국 축구의 월드컵 4강 신화에서도 보았듯이 조직원들이 모두 공감하고 또 신바람 나는 목표를 찾아낼 수만 있다면 이런 불가사의한 에너지가 언제 어느 때나 폭발될 수 있는 게 우리 민족이다. 기업 경영에서도 모두가 수긍할 공감대 형성과 경영자의 취지에 동참할 수 있는 공동의 목표를 설정하는 것이 중요하다. 경영의 승패는 거기에 달렸다고 해도 과언이 아니다.

한국인이 산업화 과정에서 보여준 그 맹렬한 경제성장을 주도해 온 사상은 바로 해원 사상, 한풀이 사상이다. 가난과 전쟁과 억압에서 벗어나려는, 그래서 과거의 땅에서 떠나고자 하는 씻김굿이었다고 할 수 있다. 불행과 눈물과 배고픔의 한을 풀려는 그것이 기업인의 목적이요, 기업에서 일하는 근로자들의 마음이었던 것이다. 한국식 산업화의 특색은 맺힌 한을 풀고 씻어 주는 것이라고 할 수 있다. 한풀이가 신바람으로 이어질 때 생산성이 나오는 까닭이다(박우희 · 이어령, 119).

건도(乾道)와 곤도(坤道)

『주역』의 건도(乾道)와 곤도(坤道)의 내용을 바탕으로 동아시아 세 나라의 사상적 차이점을 비교해 볼 수 있다. 건도는 『주역』의 건괘의 도를 의미하고 곤도는 『주역』의 곤괘의 도를 말한다. 건도는 하늘의 도를 말하고, 곤도는 땅의 도를 말한다. 건도는 정신적 요소를 뜻하고 곤도는 물질적 요소를 뜻한다. 만물은 하늘의 역할과 땅의 역할에 의하여 생성되므로 건도와 곤도를 공유하고 있다. 마치 자녀들이 아버지의 요소와 어머니의 요소를 동시에 받아 태어나는 것과 같다. 자녀 중에는 아버지의 요소를 많이 지니고 태어난 아이도 있고, 어머니의 요소를 많이 가지고 태어난 아이도 있으며 반반씩 가진 아이도 있다. 이와 마찬가지로 사람들 중에는 건도의 요소를 많이 가지고 있는 사람도 있고 곤도의 요소를 많이 가지고 있는 사람도 있으며 반반씩 가지고 있는 사람도 있다. 또 국가적 단위로 보면 건도적 요소의 사람들이 대부분인 국가도 있고 곤도적 요소의 사람들이 대부분인 국가도 있으며 반반씩 섞여 있는 국가도 있다(이기동 · 배요한, 63).

동아시아 삼국을 비교해 보면 건도적 요소의 사람들이 대부분인 국가가 한국이고 곤도적 요소의 사람들이 대부분인 국가가 일본이며 반반씩 섞여 있는 국가가 중국이다. 한국이 하늘 관념을 바탕으로 성선설적 사고를 갖고 있는 데 비해 일본은 곤도를 바탕으로 성악설적 사고를 한다(이기동 · 배요한, 64). 일본인은 다혈질 민족이다. 군사력이나 야수적인 폭력이 아니면 능력이라고 존경하려 들지 않는 민족이다. 중국인은 미신을 좋아하면서도 비교적 냉담한 성격을 갖고 있다. 상술면에서는 중국인을 따를 만한 민족이 이 세상에 없다. 한국인은 두 나라의 중간 성격을 갖고 있으며 합리적인 이상주의자이다.

동아시아 삼국을 문화적인 측면에서 비교해 보아도 비슷하다. 2005년 여름 동화작가인 존 버닝햄(John Burningham)이 서울에 처음 내한했을 때, 그는 한국 사람들은 어떤 모습일지 궁금하다고 했다. 일본 사람들은 아주 납작하고 중국 사람들은 동글동글한 데 비해 한국 사람들은 뾰족하거나 아니면? 며칠간의 일정을 끝낸 작가는 "한국 사람은 '동글동글과 납작 사이'라는 결론을 내렸다"고 했다. 모나지 않고 적당하지만, 흰색도 아니고 검정색도 아닌 회색에 가까우며 뚜렷하지는 않지만 그렇다고 흐리지도 않은, 그렇지만 지극히 현실적인 면이 넘치는 어쩌면 납작한 일본과 동글동글한 중국, 그 사이에서 아주 실속 있는 민족이라고도 할 수 있겠다. 그의 표현이 재미있었지만 정확한 지적에 다소 섬뜩하기도 했다.

한국 현대 미술은 '동글동글과 납작' 사이쯤에 있다고 생각할 수도 있다. 사계절의 변화가 뚜렷하기 때문인지 한국인들은 광기가 넘치는 것도 아니고, 그렇다고 정적이지도 않다. 뚜렷한 방향이 있는 것도 아니고, 평화롭고 소박하며 낙천적이다. 다만 경향적으로는 예술의 뿌리인 유럽보다는, 유럽의 영향을 많이 받은 미국의 흘러가는 물줄기 위에 떠 있다. 한국 미술의 아름다움은 '선'과 '형'에 있다고 더러는 말한다. 하지만 그 말만으로는 다른 나라 미술과 어떤 뚜렷한 차이가 있는지 딱히 이해하기 힘들다.

우리나라 사람들은 예로부터 흰색을 가장 좋아했다. 그것은 꾸미지 않은 천연미를 좋아하는 것일 수도 있지만 그런 연유로 중국이나 일본에 비해서 더 앞서 있음에도 불구하고 완성미나 세련미가 떨어진다는 지적을 받는다. 예술은 순수미나 자연미만으로 이야기할 수 없어서 그것을 잘 포장하고 각색해야 우리들 가슴속으로 파고들어와 울림을 주기 때문일 것이다. 그러나 이런 우리의 꾸밈없는 성격으로, 지극히 인간적이고 순수한 그 무엇을 바탕으로 지금까지 급변하는 서양 미술을 우리 나름의 색깔로 만들어 왔다. 이제 우리는 우리들의 물줄기를 스스로 찾아 어디로 흘러가고 있는지에 관심을 가질 때다. 한국 미술의 정체성만을 고집하기보다는 옛것을 모범으로 새것을 창안해 나가는 것이 바로 우리가 말하는 '정체성' 있는 한국 미술의 본 모습이다.

일본 사상은 두 가지 면에서 많은 한계를 가지고 있다. 하나는 대내적인 것이고 다른 하나는 대외적인 것이다. 대내적인 한계는 일본이 부강해짐으로써 일본인의 위기의식이 완화되고 일본의 집단주의가 약화될 조짐을 보인다는 것이다. 집단주의 체제하에서의 일본인은 집단에서 살아남기 위해서 긴장하지만 그 긴장을 좋아하는 것은 아니다. 그러므로 일본인이 긴장하지 않아도 될 정도의 부를 축적하고 나면 집단주의가 지켜지기 어렵다. 최근 일본 사상의 궁극적인 한계인 허무주의와 쾌락주의가 나타나고 있는 것이 그 증거다. 일본인이 긴장을 완화하여 열심히 노력하지 않고, 일본 내에 쾌락주의가 만연하게 된다면 일본은 패망의 길로 들어서게 될 것이다(이기동 · 배요한, 89).

대외적인 한계는 외국과의 관계를 공평하고 평등하게 유지하지 못하는 데서 나타나는 문제점이다. 이웃 나라에 대한 일본의 팽창주의는 이웃 나라들과의 불화를 초래한다. 과거의 일본은 무력 침략을 감행했지만 지금은 경제적 침략을 감행하고 있다. 만약 일본의 이러한 행동에 대해 주변국들이 단합하여 반발하기 시작한다면 일본은 어려움에 봉착할 것이다. 최근(2005. 3. 16)에 발생한 시네마현의 조례 제정 문제로

야기된 한 · 일간의 외교 문제나 센가쿠 열도(중국명 댜오위다오)를 둘러싼 중국 · 일본 · 베트남 · 인도네시아 · 필리핀 간의 분쟁 그리고 일본 북방 4개의 섬을 두고 벌어지고 있는 러시아와의 분쟁 등이 이러한 예이다. 위에서 언급한 대내외적인 한계를 어떻게 극복하는가 하는 것이 일본이 짊어진 매우 중요한 과제이다. 이 두 가지 과제를 해결하는 방법은 대내적으로는 복지 정책을 지연시켜서라도 일본인을 계속 긴장시키고 대외적으로는 한국처럼 고도의 정신주의 문화를 가진 나라의 문화를 도입하여 일본의 고유 사상과 조화를 시키는 것이다(이기동 · 배요한, 90). 최근 일본에 불어닥친 한류 열풍도 일본 사상의 한계를 극복하는 방법으로서 긍정적인 면이 매우 크다고 할 수 있다.

그러나 한국을 바라보는 일본의 감정에는 우익과 팬덤(fandom)이라는 이중성이 스며들어 있다. 이 이중적인 자화상에는 공통점이 존재하는데 그것이 남의 물건을 탁월하게 현지화하는 모방 기술이다. 남의 것을 너무나 훌륭하게 모방한 나머지, 원본이 누구의 것인지를 망각하거나 아예 자신의 것으로 오인하는 관습 속에서 일본인의 독특한 정신세계를 엿볼 수 있다. 마치 '남묘호렌게쿄'의 주문처럼 원본의 지리적 실체와는 상관 없이 독도는 자기 것이라고 반복적으로 되뇌이면, 그리고 그 상상에 다케시마[竹島]라는 자신들의 고유한 이름을 정해 버리면, 여지없이 독도는 현지화된다. 그리하여 독도는 일본인들에게 실체로 존재하는 것이 아니라 현지화하려는 모방 본능의 언어 속에 있게 되는 것이다. 마찬가지로 일본 중년 여성들에게는 배용준이라는 원본은 중요하지 않다. 그리고 그가 '메이드 인 코리아'라는 것도 중요하지 않다. 다만 그가 「겨울 연가」의 욘사마로 복제되어 일본 중년 여성들의 결핍된 욕망을 채워주면 된다. 그런데 전자의 복제 기술과 후자의 복제 기술의 유사성에도 불구하고 양자에는 크나큰 차이가 존재한다. 독도를 다케시마로 복제하려는 가술은 '군국주의의 욕망'이라는 정치적 무의식을 내면화한 것이라면, 배용준을 욘사마로 복제하려는 기술은 일종의 민족-국가를 월경하려는 팬덤 문화의 취향이 발견된다.

유교의 모든 덕목은 천지와 인간을 통합적인 존재로 보려는 우주관과 인간의 존귀성을 바탕으로 한 인간관이 그 기초를 이루고 있다. 무엇보다도 공자가 최고의 덕목으로 내세운 인(仁)을 분석해 보면 그것을 입증할 수 있다. 인자를 추구하고 있는 유교의 이념은 서양의 중세적 신 본위 사상이나, 물질적 자연계만을 중심으로 한 근대의 휴머니즘과는 달리 문자 그대로 하늘[신]과 자연[물질]까지 내포하고 있는 순수한 '인간주의적 사상'이라고 할 수 있다. 때문에 서양의 성자가 아무리 훌륭해도 세속적 가치를 중심으로 한 근대화 및 기업인의 모델이나 이상이 될 수 없고 근대의 자연과학이 아무리 완벽하고 전능한 것이라고 해도 기업인의 이상을 그곳에 둘 수는 없다.

그러나 인자(仁者)는 인간을 본위로 한 모델이므로 근대적인 기업인에게도 그대로 적용될 수가 있는 것이다. 말하자면 인자는 바로 인간들이 살고 있는 현세와 그 사회를 바탕으로 이루어진 세속 논리에 속해 있는 것이기 때문이다. 기업의 세계는 종교가처럼 신의 세계에 속해 있는 것도 아니며 그렇다고 과학자처럼 생명 없는 물질계를 대상으로 하는 것도 아니다. 바로 인간들이 영위하고 있는 삶의 현장인 인간계에 속해 있는 것이다. 그렇기 때문에 자본주의 현실과 가장 가까운 것이 베버의 프로테스탄티즘이 아니라 유교사상이라는 것을 알 수가 있다. 자본주의의 정신은 인간 본위의 정신과 통하는 것이고 그러한 세속적 현실주의적 요소는 인간 본위의 유교 정신과 절대로 배치되는 것이 아니라는 것을 논리적 측면에서도 증명할 수가 있다(박우희 · 이어령, 127).

한국이 해야 할 일은 한국의 고유한 하늘 관념에 주자성리학을 가미한 전통 유교사상을 오늘날의 주류 사상인 자본주의와 민주주의와의 관계 속에서 생각하고 재해석하는 작업이다. 이러한 작업을 통해서 다음과 같은 두 가지 목표를 달성할 수 있다.

첫째, 수입된 자본주의와 민주주의를 보다 우리 상황과 정서에 잘 맞게 창조적으로 고쳐서 사용할 수 있다. 자본주의와 민주주의가 국내·외적인 요인에 의해서 이미 대세로 결정된 것은 사실이더라도, 그 한계와 보완점을 끊임없이 지적하고 고쳐나감으로써 보다 완성도가 높은 체제로 이끌어 가야 한다. 이를 위해서는 한국의 자본주의와 민주주의가 어떤 성격을 가지고 있고, 무슨 논리를 바탕으로 작동하고 있는가를 알아야 한다(함재봉, 13).

둘째, 유교·자본주의·민주주의 간의 역학 관계를 논구하는 작업은 급변하는 세기의 전환점에 사는 한국인의 정체성을 확립하기 위해서도 필수적이다. 보편사의 흐름을 타면서도 그 급류에 휩쓸리지 않기 위해서는 우리의 문화적 정체성을 자각함과 동시에 새롭게 정립하는 작업이 시급하다. 유교를 자본주의와 민주주의에 비교해 보는 것은 자본주의와 민주주의를 유교적 토양 위에 정착시키는 작업이며, 자본주의와 민주주의를 유교화시키는 작업이기도 하면서 다른 한편으로는 유교를 보편화시키는 작업이기도 하다(함재봉, 14).

나아가서 품질경영 활동의 성과가 투입된 노력만큼 이루어지려면 외국의 모형을 그대로 받아들이기보다는 우리 정서에 맞는 품질경영 모형을 마련하여야 한다. 한국적 품질경영의 바람직한 모형은 한국의 고유한 하늘 관념에 주자성리학을 가미한 전통 유교사상에 바탕을 두고, 전 세계 품질 강국들이 발전시킨 품질경영 모델의 장점을 활용할 수 있도록 해석하고 적용하는 것이 되어야 한다.

2. 유교사상과 품질경영

한국인의 유교사상

한국인은 누구나 유교에 대해서는 어느 정도 전문가이다. 유교에 대한 논의가 나오면 누구나 한마디씩 할 수 있는 충분한 경험을 갖고 있는 사람들이 한국인이다. 우리는 일상적으로 이런 낱말들을 곧잘 쓴다. 불혹(不惑) · 이순(耳順) · 발분망식(發憤忘食) · 학습(學習) · 온고지신(溫故知新) · 절차탁마(切磋琢磨) · 이단(異端) · 일언이폐지(一言以蔽之) · 축제(祝祭) · 도청도설(道聽塗說) · 경원(敬遠) · 계발(啓發) · 긍지(矜持) · 극기심(克己心) · 후생가외(後生可畏).

이 모두가 논어에서 나온 말들이다. 우리는 이렇게 알게 모르게 논어 속에서 살아왔다. 우리는 유교의 전통을 이어받았다고 예사롭게 말하기도 한다(홍사중, 5). 모든 일상 속에서 유교적인 가치와 행동 양식을 체험하고 있는 한국인이기 때문에 유교 경전(논어)을 한 번도 읽어보지 않은 사람도 어떤 전문가 못지않게 무엇이 유교적인 삶인가에 대한 나름대로의 견해를 갖고 있다(함재봉, 9). 유교에 대한 깊이 있는 논의는 유교를 오늘의 삶 속에서, 사상사적인 맥락 속에 자리매김할 때 가능해진다. 공자는 그 당시의 주류 사상이었던 법가와 묵가 · 도가와의 치열한 논쟁 속에서 유가의 사상을 정립하였다. 동중서는 거대한 통일제국의 출현이라는 역사의 대전환점에서 봉건 시대의 사상인 유교가 살아남을 수 있는 방법을 모색하였다. 그로부터 1000년 후 주자는 역시 당시의 주류 사상이었던 불교 · 도교와의 논쟁을 통하여 신유학의 체계를 세웠다. 그리고 여말선초의 주자성리학자들은 자신들이 처해 있던 시대의 정치 · 사상적인 맥락 속에서 유교를 자리매김하고자 치열한 정치적 · 사상적 투쟁을 전개하였다(함재봉 · 함재학 · 데이빗 홀, 11).

주자의 성리학

주자의 성리학이 담고 있는 사상적 특성은 주체성, 합리성, 윤리적 순수성을 표방하고 있다.

첫째, 성리학은 주체성을 강조하는 학문이다. 성리학파는 자기의 주체를 확립하는 학문으로 춘추의 대의명분을 발휘하고자 한다. 강자가 약자를 침해하는 행동과 생각을 배격한다. 힘보다는 정의와 신의를 추종하고 수호하는 문화의식이 강하다. 성리학은 선의의 주체적 생명을 유린당하지 않는, 정치적 영역을 넘어서는 도덕적 인륜 사상의 원칙이요, 천명을 실현하는 종교적 신성 관념이자 인권과 생명을 무엇보다 중시하는 사상이다(양창삼, 24).

둘째, 성리학은 합리주의를 존중한다. 인간 주체의 성실성과 더불어 객관적 이(理)의 실재를 아울러 규명하고자 한다. 사물의 합리성, 객관적 실재성, 주지적 논리성에 바탕을 둔다.

셋째, 성리학은 윤리적 순수성을 강조한다. 성리학자는 순수한 인간성을 밝히고 절제와 정의를 중시하며 인격적이고 도덕적인 인간상을 구현하고자 했다. 성리학은 인간의 본성, 곧 자기의 본성을 밝혀 천리를 실현하는 것이 인간의 본질적 의무이자 사명으로 간주한다. 그러므로 자기완성 없는 사회의 완성이 있을 수 없다. 인간의 순수한 본성을 긍정하고 이를 실현하는 것을 최고의 가치로 여기는 성리학은 주체성 · 합리주의 · 윤리성을 표방하며 이는 현대사회에 그대로 적용하여도 매우 적절한 사고방식이다. 그러나 이러한 고매한 사상에도 불구하고 그 당시의 약육강식적 팽창주의의 영향으로 조선의 경제는 궁핍하였고 국가의 지배력은 극도로 쇠약해져 갔다. 성리학의 사고방식이 잘못된 것이 아니라 그 당시의 국제 환경이 불리하였기 때문에 국제사회에서 뒤처지게 되었다.

유교에는 성(誠)과 신독(愼獨)의 전통이 있다. 남의 눈이 아니라 자신의 양심에 비추어 부끄럼이 없어야 한다는 것이다. 외부의 재판정이 아니라 내부의 재판정을 더욱 중시한 도덕관의 재확립이 필요하다. 『예기』 예운편(禮運篇)에 의하면, 재화의 축적을 위한 노력과 검소한 생활은 반드시 자기 자신의 사사로운 이익을 추구하기 위해서가 아니어야 한다는 내용으로 대동(大同)의 의미를 전개하고 있다. 재화의 축적을 위한 노력은 반드시 부를 축적하게 하지만, 이 부는 검소함을 생활의 신조로 하여 사치와 낭비를 억제하여야 더욱 풍성한 부의 축적을 가능하게 한다. 이러한 부의 축적이 사리(私利)를 위해서 사용되지 않는다면, 이는 바로 사회복지를 위해서 선용(善用)된다는 것이고, 이 같은 사회복지가 이루어지는 세상을 『예기』에서는 대동 세계라고 한다(조남국, 71~72).

조선시대 중기 이후에 실학사상이 발전한 것은 이러한 정치적, 경제적 상황과 깊게 연관되어 있다. 실학(實學)의 의미는 크게 두 가지로 구분하여 설명된다. 하나는 성리학(性理學)이 곧 실학이라는 견해이고, 다른 하나는 성리학에 대립하여 나타난 사상이 실학이라는 견해다(조남국, 73). 실학의 의미가 이와 같이 두 가지로 구분되어 서로 다르다는 견해는 각기 그렇게 해석하는 입장의 차이가 있기 때문이다. 성리학(性理學)이 곧 실학(實學)이라는 견해는 실학사상이 성리학에서처럼 심성(心性)의 수양에 초점을 맞추어 인간의 심성이 올바르게 키워져서 성실한 인간성에 기반을 두어야 보다 안정된 사회를 건설할 수 있다는 입장이다. 따라서 이 견해는 인간 자신의 성실성에 호소하는 이론적 배경을 지니고 있다. 실학이 성리학에 대립하여 발생하였다는 견해는 당시 정치적 문제와 사회의 변동에 초점을 맞추어 정치적 혁신이 사회변동에 적응하고 적용되어야 한다는 요청에 부응하여 현실성과 과학성의 기반 구축에 관심을 기울이는 입장이다. 따라서 인간 내면의 성실성이 강조되어야 한다는 입장보다는 정치적 개혁과 경제 발전에 호소하려는 이론적 배경에 의하여 입론(立論)된 것이다(조남국, 74).

실학사상은 현실의 문제에 관심을 가지고 그 대응책을 논의의 핵심으로 삼게 되었다. 바로 이들 대응책으로 등장한 실학사상은 실사구시 · 경세치용 · 이용후생 등의 내용을 중심으로 하여 전개되었다. 실사구시(實事求是)는 사실을 중심으로 진리를 탐구하려는 학문의 태도를 말한다. 김정희를 중심으로 하여 전개되는 실사구시의 실학은 성현의 도(道)에 근거한 경학(經學)에서 다시 성현의 도를 구현하려는 데 있었다. 실사구시에서 실(實)은 실리(實理)와 실심(實心)을 의미하고, 시(是)는 가치 판단의 척도로서 실리와 실심에 근거한 성현의 도를 뜻한다. 따라서 현실적으로 많은 일을 추진하고 성취시키면서 동시에 그 추진과 성취에는 반드시 정의로운 가치가 공존하여야 하는 것이 실사구시의 본질이라는 것이다. 김정희에 의하면 만약 실사구시와 경세치용,

그리고 이용후생이 도덕성을 도외시한다면 이러한 태도는 인정할 수 없다는 것이다(조남국, 75~76).

민생의 안정과 사회 발전 등 현실적 문제의 해결을 목적으로 등장한 실학이 경세치용(經世致用)이다. 이익(李瀷)을 중심으로 하여 전개되었던 경세치용은 빈농층을 대변하고 토지와 제도 개혁, 그리고 문화적 주체성을 강조하는 데 역점을 두었다. 경세치용의 실학사상이 비록 민생의 안정과 사회 발전이라는 현실 문제의 해결에 목적이 있었다 하더라도 이들 목적을 달성하기 위하여 필요한 것이 그 내면에 자리를 잡고 있어야 할 도덕성이다. 따라서 경세치용의 구체적 실현 방안이 토지와 제도의 개혁에 있다 하더라도 문화적 주체성의 강조라는 도덕성의 문제가 제시되지 않을 수 없다.

사실 경세치용의 중심 인물이었던 이익 역시 성리학(性理學)에 밝았을 뿐만 아니라 그가 실학사상을 전개했던 기반이 바로 성리학이었다는 사실에 유의하여야 할 것이다. 이미 앞에서 김정희에 의하여 지적된 바와 같이 경세치용을 비롯하여 이용후생과 실사구시가 도덕성을 도외시한다면, 이를 실학으로 인정할 수 없다는 일종의 경고는 아무리 현실의 문제가 절박하여 그 해소에 온갖 노력이 요망된다 하더라도 도덕성이 상실된다면 근본적인 문제 해결은 성취될 수 없다는 의미를 시사하고 있다(조남국, 76).

이용후생은 본래 『서경(書經)』에 있는 말이다. 그런데 『서경』에서는 이용후생 앞에 정덕(正德)을 첨가하여 정덕이용후생(正德利用厚生)이라는 내용을 기술하고 있다. 실학자 가운데 특히 박지원이 중심이 된 북학파에서는 이용과 후생을 강조하면서 정덕을 그 다음의 의미로 해석하고 있다. 박지원에 의하면 이용이 있은 연후에 후생이 가능하고, 후생이 있은 연후에 정덕이 가능하다는 것이다. 따라서 그들은 정덕한

다음에 이용과 후생이 가능하다는 종래의 논리를 비판하고 생산의 증대와 민생의 풍요를 최대의 목표로 삼았다(조남국, 76~77). 이용(利用)은 현대적인 시각에서 볼 때 경제성장을 말한다. 그리고 후생(厚生)은 오늘 우리의 사회에서 관심의 대상이 되는 사회복지와 같은 맥락의 의미이다. 경제성장은 부의 축적을 가져오지만, 이 축적은 개인의 능력에 의해서 가능하다. 그러나 개인의 능력은 많은 차이가 있게 마련이고, 이 차이는 궁극적으로 빈부의 격차를 가져온다. 이 빈부의 격차를 줄이기 위한 방법으로 사회복지, 즉 소득의 균형적 배분이 요청된다. 바로 이 균형적 분배의 요청을 충족시키려는 것이 후생(厚生)이다(조남국, 77~78).

실학자들에 따르면 생산의 발전은 도구로부터 시작되며 근로자들의 의식도 결국 그들이 어떠한 방식으로 재화를 생산하는가에 따라 결정된다. 주자학자들은 학문의 방법으로 '격물치지(格物致知)'를 주장하였다. 사물을 접하여 지식을 얻는다, 또는 사물을 있는 그대로 본다고 했으나 결국 그들이 말하는 사물이란 객관 세계의 사물 현상을 다 포함하는 개념이 아니라 기본적으로 유교의 윤리 · 도덕적 규범과 질서에만 국한되어 버렸다. 이에 대해 실학자들은 학자들의 마음에서만 찾고 행동과 사물에서 검증하지 않음을 우려하고 "알게 되는 것은 사물에 접하는 데 있다"고 말함으로써 행동의 중요성을 강조하였다. 사물에 객관적으로 접근하고자 하는 태도, 접하여 문제를 실제적으로 풀어보고자 하는 노력, 이 모두는 실학 속에 경영학이 존재해야 할 근거와 이유가 된다(양창삼, 25). 한국적 품질경영의 모델의 근간이 되는 한국 유교사상은 성리학의 고매한 사상과 실학의 격물치지하는 자세에 기반을 두고 있다.

공자의 사상과 발자취

공자는 이름을 구(丘)라 했다. 공자는 지금의 하남성 낙양에 수도를 두고 있던 주(周)왕조의 동쪽 변경 산동성의 곡부에 주 왕실의 봉건제후가 세운 노나라 추읍(趣邑)이라는 마을에서 기원전 551년에 태어났다. 기원전 551년이라면 석가모니보다 약 40년 늦고, 소크라테스보다 50년 이른 시기였다. 그는 하급 귀족이었고, 뒤에 공자의 문하에 모인 제자들도 대부분 그러했다(김동구, 177). 원래 '자(子)'란 글자는 귀인에 대한 존칭이다. 『공양전(公羊傳)』「선공(宣公)」 6년조(기원전 603년)에 보면 진(晉)의 대부 조순(趙盾)을 '자대부야(子大夫也)'로 호칭했는데 이는 "자(子)는 사대부를 통칭한다"고 풀이하고 있다. 그것이 변하여 '자'는 귀인에 대한 존칭으로, 다시 선생의 존칭으로 의미가 낮추어졌던 것이다. 그러므로 '천자(天子)'는 "천제(天帝)의 명을 받은 귀인"이요 '군자'는 "군주의 명을 받은 귀인"이라는 뜻이다(기세춘, 51).

공자의 부친은 본명이 흘(紇)이고 자는 숙량(叔梁)이었다. 후세의 호칭법으로는 공흘(孔紇)이 성명이고 숙량이 자, 이름과 자를 합해서 부를 때는 이름을 앞세우고 자를 뒤로 돌려 공흘숙량(孔紇叔梁)이 된다. 그러나 고대에는 자를 앞세우고 이름을 뒤로 돌려서 부르는 것이 관습이 되어 숙량공흘(叔梁孔紇)로 부른 것이 그의 이름처럼 굳어 버린 것이다. '숙(叔)'은 백중숙계(伯仲叔季)의 세 번째로 항렬이 셋째임을 나타낸다. 숙량흘의 경우 '숙(叔)'자를 생략하고 양흘(梁紇)이라 칭하기도 하고, 흘(紇)이라 하여 이름만을 칭하기도 한다. 또한 숙흘(叔紇)이라고도 했다(오성수, 14).

공자의 어머니 안징재는 숙량흘이 나이가 많아서 아이를 못 낳을 것을 걱정한 나머지 부근의 이구산(尼丘山)에 가서 아들을 낳게 해달라고 치성을 드렸다. 그렇게 해서 아들을 얻었다고 해서 이름을 구(丘), 자를 중니(仲尼)라고 했다는 것이다. 자의 '중(仲)'은 맹피(孟皮)가 숙량흘의 맏아들이고 공자는 둘째아들이기 때문이다. 일설에는 공자가 태어났을 때 머리 한복판이 움푹 파여 그 주위가 높은 것이 이구산(尼丘山)의 생김새와 비슷해서 이름을 구라 하고 자를 중니라 했다고도 한다. 늘그막에 애를 써서 얻은 공자가 세 살 되던 해 숙량흘은 세상을 뜬다. 그리고 17세 되던 해에 어머니마저 여의고 만다. 일설에는 24세 때 세상을 떴다고도 한다. 공자는 혈혈단신으로 각고의 노력을 다해 열심히 배움에 매진하는 수밖에 없었다. 그 와중에 공자는 19세에 송(宋)나라의 견관씨를 아내로 얻었고, 이듬해 아들 이를 낳았다(오성수, 14~15).

공자는 자신의 회고대로

> 어려서 미천하였기에 자질구레한 일을 두루 잘하게 되었다
> (五少也賤 故多能鄙事). - 「자한편」 6장

고 한다. 그는 낮은 벼슬도 하고 가족들의 생계를 위해서 궂은일을 마다하지 않았던 모양이다. 그 가운데 주경야독의 정신으로 배움에 임한 결과 차츰 그의 인품과 학문은 많은 사람들의 주목을 받게 되었다(오성수, 15). 공자는 20대 말에 창고지기와 가축계라는 하급직에 종사하였는데, 이때 장부를 잘 정리하였고 가축은 잘 자랐다고 한다. 33~4세 때 공자는 주나라의 서울로 유학하여 노자를 만났다.

공자는 교육 혁명가

30세 이후 공자의 명성은 날로 높아져 많은 사람들이 자식을 그에게 보내 학문을 배우게 했다. 공자는 찾아오는 사람은 귀족이나 평민을 막론하고 모두 제자로 받아들였다. 공자는 피교육자의 신분의 귀천이나 그의 재능과는 상관없이 균등하게 교육을 받을 기회를 주었다.

가르침에는 구별이 없다(有教無類). -「계씨편」 38장

그는 가르침에 차별이 있을 수 없다고 여겼으며, 귀하든 천하든 혹은 영리하든 어리석든 문하에 들어오기만 하면 그들을 잘 가르칠 수 있는 방법을 나름대로 가지고 있었다. 공자는 제자들의 인품이나 재능에 따라 그에 맞게 지도해 교육효과를 높였으며, 제자들 스스로의 능력이나 노력에 의해 도달한 학문과 수양의 수준에 따라 가르치는 것을 조절했다. 그래서 공자가 제자들에게 같은 문제에 대해 마치 병의 증상에 따라 약을 달리 처방하는 식으로 사람과 경우에 따라 일러주는 내용을 달리했던 것이다(오성수, 15).

공자의 교학(教學) 기본 사상은 피교육자의 능력에 따라 가르친다는 '인재시교(因材施教)'와 배우고자 희망하는 사람이면 차별하지 않고 누구나 가르친다는 '유교무류(有教無類)'에 있다. 춘추시대에 교육은 귀족만이 점유했던 특권 중의 하나였다. 주나라 왕실과 각지의 제후들이 설립한 관학(官學)은 모두 귀족의 자제들만 받아들였다. 그런데 공자가 대담하게 이 관례를 깨뜨리고 일반인들을 교육하기 시작한 것이다(오성수, 15).

공자의 이러한 교육 사상은 배움과 가르침을 동시에 다룬 것이다.

생이지지(生而知之)로서 종족의 보호 유지적 본능이나 부모에게 효도해야 한다는 것을 아는 것에서부터 문화를 보호 전달해야 한다는 문화 전달 과정까지 부모도, 자식도 모두 배우지 않으면 안 되는 변화 속에 살고 있다는 것을 가르치는 것이다. 적어도 위계적이고 전일적(全一的) 체계의 본질에 대한 정신 작용을 물질과 삶이라는 상호관계 속에서 승화시키려는 것이다. 논어의 「학이편」은 군자와 같은 사람이 되도록 권학(勸學)의 내용을 논한 것으로 '향학(向學)'은 사람마다 타고난 품성이 다름에 따라 불학(不學)에 대한 고통을 느끼고 깨달음에 관한 것이다. 즉 태어나면서 안다는 생이지지(生而知之)나 배워서 안다는 학이지지(學而知之), 또는 문맹으로서 불편을 느껴 배우게 되었다는 곤이학지(困而學之) 모두 힘써서 배워야 한다는 것을 강조한 것들이다.

36세 때, 공자는 자신이 섬기던 노나라의 임금 소공에게 건의하여 권력을 전횡하던 3환을 토벌하려 했지만 실패하였다. 그 때문에 공자는 소공을 따라 제나라로 망명하였다. 소공은 7년 후에 외국에서 죽고, 공자는 그 후 귀국했는데 점차 그의 명성이 높아지고 입문하는 자도 많아졌다. 52세 때에는 정공에게 등용되어 본격적으로 노나라의 정치에 참여하여 대사구까지 승진했다. 53세 때, 제나라와의 국제회의에 외교사절로서 수행하여 공적을 올렸다. 55세 때, 공자는 3환으로부터의 권력 탈취를 꾀하였지만 실패했다. 이듬해 공자는 3환이 제나라에서 선물로 바친 여악에 열중하여 정사에는 소홀한 것을 보고 정공에게 실망하여 드디어 고국인 노나라를 떠났다.

그 이후 68세로 조국에 돌아올 때까지 14년간, 공자는 위(衛)나라를 비롯하여 송(宋) · 정(鄭) · 진(陳) · 채(蔡) · 초(楚)나라를 차례차례 순방한다. 노나라에서 이루지 못한 이상을 실현하고자 하였으나 그의 희망은 끝내 이루어지지 않았다. 노나라로 돌아온 공자는 『서경』 · 『시경』·『춘추』 등을 정리하며 제자들의 교육에 전념했다. 69세 때, 맏아들 이(鯉)가 죽고, 다음해에는 가장 사랑하는 제자 안회가 죽었다. 또 다시 자로가 위나라의 내란에 휘말려서 전사했다. 자로가 죽은 다음 해 공자도 죽음을 맞았는데, 향년 73세였다.

죽은 지 500여 년 후에는 소왕(素王: 영토 없는 왕)으로 인정되어 성인(聖人)으로까지 추대되었고, 죽은 지 1,000여 년 후에는 문선왕(文宣王)으로 추증되어 명실상부한 성인이 되었다. 귀족도 아닌 유사 신분으로 명예로운 최고 지위의 귀족으로 출세했으니 공자야말로 출세주의자들에게 선망의 대상이 아닐 수 없을 것이다. 그러나 그가 훌륭한 것은 이러한 출세 때문만은 아니다. 공자의 훌륭함은 가문도 가질 수 없는 유사 신분 처지에서 인류 최초로, 새로운 개념의 가문인 '학문의 가문'을 세웠다는 데 있다. 그는 영지도 없고 가신도 없었으나 대신 제자들이 있었고, 지식인 계급인 유사들에게 무인(武人) 귀족들과 어깨를 나란히하고 정사에 참여할 수 있는 길을 열어주어 '지식인의 사조'가 되었다(기세춘, 50).

기원전 5~6세기는 중국 역사에서 보통 춘추시대로 불리고 있는 시대의 말기에 해당한다. 이 춘추시대라는 명칭은 실은 노나라의 기록을 기초로 해서 공자가 편찬했다고 전해지는 『춘추(春秋)』라는 연대기가 포괄하고 있는 시기를 의미하며, 정확히 말하면 기원전 722년에 시작해 481년에 끝나는 242년에 걸친 시기이다. 이때 주왕조의 권위는 땅에 떨어지고 중국은 12개의 제후국으로 나뉘어서 서로 패권을 다투는데, 이들 제후국 내부에서도 내란이 빈번하게 일어나 제후의 권력은 점점 경(卿)으로 불리는 대신의 가문들에게 빼앗기게 되고, 다시 실권은 제후의 입장에서 보면 신하의 신하에 해당되는 대신 가문의 가신들의 수중으로 넘어갔다. 국제적으로는 끊임없이 교전 상태가 지속되고, 국내적으로는 각국에 내란이 발발하여 제후의 시해와 역모 같은 불상사가 빈번하게 일어났다. 공자는 이 무정부적 혼란을 참고 볼 수가 없어서 임금을 시해한 난신, 아버지를 살해한 적자(賊子)의 행위를 뚜렷이 기록해서 동시대인의 반성을 촉구하려고 『춘추』의 편찬을 결심했다고 한다(가이즈카 시게키, 21).

공자는 이 무정부 상태, 도덕 부재의 상황 속에서 주왕조 창업의 실질적 주인공인 대정치가 주공의 정신으로 돌아가야 한다는 이상을 세우고 정치 도덕의 재건을 도모했던 것이다(가이즈카 시게키, 24). 제후국은 명목상 주나라 천자의 속국이었으나 실제로는 자주적 혹은 반자주적인 독립국이었다. 사회 · 경제의 발전에 따라 각국의 제후나 귀족들은 서로 토지나 노동자를 빼앗기 위해서 끊임없이 전쟁을 일으켰다. 이들 전쟁의 결과로 많은 나라가 멸망하고, 귀족들은 몰락했다(김동구, 6).

한편에서는 본래 귀족이 아니었던 사람이 전쟁에 이긴 귀족 밑에 투신하여 자신들의 지위를 상승시켰다. 몰락 귀족 혹은 본래 하층 귀족에서 지위를 상승시킨 사람들은 서서히 '사(士)'라는 새로운 사회계층을 형성하기에 이르렀다. 이들 '사(士)'는 빈번한 전쟁 속에서 정치 · 외교 · 군사 활동 등을 통하여 널리 그 재능을 발휘할 수 있는 기회를 잡았다. 그들은 당시의 중국 사회가 노예제에서 봉건제로 향하는 과정에서 상당히 큰 역할을 담당했다. 공자는 바로 이 '사(士)'라는 계층의 대표적 인물이다.

논어의 구성과 품질경영

논어는 2000년 이상 동아시아에서 최고의 권위를 지닌 고전 중의 고전이다. 고전은 세월이 지나도 변하지 않는 인류 공동의 정신적 자산이 되는 저작물이다. 동아시아의 모든 지식인은, 심지어 승려들까지도 반드시 논어를 읽어야 했다. 특히 유학자들은 논어를 통하여 자신의 생각을 말하고 공자 말씀을 재해석함으로써 자신의 사상을 전개해 갔다. 논어가 동양의 고전이라는 사실을 모르는 사람은 거의 없다. 하지만 막상 논어에 나오는 유명한 말을 인용하면서도 그 말이 논어에 들어 있다는 사실을 모르는 사람들이 많다. 그 이유는 사람들이 쉽게 접할 수 있도록 된 책이 별로 없기 때문이다. 일본에서는 초등학교 교재에도 논어 구절들이 들어 있다. 사실 논어와 같이 좋은 책은 국경이나 인종을 초월하여 읽혀야 한다(한필훈, 12)

논어는 약 2천5백 년 전의 사상가 공자를 중심으로 한 인간 집단의 기록이다(안병욱, 15). 논어는 공자가 제자들이나 다른 사람들의 질문에 응답한 말과 제자들이 서로 주고받거나 공자에게서 직접 들은 말들을 모아 놓은 책이다. 당시 제자들이 제 나름대로 각자 적어 두었던 것을 공자가 돌아가신 뒤에 의논하여 편찬하였기 때문에 논어라고 하였다(한필훈, 13).

논어는 의논하여 편찬한 말

논어라는 말의 뜻은 공자의 말씀[語]을 제자들이 토론[論]하여 집성(集成)한 것, 또는 제자들이 논의(論議)하여 결정한 공자의 말씀[語]이라는 뜻이다(김경일, 15). 그러므로 논어는 의논하여[論] 편찬한 말[語]

이라는 뜻이다.

논어는 한마디로 하면 공자의 어록이지만, 자세히 말하면

① 공자의 말씀

② 공자와 제자와의 문답

③ 공자와 그 당시 사람들과의 대화

④ 제자들의 말

⑤ 공자의 성품과 생활

을 기록한 것이다. 그러나 그 중심을 이루는 것은 공자의 언행이다(안병욱, 23). 논어는 총 1만2,700자 5백여 장으로 이루어져 있다. 장의 길이는 각기 달라서 짧은 것은

군자는 그릇이 아니다(子曰君子 不器). -「위정편」 12장

가르침에 구분이 없다(有教無類). -「위령공편」 38장

와 같이 몇 자로 1장을 이룬 것도 있으며, 선진말장(先進末章)처럼 5백여 자에 이르는 긴 것도 있다. 그러나 대부분은 50~60자 이하이다. 모두가 깊이 음미할 수 있는 간결한 표현 양식으로 도달한 고매한 교훈을 품고 시대와 지역을 초월하여 만인에게 호소하는 힘을 가지고 있다. 실로 인류 문화의 위대한 유산이다. 현재 이 논어는 분할 편성하여 20편으로 구성되어 있다(이가원, 17). 논어의 20편은 그 편제가 이미 매우 일찍 확정된 것이므로, 각 편마다 주제의 통일성이나 시간적 동시성, 그리고 전승의 독자성을 인정할 수 있다. 그러나 기본적으로 각 편들의 편집 시기를 한 시점으로 규정할 수는 있어도, 전승의 내용을 균일한 것으로 묶기는 어렵다. 고전에는 『시경』, 『맹자』처럼 글 첫머리를 따서

표제로 삼는 경우가 많다. 논어는 의미론적 구조와 관계 없이 '학이(學而)' 니 '술이(述而)' 니 하는 식으로 첫 두 자만을 따서 편명을 삼았다(양창삼, 35).

총 20편 중에서 '자왈' 로 시작하는 편이 7편이고, '공자' 로 시작하는 편이 2편, '자' 로 시작하는 편이 2편, 나머지 9편은 사람 이름이나 성으로 시작된다. 분명히 각 편의 첫 장 첫머리에 나오는 글자로 편명을 삼기는 하지만 논어에는 앞서 말한 대로 '자왈', '공자', '자' 등이 나오는 경우에 한해서 그 글자들을 빼고 다음에 나오는 글자로 편명을 삼아서 1편의 편명이 「학이」, 2편의 편명이 「위정」이 된 것이다. 이런 공식은 11편까지만 이어진다. 그 다음부터는 12편 「안연」에서부터 마지막 20편 「요왈」까지 첫 장 첫머리에 등장하는 사람 이름이 그대로 편명이 되었다. 그래서 각 편의 편명과 그 편 안에 들어 있는 장들의 내용과는 아무런 상관이 없다(오성수, 82).

그중에서 「요왈(堯日)편」, 「향당(鄕黨)편」, 「미자(微子)편」, 「자장(子張)편」은 특이하다. 「요왈편」은 공자가 이상적으로 여겼던 통치자들을 말하고, 공자의 제자 자장과 더불어 세상을 다스리는 이상을 문답으로 풀어가고 있으며, 「향당편」은 인간 공자의 모습을 나타내고 있다. 「미자편」에서는 공자가 칭송하는 어진 사람들이 등장하며 특히 노장의 분위기가 물씬 풍기는 부분도 나온다. 그리고 「자장편」은 공자의 제자들이 한 말들을 간추려서 모아 놓았다(양창삼, 35).

논어의 편명에 따른 내용은 다음과 같다.

1. 「학이(學而)편」: 학문과 군자다운 삶의 기본자세

   학문의 즐거움을 말하고 있다.

2. 「위정(爲政)편」: 나라를 다스리는 사람의 기본자세

사랑의 정치를 말하고 있다.

3. 「팔일(八佾)편」: 예(禮)와 악(樂)에 관계되는 말씀
   인간에 대한 예의를 말하고 있다.
4. 「이인(里仁)편」: 인(仁)과 군자의 도
   행복의 조건을 말하고 있다.
5. 「공야장(公冶長)편」: 역사상 인물들에 대한 공자의 평
   사람을 보는 눈을 말하고 있다.
6. 「옹야(雍也)편」: 덕을 닦는 바른 길에 대한 가르침
   사람다운 사람을 말하고 있다.
7. 「술이(述而)편」: 학문을 하는 자세와 군자다운 마음가짐
   진리의 길을 말하고 있다.
8. 「태백(泰伯)편」: 인격과 처신을 가다듬는 기준
   세상을 살아가는 지혜를 말하고 있다.
9. 「자한(子罕)편」: 인생사에 대한 공자의 고찰
   만인의 스승을 말하고 있다.
10. 「향당(鄕黨)편」: 공자의 일상생활
    공자라는 사람을 말하고 있다.
11. 「선진(先進)편」: 공자의 제자와 현인들의 언행
    스승과 제자를 말하고 있다.
12. 「안연(顔淵)편」: 인과 군자의 처신과 수양
    사회의 기초를 말하고 있다.
13. 「자로(子路)편」: 바른 정치에 대한 말씀
    지도자의 길을 말하고 있다.
14. 「헌문(憲問)편」: 선비의 처신에 관한 말씀
    개인에서 사회로의 처신을 말하고 있다.

15. 「위령공(衛靈公)편」: 군자의 수신과 처신
  당당한 삶과 비굴한 삶을 말하고 있다.
16. 「계씨(季氏)편」: 정치론과 군자의 수양과 처신
  사람과 사람 사이를 말하고 있다.
17. 「양화(陽貨)」편」: 공자와 제자들과의 문답
  군자의 공부법을 말하고 있다.
18. 「미자(微子)편」: 공자의 벼슬에 대한 일화
  난세의 지식인에 대해 말하고 있다.
19. 「자장(子張)편」: 공자의 제자들의 말
  제자들이 남긴 말을 말하고 있다.
20. 「요왈(堯曰)」편」: 성군 요(堯)와 순(舜)의 말씀
  역사의 가르침을 말하고 있다.

주자가 편집한 『근사록(近思錄)』에 논어에 관한 재미있는 말이 있다. 『근사록』에 의하면 논어를 읽은 사람은 네 종류로 나뉜다고 한다. 첫째는 아무것도 얻은 것이 없는 사람, 둘째로 한두 개 마음에 드는 말을 찾아내어 좋아하는 사람, 셋째로 논어를 좋아하게 되었다는 사람, 넷째로 좋아서 어쩔 줄을 모르는 사람이다(홍사중, 6~7). 이와 같이 논어의 뜻은 넓고 깊어서 보는 사람에 따라 달라진다.

수사학에서 두 개의 사물을 상대시켜 대립의 미를 나타내는 것을 대우법이라고 하는데 논어의 표현법은 대우법을 많이 사용하고 있다(안병욱, 27). 대우법은 서로 대립하는 것을 비교하여 설명하므로, 표현이 아름답고 뜻을 이해하기 쉽다. 논어는 산만한 장문보다는 간결한 단문이 많다. 지혜의 말은 간결하고, 진리의 말은 명쾌하기 마련이다. 문장이 길고 복잡하면 문장의 아름다움과 힘을 약화시킨다(안병욱, 28).

논어는 세계 문학사상에서도 가장 뛰어난 작품 중 하나

논어는 대우법과 간결체의 단문이 많기 때문에 문장에 독특한 미가 있고 강한 힘과 아름다운 리듬이 있다. 그러므로 논어는 세계 문학사상에서도 가장 뛰어난 작품 중의 하나이기도 하다(안병욱, 29). 소크라테스는 사고와 대화를 통해 진리를 깨닫게 했고, 석가는 명상을 통한 깨달음의 길을 제시했으며, 공자는 교육을 통해 인간의 삶을 발전시키려고 노력했고, 예수는 이 세상에 집착하지 말고 하느님의 뜻에 복종하라고 가르쳤다. 이들의 삶에 대한 태도는 평범한 우리 인간들에게 삶의 나침반을 제공한다.

품질경영에서 가장 중요하게 여기는 분야가 교육이다. 논어에서도 가장 강조하는 부분이 교육과 학문이다. 지구상에 존재하는 생물 가운데 자식과 후진에게 장구한 기간 동안 헌신적으로 교육을 실시하는 동물은 인간밖에 없다. 인간 다음으로 지능이 좋다는 유인원이나 호랑이 · 사자 같은 포유류도, 수년간 새끼들에게 젖을 주고 먹이를 공급하다가 냉정하게 독립시킨 후 그 이후 다시는 돌아보는 법이 없다. 포유류보다 지능이 낮은 여타의 동물이나 물고기 등은 새끼를 양육하는 기간이 더욱 짧다. 거북이나 기타 대다수의 물고기들은 알을 낳거나 산란하여 부화시킨 후, 부모의 임무를 끝내는 경우가 대부분이다. 소위 고등동물과 하등동물의 분류는 어미가 새끼들을 낳아 얼마만큼 보살피며 가르치느냐에 따라 나뉜다고 해도 과언이 아니다. 유인원이나 설치류 가운데 간혹 집단 속에서 새끼들이 집단적 교육을 받는 흔적이 엿보이지만, 인간처럼 교육기관을 만들어 자식을 훈육하는 예는 물론 존재하지 않는다. 부모의 교육만으로 만족하지 못하여 교육 전문가를 양성하여 이들에게 자녀 교육을 맡기는 사례 역시 인간 말고는 없다. 무리를 이루어 생활하는 몇몇 동물의 세계에서도 일종의 공교육적 기능이 얼마간은 미미하게나마 엿보이지만, 자손의 교육에 관한 한 우리 인류만큼 열광적인 관심을 경주하는 예는 우주 공간 어디에도 없는 것으로 생각된다.

인류에도 무수한 종족이 있다. 그러므로 각 민족마다 교육열에 있어서 약간의 차이가 있는 것은 사실이다. 공교롭게도 교육열의 정도에 따라 민족의 우열이 결정되고 있는 점은 특히 주목된다. 모두가 인정하느냐에 대해서는 논의가 있겠지만, 대체로 세계 여러 민족 가운데서 우리 민족과 유태 민족이 가장 교육열이 왕성하다고 알려져 있다. 우리 민족과 유태 민족은 많은 인구를 거느린 강대국 옆에서 통시적으로 자신을 지키며 살아왔다는 일치점이 있다. 강대국 옆에서 복속되지 않고 주체성을 지키며 살아남기 위해서 자녀의 교육이 무엇보다 중요하다는 점을 본능적으로 알았거나, 민족성의 유전인자가 교육을 통한 지식의 축적을 값진 것으로 생각하는 요인을 지니고 있었는지도 모른다(이민홍, 26~27). 우리의 교육열은 조선조 5백 년 동안에만 한정된 것이 아니라 기록에 나타난 것만을 참고해도, 신라 · 고구려 · 백제 시대부터 고려 시대까지 팽배해 있었음을 확인할 수 있다. 현존하는 한국의 최고 사서(史書)인 『삼국사기(三國史記)』보다 25년 앞선 1,124년에 제작된 『고려도경(高麗圖經)』에도 당대의 고려인들이 유난히 교육열이 왕성하다고 기록되어 있을 정도이다(이민홍, 28).

고전에는 보통 첫 편이 가장 돋보이는 경우가 많다. 노자 『도덕경(道德經)』의 첫 장에 나오는 "설명할 수 있는 도(道)는 도(道)가 아니다"라는 말은 『도덕경』을 한 문장으로 요약한 것이다. 이와 같이 고전에서는 가장 핵심적인 사상을 첫 문장에 쓰는 경우가 많다. 논어의 첫머리가 교육을 뜻하는 '학이(學而)'인 것은 결코 우연이 아니다. 만세의 스승인 공자의 말씀인 논어의 첫머리가 배움을 단초로 했다는 것은 지극히 당연하다고 하겠다(이민홍, 28).

논어의 제1편은 「학이편」으로 총 16장이며, 논어 20편 중에서도 「학이편」이 가장 중요하다. 「학이편」의 첫 장이 "학이시습지"로 시작되었으므로 학이를 따서 편명으로 삼았다. 주자는 「학이편」을 가리켜 "도에 들어가는 문턱이자 덕을 쌓는 기본으로 배우는 사람들이 가장 앞세워 힘써야 할 가르침이라"고 했다. 황간(皇侃)은 "옥돌도 다듬지 않으면 옥그릇으로 빛나지 못하듯 사람도 배우지 않으면 도를 모른다"라는 예기의 말을 인용하여, 배움의 중요성을 가르친 매우 중요한 편이라고 했다(장기근, 25).

「학이편」 16장의 내용은 다음과 같다.

1장 학문의 도
2장 대인관계의 중요성
3장 교언영색을 경계
4장 반성의 윤리
5장 치국의 도
6장 자제의 도리
7장 학문의 목적
8장 군주가 경계할 점
9장 지극한 효도가 백성을 감화
10장 공자의 실상에 대한 문답
11장 자식의 사람됨을 보는 법
12장 조화의 중요성
13장 언행고제의 방법

14장 군자의 호학하는 마음

15장 도와 학에는 궁극이 없음

16장 수기지학

이와 같이 「학이편」은 배움에 관한 모든 것을 망라하고 있다.

공자께서 말씀하셨다.

> 배우고 때때로 익히니 어찌 기쁘지 않는가(學而時習之 不亦說乎).
> 벗이 멀리서 방문하니 어찌 즐겁지 않는가(有朋自遠方來 不亦樂乎).
> 사람들이 몰라준다고 해서 성내지 않으니 어찌 군자가 아니겠는가
> (人不知而不慍 不亦君子乎).
>
> -「학이편」 1장

위에 인용한 논어 「학이편」의 제1장은 3절로 되어 있다. 제1절은 배우고 배운 것을 수시로 익히니 그 기쁨이 무한함을 말했고, 2절은 같은 뜻을 가진 벗이 멀리서 수고를 마다 않고 찾아오니 그 즐거움 역시 크며, 3절은 자신의 가치를 동류(同類, 뜻을 같이하는 사람)들과 달리 대중이 몰라준다고 해서 화내지 않아야 비로소 군자라고 말했다.

배움의 기본은 좋은 점을 본받아서 자기 것으로 만드는 것이라고 공자는 정의했다(이민홍, 29~30).

> 세 사람이 길을 가면, (그중에) 반드시 스승이 될 만한 사람이 있다
> (三人行 必有我師焉).
> 좋은 점을 골라서 따르고(擇其善者而從之),
> 좋지 못한 점을 (거울삼아) 고칠 것이니라(其不善者而改之).
>
> -「술이편」 21장

논어 머리말에 해당하는 수(首)편이 배움을 주제로 한 「학이편」으로 시작했다는 것은 편찬자들의 형안(炯眼)이다. 역대 논어 연구자들이 「학이편」의 취지를 지적하여 근본에 대해서 생각하고 이를 애써 성취하고자 한다는 무본지의(務本之意)로 규정한 것은 핵심을 찌른 풀이이다. 교육을 인간의 근본으로 설정한 공자의 뜻은 실로 위대하다고 절감하게 된다. 서양이나 기타 여러 나라와 달리 유난히 교육을 중시하는 동양의 문화 풍토는 논어의 첫 수편과도 관련이 있을 것이다(이민홍, 31).

공자는 전란과 혼돈에 빠진 천하를 문인 정치로 바로잡고자 했다. 이들 문인은 바로 군자들이다. 따라서 군자는 먼저 인간의 문화를 습득하여 계승하고 발전시킬 의무가 있다. 학문은 바로 그 기초가 되는 것이다. 학문으로 덕을 닦고 수신 · 제가 · 치국 · 평천하하여 세계 평화와 인류의 행복을 구현시켜야 할 군자들은 동지애로 뭉쳐서 학문 · 정치를 토론해야 할 의무가 있다. 이러한 행위는 현재도 마찬가지이지만, 당시의 엘리트인 군자에게 주어진 신성한 의무였다. 남이 알아주든 말든 학문은 자기의 수양을 위해 하는 것이다(장기근, 26).

품질경영에는 3가지 중요한 원칙이 있다.

① 불량품을 만들지 않는다.
② 불량품을 내보내지 않는다.
③ 불량품을 즉시 회수한다.

첫째 불량을 만들어서는 안 된다. 그러나 최선을 다하였으나 첫째 원칙을 지키지 못하였으면 두 번째 원칙을 지켜야 한다. 두 번째 원칙은 불량품을 내보내지 않는다이다. 즉 검사를 철저하게 하여서 불량품이 다음 고객에게 전달되지 않게 해야 한다. 그러나 두 번째 원칙도 지키지 못해 고객에게 전달되었다면 즉시 회수해야 한다는 것이다.

로마가 전성기를 누리고 있을 때, 그 지역은 유럽의 대부분과 소아시아 그리고 아프리카 북부 지역에 걸쳐 있었으며 약 20개의 군단이 점령지와 국경에 배치되어 있었다. 지역이 넓었기 때문에 각 지역의 총독들은 전령(사자)들을 이용하여 황제에게 상황을 보고하였다. 질서와 기강이 유지될 때에는 상황 보고가 제대로 되었지만 문란할 때에는 그렇지 못했다. 로마 성의 수비를 담당하고 있는 사령관은 황제의 환심을 사기 위하여 패전 보고는 차단하고 승전 보고만 하도록 하였다. 그 결과, 정작 위기에 처했을 때에는 제대로 대응을 못하여 로마는 결국 멸망하게 되었다. 말하자면, 불량을 제대로 처리하지 못하였기 때문에 나라가 망하게 된 셈이다.

잘못이 있거든 고치기를 꺼려하지 마라(過則勿憚改). -「학이편」 8장

이 얼마나 정곡을 찌르는 말인가. 우리는 늘 남의 작은 허물은 비난하고 들추어내면서 자신의 커다란 과오는 그냥 덮고 가려고 한다. 그러니 언제나 실수와 잘못과 허물의 연속이다(오성수, 65). 우리는 성현이 아니므로 잘못을 저지를 수 있다. 가끔 상품을 잘못 보냈다든가 불량품을 팔았다든가 하는 일이 있는데, 이런 잘못을 솔직히 인정하고 합리적인 보상을 해주면 그 효과는 아주 좋아진다. 잘못을 즉시 고치고 사후 처리를 능력껏 빨리 한다면 의외로 큰 수확을 얻을 수 있다. 그런데 실제로 그렇게 하는 것은 말처럼 그리 수월한 일이 아니다.

과오를 보고도 자책하지 않으면 고쳐질 수 없고 고쳐지지 않으면 개인이나 사회가 바른 길을 갈 수가 없고 정도(正道)를 가지 않으면 발전이 없는 것이다. 개인이나 사회의 발전은 간단하다. 잘못을 보고 잘

못을 아는 것이다. 그런데 문제는 그 전에 문제를 봐야 한다는 것이다. 잘못을 보기는 보았는가? 문제는 문제가 무엇인지를 모른다는 것이다. 아무리 일러주어도 문제를 알지 못한다는 것이다. 그런데 잘못을 보았으면 또 그것을 고쳐야 한다. 그런데 보고도 못 고치면 그것은 어쩔 수 없는 것이다(이강식, 269). 공자는 제자 자하에게 소인은 자기 잘못을 변명하려고만 한다고 하였다. 변명하려고 할 것이 아니라 과오를 고치는 것이 더 바람직하다.

부모를 모시는 것에 대하여 공자는 이렇게 가르쳤다.

> 부모를 섬기되 허물이 있거든 은근히 간할 것이니(事父母 幾諫),
> 간함을 따르지 않더라도 더욱 부모님을 공경하며(見志不從 又敬不違)
> 수고로워도 원망해서는 안 된다(勞而不怨). -「이인편」 18장

부모를 모심에 있어서 부모에게 잘못이 있으면 자식은 웃는 얼굴로 부드럽게 권유해야 한다. 부모가 그 말을 듣지 않는다고 해도 부모에 대한 공경심을 버리지 말며 반항하지 말아야 한다. 이로 인해 그 어떤 참기 어려운 고통을 받게 될지라도 부모를 미워해서는 안 된다. 부모를 고객으로 바꾸어 보면, '고객이 왕이다'라는 고객 만족 정신을 이해할 수 있다. 고객의 주장이 자기 입장에서 불합리하더라도 부드럽게 이해를 하고, 나아가서 미워해서는 안 된다.

배우면 곧 행하라

공자의 생각은 오로지 배우는 길밖에 없다는 것이다. 아침부터 저녁까지 배우는 일에만 정진하고 이를 실천해야 한다고 하였다. 공자에

게 있어서 배운다는 것은 학문을 연구하고 이를 실천하며, 의로움을 들으면 곧 행동으로 보이고, 착하지 않은 점을 바로 고치는 일이라고 할 수 있다. 기독교 성서에서 사랑에 관한 말이 되풀이되는 것처럼 논어에서는 실천윤리, 즉 학문은 실천해야 인에 도달한다는 구절이 무척 많이 나옴을 발견하게 된다. 이것이 곧 논어 정신이다.

> 나는 열다섯에 학문에 뜻을 두었고(吾十有五而志于學),
> 삼십에 자립했고(三十而立),
> 사십에 사물에 현혹되지 않았으며(四十而不惑),
> 오십에 천명을 알았고(五十而知天命),
> 육십에 순리에 따라 사물에 응하게 되었고(六十而耳順),
> 칠십에 비로소 내가 하고자 하는 일이(七十而從心所欲)
> 모두 어그러지지 않고 뜻대로 다 되었다(不踰矩). -「위정편」4장

15세라면 중학교 3학년 정도이지만 공자는 매우 조숙했다. 공자의 아버지는 용맹하기로 소문난 무사였지만 공자는 무술을 좋아하지 않았다. 그보다는 지적인 힘을 키우는 데 주력했다. 물론 신분도 낮고 돈도 없다 보니 공자에게는 만족스런 교육 기회가 주어지지 않았다. 당시는 서민에게 지식을 가르치는 학교는 없었고 귀족의 자식만이 부모나 가정교사에게 육예(六藝)를 배웠다. 육예란 예(藝, 예의) · 악(樂, 음악) · 사(射, 궁술) · 어(御, 승마) · 서(書, 서도) · 수(數, 수학)이다. 공자는 육예를 배울 때 주로 들어서 배웠다. 공자의 무기는 놀라운 암기력이었다. 기회가 있을 때마다 지식을 가진 사람에게 질문했고 일단 들은 것은 절대로 잊지 않았다고 한다. 공자가 공부한 방법에 관한 재미있는 예가 있다.

어느 날 공자가 태묘에 들어가 제사를 도운 일이 있다. 태묘는 고대의 예법에 따라 세워져 있었다. 절호의 기회였다. 공자는 잠시도 쉬지 않고 질문을 던졌다. 그것을 본 어떤 사람이 공자를 비판했다. 공자라는 사람은 고금의 예법에 능통하다고 하지만 질문만 하고 있다. 실제로는 아무것도 모르는 사람이다. 그 이야기를 전해들은 공자는 이렇게 말했다. "맞는 말이다. 그러나 아무것도 모르는 것은 결코 부끄러운 일이 아니다. 알려고 하지 않는 것이 더 부끄러울 따름이다. 나는 질문을 하여 알고자 열심히 노력하고 있다."

공자가 태묘에 들어가서 매사를 물었다(子入大廟 每事問).
그러자 어떤 사람이 누가 추지방 출신의 공자를 예를 아는 사람이라고 하였는가(或曰孰謂鄹人之子知禮乎),
태묘에 가서 매사를 묻는구나라고 하였다(入大廟 每事問).
공자가 그 말을 듣고 말했다(子聞之).
이렇게 하는 것이 바로 예이다(曰是禮也). -「팔일편」 15장

미국의 대표적인 품질 전문가인 주란은 품질경영에 장애가 되는 경영자를 4가지 유형으로 설명하고 있다. 품질경영에 대해 전혀 모르는 경영자, 무관심한 경영자, 반대하는 경영자, 그리고 잘 모르면서도 잘 알고 있다고 착각하는 경영자로 분류하고 그중에서도 잘 모르면서도 잘 알고 있다고 착각하는 경영자를 가장 장애가 된다고 하였다. 다른 유형의 경영자는 생각이 다시 바뀔 수도 있지만 잘 알고 있다고 착각하는 경우는 그런 기회도 없기 때문이다. 이와 같이 모르는 것을 인정하고 배우려는 자세는 매우 중요한 것이다.

공자는 음악도 귀로 듣고 배웠다. 그 시대의 프로 악사는 눈이 보이

지 않는 사람이 대부분이었다. 그래서 공자는 이 사람들의 안내역을 맡아, 손을 잡고 귀인의 저택이나 궁중으로 드나들면서 거기서 음악을 들으며 배웠다. 그 당시에는 의례와 음악이 반드시 함께 행해지지는 않았다. 공자는 뒷날 의례와 음악을 합하는 데 힘을 다하여 보다 인상적인 의례를 연출하려고 애썼다. 이렇게 소년 시절부터 공자는 열심히 공부했다.

사립학교의 원조

공자는 20대 초반에 사설 학교를 시작했다. 아마도 그의 학문을 인정한 주위 사람들이 읽고 쓰기를 배우고자 했기 때문일 것이다. 당시의 중국에는 민간 교육기관이 없었기 때문에 공자가 설립한 학교는 중국 사립학교의 원조라고 할 수 있다. 이 사립학교는 대성황을 이루었다. 공자 입장에서도 하급관리 생활에 만족할 수가 없었다. 사립학교는 애써 배운 지식을 살릴 기회이기도 했다. 게다가 수입이 생겨 좋았다. 공자는 학생들의 사례금에 대해 말한 적이 있다.

> 포 한 꾸러미의 변변치 않은 예물을 가지고 와서 가르침을 청해도 (自行束脩以上),
> 내 일찍 가르치지 않은 적이 없었느니라(五未嘗無誨焉).
>
> -「술이편」 7장

이와 같이 공자는 가르침에 차별을 두지 않았다.

> 가르침에 구별이 없다(子曰 有教無類). -「위령공편」 38장

공자의 제자들은 최성기에는 3,000명 정도였다고 한다. 이 정도의 인원이라면 상당한 수입원이 되었을 것이다. 공자가 30세가 되었을 때는 꼭 배우고 싶다는 희망자가 문전성시를 이루었다. 유명한 제자로는 공자가 가장 아꼈던 안연을 비롯하여, 자로 · 안로(안연의 아버지) · 증점(증참의 아버지) · 염백우 · 중궁 등을 들 수 있는데, 그들은 모두 이 시기에 입문한 사람들이었다(공건, 161).

일본의 대표적인 품질학자인 이시가와 교수는 일본이 세계적인 품질 강국이 된 세 가지 이유를 이렇게 설명하였다. 첫째는 어려서부터 한자 교육을 열심히 시켜 복잡한 한자의 획을 생각하면서 학습하도록 하였기 때문에 학교를 졸업한 후에 활동하게 되는 사회생활에서도 항상 생각하면서 행동하게 된다고 하였다. 둘째로는 성선설에 입각한 관리를 하기 때문에 관리자가 없을 때도 스스로 책임 있는 행동을 하고, 셋째로는 단일 언어 국가이므로 개인간의 의사소통이 동일한 언어로 이루어지기 때문에 단결이 잘 된다는 것이다. 이시가와 교수는 생각하면서 실행하는 것이 매우 중요하다고 설파하였다.

공자는 배우고 난 다음에 스스로 사색하여 궁극적인 진리를 깨우쳐야 된다고 하였다.

> 학습을 하고 사고를 하지 않으면 곧 텅 비고(學而不思則罔)
>
> 사고만 하고 학습을 하지 않으면 곧 위태롭다(思而不學則殆).
>
> -「위정편」 15장

공자는 학습을 강조한다. 그러나 동시에 생각을 해야 한다. 무엇을 배우는가? "사고하는 방법을 사고하도록 배우는 것이다." 최고의 학습은 문제의 답을 가르쳐 주는 것이 아니고 해답을 찾는 방법을 스스로

찾도록 가르쳐 주는 것이다. 이건 어떻게 하면 해답을 찾을 수 있을까라고 묻도록 만들어야 한다.

세계적인 기업 IBM의 모토는 '생각하라(Think)'이다. 이 말은 의사결정을 빨리 내리기 위해 생각하라는 뜻이 아니다. 그 반대이다. 이 회사의 사무실(심지어 화장실에도) 곳곳에서 이 문구를 발견할 수 있다. '생각하라'는 말은 IBM의 창업자인 왓슨(T. J. Watson)이 평소 관리자들에게 던진 충고이다. 속도를 늦춰서 먼저 생각하고 난 다음에 반드시 행동으로 옮기도록 강조했던 데서 연유한다. 비록 왓슨은 결과가 행동으로 옮겨지지 않으면 생각하는 자체가 낭비라고 믿기는 했지만 IBM의 직원들은 성급한 의사결정을 자제함으로써 돌이킬 수 없는 실책을 저지르는 일이 줄어들었다.

의사결정을 천천히 내리는 데 대하여 굳은 신념을 가진 또 한 사람이 있다. 경영 컨설턴트인 잭 팔비(Jack Falvery)이다. 관리자의 일정표가 몇 분 몇 초까지 세분되어 있는 것을 본 그는 '빨리! 빨리!'의 신화에 반기를 들었다. "일을 할 때 몇 분 몇 초까지 무엇인가 하는 시간으로 채우려고 하지 말라. 당신은 목적을 이루기만 하면 되는 것이 아니다!" 그리고 만일 당신이 관리자라면 다른 사람의 손을 빌려도 된다. "내 일이 정신없이 바쁠 때는 다른 사람들에 대해 신경을 쓰지 않아도 된다." 이렇게 말하는 팔비는 관리자들에게 '꼭 해야 할 일'을 항목으로 만들도록 권유한다. 다음 나머지 자질구레한 일들에 대해서는 신경을 쓰지 말라고 충고한다. "이 방법은 요술처럼 당신으로 하여금 아주 많은 시간을 벌게 해준다"(존 K. 클레멘스, 99).

일본의 도요타 자동차가 미국의 빅3 자동차를 차례로 밀어내고 세계의 왕좌로 오르는 데 계기가 된 것은 유명한 렉서스 프로젝트이다. 그 전까지 일본 자동차는 미국 시장에서 소형차만 잘 팔리고 중 · 대형

차는 고전하고 있었다. 즉 1만 달러에서 1만5천 달러 가격대에서만 경쟁력이 있었고 그 4배인 6만 달러대 시장에서는 미국의 빅3가 석권하고 있었다. 그러나 렉서스의 성공으로 중 · 대형급에서도 일본이 미국을 앞지르기 시작했다. 렉서스의 성공 배후에는 고객 만족 정신과 그것을 바탕으로 실행한 품질기능전개(Quality Function Diployment, QFD) 기법이 있었다. 고객의 입장에서 필요한 기능을 도출하고 그 기능을 구현할 수 있는 기법을 활용하여 자동차를 설계하고 제작하였다. 렉서스는 현재 미국 시민들이 가장 갖고 싶어하는 자동차로 인정받고 있다.

공자가 공부 다음으로 중요하게 생각한 것은 배운 것을 실천하는 것이다. 자로는 공자의 제자들 중에서 비교적 결점이 많은 사람이었다. 그런 자로를 공자는 제일 좋아했다. 왜 그럴까? 그것은 자로가 공자의 가르침을 실행에 옮기는 데 제일 모범적이었기 때문이다. 자로는 공자의 가르침을 들으면 무슨 일이 있어도 즉시 행동에 옮겼다. 공자는 자로의 이런 태도를 좋아했다.

> 자로는 가르침을 받고(子路有聞),
> 그것을 아직 다 실천하지 못했는데(未之能行)
> 다른 가르침을 받을까 두려워했다(唯恐有聞). -「공야장편」 13장

이것은 자로가 공자의 가르침을 실천하는 데 있어 남이 따르지 못할 정도로 노력했기 때문에 한 말이다. 먼저 배운 것을 실천에 옮기기도 전에 또 다른 것을 배우게 될까 두려워했다는 것이다. 말하자면 자로는 그토록 실천을 위해 노력했다는 것이다. 공자의 관념들 중에서 꾸준하고 부지런함은 지식을 습득하는 데만 필요한 정신이 아니라 실천규범으로도 중요하게 간주되고 있다. 그러므로 공자는 말은 그럴듯하

면서도 실행하지 않거나 낮잠만 자는 재여 같은 게으른 제자는 교육할 가치조차 없는 사람으로 인정해서 아예 꾸짖으려 하지도 않았다. 공자는 또한 아첨하는 사람을 경계했다. 아첨을 일삼으며 좋은 말만 하는 사람과 친해지기는 아주 쉽다. 그러나 그런 사람과 가까이 지내다 보면 자기도 모르게 그렇게 변할 수 있다. 앞에서는 듣기 좋은 소리만 하지만 뒤에 가서는 남을 헐뜯는 사람으로 변할 수 있다(오성수, 927).

공자는 이렇게 가르쳤다.

> 말을 교묘히 하며 얼굴빛을 좋게 꾸미려고만 하는 자 가운데(巧言令色) 어진 사람이 드물다(鮮矣仁). -「학이편」 3장

제품이나 서비스의 경우도 포장만 요란하고 내용물은 그보다 못하거나 표본(샘플)이나 광고 내용에 비해서 실제 제공되는 서비스가 기대에 못 미치는 경우가 있다. 포장과 광고가 요란할수록 품질이 더 떨어지는 경우도 있다. 춘추시대 말부터 전국시대까지는 제자백가들이 변화무쌍한 각국 제후들에게 자기 나름의 나라를 다스리는 철학을 유세하던 시기였다. 제후들 중에는 "말을 교묘히 하여 낯빛을 좋게 꾸미려는 자"들에게 미혹되어 나라를 망치고 자기도 망한 경우가 적지 않았다. 자신이 남보다 무슨 일을 더 잘해 보겠다고 생각한다면 사람의 선악을 잘 분별하고, 벗을 사귐에 있어 주의할 필요가 있다(공건, 34).

일본의 전사종합품질관리 방식인 TQC(Total Quality Control)는 일본이 미국에서 배운 통계적 품질관리(Statistical Quality Control, SQC)와 미국의 목표관리(Management By Objective, MBO)를 일본식으로 개량한 방침관리를 주요 수단으로 하였다. 매년의 방침을 결정하기 위하여 그 전해 10월경부터 공론을 모아 상 · 하급자간에 토론을 벌여 의사를 결정

한다. 마치 야구에서 실제 시합에 들어가기 전에 같은 편 선수들끼리 공받기(catch ball) 연습을 하여 공감대를 형성하는 것과 마찬가지이다. 방침관리 수립 과정에서 의견을 조정하는 방식을 캐치볼이라고 한다.

『조선왕조실록』을 보면 왕과 신하 간의 토론이 진지하다. 때론 갈등이 치열하다. 심지어 목숨을 버릴 수도 있다는 각오로 왕의 정책에 반대하고 나서는 경우도 있다. 그만큼 우리 조상들의 토론 문화가 성숙했다고 볼 수도 있을 것이다. 그러나 본질은 토론 문화에 있는 것이 아니다. 그 본질은 공론(公論)에 있다. 공론을 중요시했기 때문이다. 공론을 소중하게 여기고 성실하게 따랐던 왕은 대개 성군으로 올라섰다. 세종대왕이 그렇고 성종대왕이 그랬다. 공론을 가볍게 여기고 무시한 왕은 쫓겨나기도 했다. 연산군에서 그 예를 본다. 공론은 왕도 정치의 핵심 이념이다. 조선 왕조는 왕도 정치를 철학으로 삼았다. 일본처럼 폭력이나 무력에 의지하지 않았다. 힘으로 지배하는 패도 정치를 멀리했다. 왕도 정치의 요체는 어떤 정책이든지 공론에 올리고 민심을 살펴 결정하고 집행하는 데 있다. 이 왕도 정치 덕분에 조선 왕조는 세계 왕조 사상 보기 드물게 5백 년 동안 유지될 수 있었다.

왕도 정치는 의리를 밝히고 국민을 껴안는 통치 정치이다. 지극히 민본주의적인 정치 철학의 구현이다. 여기엔 조선이 내세운 유학, 즉 성리학 사상이 모태가 되었다. 그래서 조선은 폭력을 배척했고 법의 힘을 빌려 통치하는 법치보다는 '덕치'에 더 무게를 두었다. 조선의 왕도 정치는 명분과 의리로써 국민들을 설득하고 또 법보다는 덕으로 국민들을 껴안고 교화시켜 나갔다. 국민들의 자율성에 더 의존하고 인간화 작업을 중요시한 통치 형태라 하겠다. 동서고금에 이런 국가는 없다. 조선 왕조의 리더십이 돋보이는 대목이다. 이런 왕도 정치를 달성해 내자면 그 수단으로 공론을 소중하게 여겨야 했다. 또 민심도 살펴야 했다. 때문에 율곡은 이렇게 말했다. "공론은 나라를 지탱하는 으뜸가는 기운이다. 이 공론이 조정에 있으면 나라는 다스려지고 공론이 항간에 머물면 어지러워진다. 그리고 공론이 왕과 신하 간에 모두 없으면 나라는 망한다." 요즘으로 치면 공론은 언론의 기능을 했다(존 K. 클레멘타인, 393~94).

사람이기에 잘못이 없을 수 없다. 아무리 올바른 행위를 하고 말실수를 하지 않는 사람이라고 해도 영원히 잘못이 없을 수는 없다. 하지만 사람들은 보통 자기 잘못을 인정하기 싫어한다. 그러므로 공자는 이렇게 개탄했다.

> 나는 자기의 잘못을 인정하고 마음으로 꾸짖는 사람을 보지 못했노라
> (吾未見能見其過而內自訟者也). -「공야장편」 26장

공자는 「이인편」에서 또 이렇게 말했다.

> 사람의 잘못은 각각 부류에 따라 저지르게 되는 것이다
> (人之過也 各於其黨).
> 그러므로 그 잘못을 살펴보면 인자인지 어떤지를 알 수 있다
> (觀過斯知仁矣). - 7장

풀어 말하면 사람들의 과오에는 각각 특징이 있는데, 그 과오를 보면 그 사람의 됨됨이를 알 수 있다는 것이다. 상대방의 장점과 결점을 알려면 그가 실패했을 때의 태도와 행위가 어떤가를 보아야 한다. 그것을 보면 과오의 성질과 특징, 그 사람의 장점과 결점을 명백히 알 수 있다. 여기서 공자가 말하려는 것은 결점이라든가 습성이 반드시 나쁜 것

만은 아니라는 것이다. 결점은 누구나 피할 수 없기에 공자는 다만 그런 결점을 빨리 고쳐서 될수록 겉에 드러나지 않게 힘쓸 것을 권고했을 뿐이다. 이런 결점과 습성까지 모두 고치게 하려고 했으니 교육자로서 공자의 임무가 얼마나 어려웠겠는가?

특성요인도(特性要因圖)는 품질경영 활동에서 원인(요인)과 결과(특성)의 관계를 규명하기 위하여 사용되는 방법이다. 잘못된 결과가 나타나면 그 결과를 시정하는 것이 아니라 그 결과가 나타나도록 한 근본 원인을 찾아서 그 원인을 시정해야 근원적으로 잘못이 없어지게 된다. 이러한 원리를 이용하여 과오를 제거해야 같은 과오의 재발을 방지할 수 있다. 근본 원인을 규명하는 구체적인 예를 공기압축기(에어컴프레서)를 예로 들어 보자.

1단계. "왜 컴프레서가 정지했을까?" → 고장에 대한 원인을 규명한다. 컴프레서가 정지한 원인이 전기 퓨즈가 끊어진 것이라고 규명하여 퓨즈를 교환하고, 문제 해결을 퓨즈 교환으로 끝내면 이러한 고장은 그 다음에도 계속 되풀이될 것이다. 이 경우에 다음 단계로 넘어 가서 근본적인 원인 규명을 해보려고 노력해야 한다.

2단계. "왜 전기 퓨즈가 끊어졌는가?" → 컴프레서에서 과부하가 걸렸기 때문이다.

3단계. "왜 컴프레서에 과부하가 걸렸는가?" → 샤프트 축에 심한 마찰열이 발생했다.

4단계. "왜 샤프트 축에 심한 마찰이 발생했는가?" → 샤프트 축에 윤활유가 잘 돌지 않았기 때문이다.

5단계. "왜 샤프트 축에 윤활유가 잘 돌지 않았는가?" → 윤활유 공급 압력이 낮았기 때문이다.

6단계. "왜 윤활유 공급 압력이 낮았는가?" → 윤활유 공급기의 회전 속도가 떨어졌기 때문이다.

7단계. "왜 회전 속도가 떨어졌는가?" → 펌프의 샤프트 베어링의 마모 때문이다.

8단계. "왜 펌프 샤프트의 베어링이 마모되었는가?" → 철판 부스러기가 베어링 속으로 들어갔다.

9단계. "왜 철판 부스러기가 베어링 속으로 들어갔는가?" → 펌프의 보호관 커버가 벗겨졌기 때문이다.

10단계. "왜 펌프의 보호관 커버는 벗겨졌는가?" → 보호관 커버의 연결 고리가 약하기 때문이다.

이상의 과정을 거쳐서 컴프레서 고장의 근본 원인으로 규명된 '연결고리가 약한 문제'를 해결하면 컴프레서의 고장 문제는 근원적으로 해결된다. 공자는 「술이편」에서 이렇게 말했다.

> 배우기를 싫어하지 않으며(學而不厭),
> 남을 가르침에 게을리하지 않아야 한다(誨人不倦). - 2장

사람이란 완벽하지 않기에 이런 가르침에 게으름 없는 굳은 결심이 있어야 하는 것이다. 상대방의 결점을 잘 알아야 상대방의 장점이 어디 있는가도 알 수 있다. 이른바 '게을리하지 않는다'는 것은 같은 내용과 방식의 연속적인 반복을 의미하는 것이 아니라 부단히 새로운 내용과 새로운 방식을 바꾸어 가르침을 의미한다(공건, 107).

「위령공편」에는 이런 말이 있다.

많은 사람들이 미워해도 반드시 살피며(衆惡之 必察焉),

많은 사람들이 좋아해도 반드시 살필 것이니라(衆好之 必察焉).

- 27장

여러 사람들한테 소외당하는 사람은 그의 어떤 면이 남들과 맞지 않기 때문이지 꼭 그가 나빠서가 아닐 것이다. 그러므로 이런 사람을 정확히 평가하려면 사람을 볼 줄 아는 통찰력이 필요하다. 사람을 볼 줄 아는 통찰력은 어떻게 하면 기를 수 있는가? 공자는 사람을 평가하는 방법 세 가지를 말했다. 우선 현재 행위를 중요시해야 하며, 그 다음은 동기를 알아보아야 하며, 그리고 그 행동의 목적을 고찰해야 한다. 이 세 가지를 제대로 하면 그 사람의 본성을 똑똑히 볼 수 있다. 착한 사람과 악한 사람을 분별함에 있어 으뜸으로 중요한 것은 그의 행동을 고찰해 보는 것이지 그의 말을 듣는 것이 아니다. 이 점은 아주 중요하다. 물론 동시에 그 동기와 목적도 명백하게 고찰해야 한다. 그래야 그 사람의 내면세계를 알고 그 사람을 판단할 수 있는 것이다.

품질경영 활동에서 프로세스 접근법은 결과만으로 평가하는 것이 아니라 프로세스의 중요함을 인식한 결과이다.

경영자의 리더십

곧은 사람을 등용하여 굽은 사람 위에 두면(擧直錯諸枉),

굽은 사람을 곧은 사람으로 고칠 수 있다(能使枉者直).

-「안연편」 22장

몸가짐을 바로하면 명령하지 않아도 아래에서는 실행하지만, 몸가짐을 똑바로 하지 않으면 비록 명령을 내려도 아래에서는 복종하지 않는다.

> 자기 몸가짐을 바로하지 못하고 어찌 남을 바로잡아 줄 수 있으랴
> (不能正其身 如正人何). -「자로편」 13장

조직관리를 잘하려면 그 사업과 관계된 경험과 능력이 있어야 한다. 뿐만 아니라 자기를 엄하게 단속하고 남을 너그럽게 대할 줄도 알아야 한다. 다시 말해 솔선수범해야 한다. 부하 직원에게 일이 생기면 왜 윗사람이 책임져야 하는가? 부하들의 잘못으로 상급자가 추궁받고 어떤 때는 처벌까지 받게 되면 그 상급자는 억울한 생각이 들 때가 많다. 그 많은 부하를 내가 어떻게 일일이 다 감독할 수 있단 말인가? 그러나 상급자의 책임은 감독을 잘못한 것에만 있는 것이 아니다.

노나라의 실권자인 계강자(季康子)가 공자에게 정치를 잘하는 법을 물었다.

> 정치라는 것은 바로잡는 것이니(政者正也),
> 앞장서서 바르게 한다면 누가 감히 바르지 않겠습니까?
> (子帥以正 孰敢不正) -「안연편」 17장

공자의 말을 들어보면, 부하에게 문제가 많이 생기는 것은 그 상급자의 언행이 바르지 못한 것과 어느 정도 관계가 있다고 할 수 있다. 부하들은 매일 윗사람의 행동을 바라본다. 그러므로 상급자의 언행은 부하들에게 어떤 영향을 주기 마련이다. 부하들이 저지른 일들을 그 윗사람의 언행과 비교해 보면, 상급자의 언행 중에 그런 일을 가능하게 할 수 있는 요소들이 있었음을 발견할 때가 많다. 상급자는 평소에 하급자

를 교육할 의무가 있다. 평소 교육을 제대로 하지 않아서 생긴 일이라면 상급자는 남에게 책임을 미룰 수 없다.

논어는 관계론의 보고(寶庫)와도 같다.

> 덕은 외롭지 않고 반드시 이웃이 있다(德不孤必有隣).
>
> -「이인편」 25장

이 말은 "덕(德)이란 사람과 사람이 맺는 관계에 무게를 두는 것" 이라고 해석한다. 나아가 운동론에서도 민중과의 접촉 국면을 확대하고 그 과정을 민주적으로 이끌어 나가는 것이 '덕불고필유린(德不孤必有隣)' 의 원리라는 것이다. "인간관계로서의 덕이 사업 수행에 뛰어난 방법론으로서 검증됐다는 의미가 아니라, 그 자체가 사람이며 가치이기 때문에 귀중한 것"이다.

군자의 덕목인 '화이부동(和而不同)' 에서 '동(同)' 은 자기와 타자의 차이를 인정하지 않는 지배 · 흡수의 논리로, '화(和)' 는 타자의 다양성을 인정하는 관용의 의미로 해석된다. '동' 의 논리는 바로 전지구적(全地球的) 자본주의와 세계화를 의미하는 반면 '화' 는 세계가 서로의 다양성을 인정하고 평화롭게 공존하는 구도가 된다. 이런 '관계론' 은 현실도피의 이미지를 지니고 있는 도가(道家) 사상에서도 나타난다. 장자(莊子)가 꾸었다는 나비의 꿈은 "모든 사물은 서로가 서로의 존재 조건이 된다는 것에 대한 깨달음"을 나타낸다는 설명이다.

스티브 포스(Steve Force)는 권위가 아니라 영향력을 통해서 회사를 경영해 왔다. 포스는 반도체를 가공하는 데 이용되는 기계를 수선하고 청소해 주는 포스인더스트리즈의 설립자이다. 포스인더스트리즈는 IBM과 인텔, 마이크로일렉트로닉스, 락웰, 사이바이오스 로직 등과 거래하고 있는 개인 회사로서 1998년 경영자 포스는 콜로라도 주 중소기업청이 지정하는 '올해의 중소기업인'으로 선정됐다. 콜로라도 스프링스은행의 부행장은 포스의 독특한 경영 스타일에 대해 이렇게 말했다. "직원들을 충성스럽고 결단력이 있으며 최고의 생산성을 발휘하도록 만들었다." 그 해 국제규격협회가 실시한 엄격한 심사 과정에서 이 회사는 통상적인 수준을 넘어서는 품질관리를 지속적으로 유지해 왔다는 평가도 얻어냈다.

포스가 다른 리더들처럼 단순히 권위를 내세워 경영했기 때문에 그 수준을 달성하고 유지할 수 있었던 게 아니다. 그것은 직원들이 그 목표 달성을 자신들의 비전으로 삼았기 때문에 가능한 일이었다. 고객들도 "수준 높은 서비스와 함께 어떤 대가를 치르더라도 일을 반드시 해내는 열정을 지닌 회사"라고 칭찬했다. 그리고 그것은 우연히 이루어진 것이 아니었다. 포스는 앞장서서 고객의 요구에 맞춰 주라는 식으로 직원들을 단순히 격려하는 데 그치지 않았다. 그 목표를 달성할 수 있는 권한을 직원들에게 과감히 넘겨줬다. 직원들은 회사의 일상적인 업무에서 구매나 세부적인 일들을 결재 절차 없이 해나갈 수 있었다.

아마 포스의 경영 방식은 『타임』지가 선정한 '영향력'의 기준에 맞아떨어졌는지도 모른다. "자신이 대우 받기 원하는 대로 고객과 직원들을 대우한다"는 그의 경영 방식은 황금률 그 자체였다. 이런 단순한 생각은 직원들이 자신의 일에 책임감을 느껴 평균치보다 두 배를 달성하는 회사로 만드는 데 결정적인 영향을 끼쳤다. 직원들은 고객들에게 특별한 서비스를 제공해 주고 또한 회사에는 특별한 생산성을 가져다 주었다. 그 대가로 포스는 직원들에게 평균 수준을 훨씬 뛰어넘는 혜택을 주었다(존 K. 클레멘스, 476~77). 직원들은 지시를 받았기 때문에 헌신적인 노력을 기울였다고 할 수 없다. 지시는 오히려 회사의 성공에

치명적인 방해 요인으로 작용한다. 포스의 영향력은 즉, 직원들이 그의 기준을 그들의 것으로 받아들인 데 있었다(존 K. 클레멘스, 477).

진문공(晉文公)의 덕을 우선으로 한 용인술을 살펴보자.

진문공은 2,500여 년 전 춘추전국시대 초기의 인물이다. 진문공은 19년의 유랑 생활을 끝내고 왕위를 되찾았다. 그런데 그의 능력은 왕위에 오른 후 민생을 안정시키고 국방과 외교 활동으로 패자로 올라서는 과정에서 더욱 빛을 발했다. 전임자인 진혜공(晉惠公)은 국가를 위기에 몰아넣고 권력을 내놓지 않으려 했다. 부하들이 혜공을 몰아내고 문공을 영입하여 왕좌에 앉힌다. 문공은 그렇게 위기관리 단계에서 해결사로 출발했다. 진문공은 왕위에 오른 후에 상당 기간 동안 어떠한 일에도 손을 대지 않았다. 자신을 19년이나 따라다닌 핵심 참모들을 요직에 앉히는 인사도 단행하지 않았다. 바로 전임자의 조직을 그대로 안고 있었다. 그리고 암중모색하면서 기다렸다. 거기엔 두 가지 뜻이 있었다. 하나는 외부의 동요를 막기 위함이고 또 하나는 혹 남아 있을지도 모르는 반대 세력의 동태를 파악하는 데에 있었다. 영향력을 키우고 권위도 동시에 사용했다(존 K. 클레멘스, 489).

발제는 문공을 죽이기 위해 두 번이나 자객으로 나선 적이 있다. 문공이 공자 시절 진나라 국경 부근 포성 땅에 가 있을 때 발제는 왕의 밀명을 받고 자객으로 나선다. 발제는 담장을 넘어 도망가는 중이(당시 진문공의 이름)를 죽인다는 것이 잘못해서 옷소매만 끊는다. 그 후 문공이 채(蔡)나라에 망명하고 있을 때 발제는 동생인 이오, 즉 진혜공의 명령을 받고 자객으로 나섰다가 또 실패하고 돌아왔다. 불안했던 발제는 쿠데타 음모에 가담할 것을 제의받고 주저하다가 승낙한다. 그러고서도 저울질을 한다. 자기가 두 번이나 암살하려고 했던 중이가 왕이 된 걸 보면 중이는 하늘이 돕는 사람이다. 발제는 밀고를 결심하고 배신을 한다. 문공은 거사일 전에 왕성을 빠져나와 이웃 진(陳)나라에 은신한다. 쿠데타가 발생한 후 다시 군사를 모아 쿠데타 군을 일망타진한다. 문공 입장에서는 이 쿠데타가 전화위복으로 작용해 조직을 조기에 안정 체계로 다질 수 있었다.

문공은 쿠데타 군의 핵심 인물 2명만 죽이고 모두 살려 준다. 나머지 사람들에게는 대사령을 폈다. 저항 세력을 파악하고 핵심만 잘라냈을 뿐 나머지 인재들을 그대로 등용하였다(존 K. 클레멘스, 491). 진문공은 쿠데타를 진압하고 조직이 1차 안정을 찾았다고 판단한 후 논공행상에 들어간다. 문공은 논공행상을 서두르지 않았다. 그것은 기존 조직의 인재들의 마음을 잡기 위한 것이었다. 그리고 논공행상의 기준도 일반 기준과 매우 달랐다. 문공은 열국을 유랑하던 시절의 핵심 참모를 1등 공신으로 정했다. 당연한 조치이다. 그 다음 2등 공신은 유랑 시절 국내에 머물면서 자신에게 힘을 보태준 신하들로 삼았다. 마지막 3등 공신은 귀국했을 때 항복하고 영접한 신하로 구분했다. 또 1등 공신 중에서도 공로를 따져 1, 2급으로 나누었다(존 K. 클레멘스, 491~92).

호숙(壺叔)이란 신하가 있었다. 그는 19년 전 문공이 포성 땅에 망명할 때부터 따라나선 부하였다. 그는 문공 옆을 한시도 떠나지 않고 수발을 들었다. 그런데 그에 대한 포상에 문공은 관심을 두지 않았다. 호숙의 불만이 터졌고 이 소리는 문공의 귀에 곧장 들어간다. 진문공은 호숙을 손수 불러 그 이유를 이렇게 말한다.

> 인과 의로써 나를 지도하여 잘못된 사항을 깨닫게 해준 사람에겐 최고의 상을 내렸다. 또 묘한 계책으로 나를 도와 모든 제후들로부터 욕되지 않게 해준 사람에겐 그 다음 상을 내렸다. 그리고 적의 화살이나 칼날을 무릅쓰고 자신의 몸으로써 나를 보호해 준 사람에게 그 다음 상을 내렸다.

바로 그렇다. 진문공의 포상 기준은 다른 사람들과 이렇게 달랐다. 가장 으뜸가는 상은 덕에 대해서 주었다. 그 다음은 재주에 대해서 주었다. 그 다음에 공로에 대해서 주었다. 문공 자신을 따라다니면서 몸으로 수고한 공은 필부의 힘이라고 보았기 때문에 제외했다(존 K. 클레멘스, 492). 다른 사람과의 접촉 국면을 확대하고 그 과정을 민주적으로 이끌어 나가는 힘의 원천인 덕의 가치를 깊이 인식한 것이다

인

유교의 인(仁)은 기독교의 사랑이고 불교의 자비(慈悲)이다. 인이 너그러움을, 포용력을 상징한다면 사랑은 좋아하는 느낌이 강하고 상대적이다. 그에 비하여 자비는 중생을 불쌍하게 여기는 슬픔이 느껴진다. 불교의 자비, 기독교의 사랑처럼 유교를 말할 때는 '인'을 말한다. '인'은 유교의 모든 내용 모든 가르침을 한마디로 집약한 말이다. 불교의 불경이나 기독교의 성경처럼 유교를 대표하는 경전이 논어이다. 이 논어의 가장 주된 가르침이 '인'이다. '인'에서 출발해서 '인'을 목표로, '인'의 길만 걷도록 설파하는 것이 논어이다(송복, 23).

'인'은 갑골문자에 보이지 않고 기원전 470년 무렵에 쓰인 『고대 시가집』의 두 시, 정나라의 민요 「숙우전(叔于田)」과 제나라의 민요 「노령(盧令)」에 처음으로 보인다. 「시」, 「서」와 『좌씨전』에서 '인'은 주로 특출한 재능의 문맥에서 타자의 감탄을 자아내는 '남자답다', '재주가 많다' 거나 이해타산의 맥락에서 질서를 유지하는 '규합'을 의미했을 뿐이다. 논어에 이르러서야 '인'은 비로소 도덕적인 맥락으로 사용되게 된다(신정근, 277).

춘추전국시대 말기에는 기존의 봉건 질서가 무너지고 사회적 혼란이 매우 심했으므로 공자는 앞서 언급한 바와 같이 주의 주공과 요순 시대의 이상정치 내지는 덕치를 그의 모델로 하여 이를 더욱 발전시킨 인을 주창하게 되었다.

인은 모든 도덕을 일관하는 최고 이념

인은 유가의 모든 덕목의 총칭이며 물아일체의 차원에까지 이르는 절대적인 도이다. 유교에서는 인을 모든 도덕을 일관하는 최고 이념으로 삼고 있다. 우리는 보통 '인'을 어질다는 뜻으로 새기지만, 어질다는 풀이만으로는 '인'이 가지고 있는 의미를 다 나타낼 수 없다. '인'은 공자에게서 최고의 개념이다. 유가사상에서 말하는 덕목들은 인 · 의 · 예 · 지 · 신처럼 다양하지만 이 모든 덕목을 하나로 줄이면 '인'이 된다. 그렇다면 '인'을 어떻게 설명할 수 있을까? 맹자는 '인'을 "사람이 사는 편안한 집"이라고 했고, 주희는 "하늘과 땅이 만물을 만들어 내는 마음"이라고 했다. 근대 학자들 가운데 강유위는 "사랑의 힘"이라고 했고, 호적은 "사람이 가야 할 길을 다하는 것"이라고 했다. 하지만 공자는 한 번도 '인'을 어려운 말로 설명하지 않았다. 그저 제자들이 '인'에 대해 물을 때마다 묻는 사람에 맞추어

남을 사랑하라(愛人).

자기 욕심을 누르고 예로 돌아가라(克己復禮).

자기가 하고 싶지 않은 일을 남에게 베풀지 말라(己所不欲勿施於人).

말을 삼가라(訥於言).

라고 하였다.

논어에서 인을 말한 것은 지극히 평이하고 실제적이며 지극히 넓고도 정밀하다. 인은 도덕의 입문이요, 또한 도덕의 최고 수준이며 최고 목표이기도 하다. 인은 인간의 본성이며 이것은 곧 남을 사랑하는 것이다. 즉 인은 애인(愛人)이다. 애인은 안인(安人)이다. 이것은 바로 백성을 큰 손님 대하듯 하고 백성 부릴 때에는 큰 제사 모시듯 백성을 중히 모시고 예로써 대하는 것이다. 인은 무진장한 선의이며 잠재능력이다. 공자의 인에는 남을 사랑하는 것 이외에 자기를 사랑하는 것도 포함되어 있다. 또 공자의 인은 무조건적 사랑 또는 절대적인 사랑이 아니라 사람들의 자연스런 친소 관계를 전제로 한 예를 바탕으로 한 사랑이다. 인은 곧 효제(孝悌)라 하여 인의 근본을 가족적 결합의 윤리에서부터 시작하여 육친 사이에 진심으로부터 우러나오는 애정을 강조하는 한편 그것을 인간 사회의 질서 있고 조화 있는 결합의 원리로 삼고 나아가 정치에도 전개시켰다.

즉 민중들을 상대로 할 적에는 관포지교(管鮑之交)로 널리 알려져 있는 제나라의 관중처럼 인인(仁人)은 못 되어도 여러 사람들에게 큰 도움을 주거나 은혜를 끼쳐 주면 인이라 할 수 있는 것이다. 오직 인자라야 남을 좋아할 수도 있고 남을 미워할 수 있는 것도 인의 친소(親疎)는 물론 사람들의 호오(好惡)에 대한 분별을 전제로 하는 것이기 때문이다. 또 군자가 부모에게 독실하면 백성들 사이에 인의 기풍이 일어난다고 한 것도 사람들의 친소관계에 따른 인의 차등을 전제로 한 말이다. '부모에게 독실한 것'은 곧 효도이며 인 중에서도 가장 큰 것인데 사회의 지도층에 있는 군자가 이런 큰 인을 행하면 백성들도 본받아 인을 행하게 된다는 것이다(박용의, 59~60).

'인'은 사실 두 이(二)자와 사람 인(人)자를 합쳐 놓은 것이다. 그 의미는 두 사람 사이의 관계를 나타낸다. 우리는 사람을 가리키는 말로 인간(人間)이라는 표현을 쓴다. 인간이란 말을 정확하게 풀면 '사람 사이'라는 뜻이 된다. 왜 사람 하나를 가리키면서 사람 사이를 나타내는 인간이라는 말을 쓰는 것일까? 사실 혼자 태어나 죽을 때까지 혼자 산 사람이 있다면 그 사람에게 인간이란 아무런 의미가 없을 것이다. 이런 점에서 본다면 공자의 관심은 철저히 사람에 대한 것이었다. 논어의 「선진편」에 나오는 제자 자로와의 대화는 이 같은 공자 사상의 성격을 잘 드러내고 있다. 공자는 죽음에 대해 묻는 자로에게 삶으로 답하였고, 다시 귀신 섬기는 법을 묻는 질문에 사람 섬기는 일로 답하였다. 이처럼 공자가 가장 관심을 기울였던 문제는 사람의 삶이었으며 여기에서 얻은 해답이 '인'이었던 것이다.

어느 날 조정에서 돌아와 마굿간이 불탔다는 말을 들은 공자는 사람이 다치지 않았느냐고 묻는다. 왜 마굿간에 불이 났는데 말이 얼마나 다쳤는지를 묻지 않고 사람이 다치지 않았느냐고 물은 것일까? 바로 이 점에서 공자 사상의 특징이 잘 드러나 있는 것이다. 『중용』과 『맹자』에서는 '인'을 모두 '사람다움'으로 해석하였다. 그러므로 '인'이란 곧 사람다움을 실현하는 방법이었던 것이다.

공자는 '실천적 인간 사랑'으로서의 '인'을 군자의 제1 덕목으로 삼고, 안인(安仁)과 이인(利仁)을 구별했다. '안인'은 인행(仁行)을 천성처럼 편안히 느끼는 인자(仁者)의 경지이고, '이인'은 인행으로 이익을 꾀하는 지자(智者)의 경지이다. '안인'은 바로 천성이 된 '인'인 반면, '이인'은 손익타산에 얽매인 상대적 '인'이다. 널리 백성을 양생(養生)하고 교화하는 인정(仁政)을 펴기에 앞서 필요한 공직자의 최소 덕목은 어떤 경우든 검은 돈의 유혹을 이길 만큼 한결같이 백성을 사랑하는 청렴(淸廉)한 인심(仁心)이다. 다산 정약용(茶山 丁若鏞)은 『목민심서』에서 '이인'을 본떠 청렴을 '천하의 큰 장사'로 선취하는 '이렴(利廉)'을 논했다. 길게 보면 부자가 되는 것은 탐관오리(貪官汚吏)가 아니라 청백리(淸白吏)라는 것이다. 어떤 '지자'도 혹할 역설의 지혜가 담긴 실용적 청렴론이다. '이렴론'은 도덕을 잊었다는 약점에도 이처럼 강한 매력이 있어 공직자의 청렴 의식을 높여 줄 수 있다.

최근까지 품질에 관한 경영자의 입장은 품질을 높이기 위해서는 투자가 필요하지만 투자의 결과 나타나는 이익은 우회적이기 때문에 투자와 이익의 관계를 바로 이해하기 어렵다는 식이었다. 그러나 PIMS(Profit Impact of Market Strategy) 데이터베이스를 분석한 결과 품질이 좋지 못하면 가격이 낮든 높든 수익을 내지 못하고 품질이 높으면 가격이 높든 낮든 수익을 많이 내는데, 더구나 가격이 높을 때가 오히려 이익을 더 많이 내는 것으로 밝혀졌다. 고객 만족을 달성하기 위하여 품질을 향상시키면 결과적으로 더 높은 수익을 낼 수 있다는 것이다.

인은 동양적 휴머니즘이다. 즉 위로부터 덕치를 베풀어 만민이 다 같이 평등하게 행복을 누리자는 동류 의식의 극치이다. 그러나 논어에는 인에 대한 뚜렷한 개념 규정이 없고 다만 제자들의 질문에 대한 구체적인 답이 상황에 따라 주어지고 있을 뿐이다. 심지어는 동일인의 똑같은 질문에 대해서도 같은 답을 하지 않고 있다. 인은 본체 또는 실체(Reality)이다. 인은 우주의 실체인 동시에 도덕의 실체이기도 하다. 인은 추상적이 아니라 구체적이다. 이 구체적인 인이 한편으로는 우주를 창생(蒼生)하고 도덕을 창생하였다. 그러므로 인은 일종의 창조적 생명력이라 말할 수 있다(박용의, 61).

사유위(謝幼偉)는 인의 특성을 ① 보편성(普遍性), ② 영향성(影響

性), ③ 창생성(蒼生性), ④ 감통성(感通性), ⑤ 감유성(感類性), ⑥ 애착(愛着)의 6가지로 분석하고 있다(박용의, 62).

인인(仁人)은 성인과 같은 덕을 지니고는 있지만 성인과 같은 지혜나 능력을 갖추지 못하고 있는 사람이다. 인인이란 윤리적인 면에서 사람으로서의 최고의 경지를 이룩한 사람이다. 인인은 언제나 남을 위하고 남을 사랑하는 마음을 지니고 있다. 그러나 위대한 능력과 지혜는 지니지 못하였기 때문에 온 세상을 교화시키지는 못한다. 어쨌든 인인이란 공자 스스로도 자처하지 못했을 정도로 사람으로서 이르기 어려운 경지이다. 인인이란 주체적 신념인(信念人)이며 군자의 개념과 별로 다를 것이 없다.

사람에게 있어 인은 물이나 불보다도 더 중요하다. 그리고 인은 결코 멀리 떨어져 있는 것이 아니다. 내가 인을 바라면 인은 바로 나를 따라오는 것이다. 즉 하루라도 인의 구현을 위하여 힘쓸 수 있다면 그만큼이라도 인이 실현된다는 것이다. 따라서 인을 실현함에 있어서는 스승에게도 양보하지 않겠다는 적극적인 자세로 해야 할 것이다. 인 속에 사는 것이 아름답고 좋고 스스로 선택하여 인에 처하지 못하면 지혜롭지 못하기 때문에 군자가 인을 버리면 군자로서의 이름을 지킬 수 없다. 군자는 잠시도 인을 떠나서는 안 된다. 밥 먹는 시간일지라도 인을 어기지 말고 다급할 때라 할지라도 반드시 인에 의지하여야 하고 넘어져 뒤집힐 때라도 인에 의지해야 한다. 그리고 자기 목숨을 부지하기 위하여 인을 해치는 것보다 제 몸을 죽여서라도 인을 이룩하기 위해 애써야 한다. 인이라는 것은 내가 이룩하고자 할 때 남도 함께 이루게 하는 것이다. 그러므로 본심을 숨긴 채 좋은 말이나 좋은 낯을 꾸미는 자는 인이 적을 것이고, 이런 사람에게는 예도 음악도 제대로 쓸데가 없기 마련이다. 또 인덕이 없는 자는 곤궁에 오래 처해 있지 못하고 또한 안락에도 오래 처해 있지 못하게 마련이다(박용의, 62~63).

인을 구현하기 위해서는 여러 가지로 노력해야 한다. 널리 배워 뜻을 두텁게 하고 깊이 묻되 가까운 것부터 생각하는 자세로 학문을 연구하면 인을 구현할 수 있다. 공손 · 관대 · 신의 · 민첩 · 은혜의 다섯 가지 덕목을 실천할 수 있으면 인을 실현할 수 있다. 그리고 인인은 말을 조심하고 실현 가능성이 없는 말을 함부로 해서는 안 된다. 인인은 어려움을 남보다 앞서 치르고 보답은 뒤에 얻도록 해야 한다. 또 내가 하고 싶지 않은 일은 남에게도 시키지 말아야 할 것이다. 인을 이루려면 어느 나라에 살든지 현명한 대부를 섬기고 인덕 있는 선비와 벗하며 그들의 훌륭한 점을 본받도록 해야 한다. 사리사욕을 억제하고 예라는 공동의 문화적 법규를 좇아 실천함으로써 사회와 인류의 공존공영을 위해 노력해야 할 것이다. 또한 일상생활에서 늘 공손한 태도를 지키고 일을 맡아 처리할 때에는 신중과 성의를 기울이고 남과 교제할 때에 충성을 다하는 생활 태도는 인을 실현하기 위한 가장 기본적인 요소로서 이런 덕행은 오랑캐 땅에서도 버릴 수 없는 것들이다. 이렇게 인으로 관철할 수 있는 사람은 진정한 용기가 있어 모든 일을 도리에 맞게 처리하기 때문에 아무런 걱정거리도 있을 수 없다(박용의, 63~64).

공자는 겉만 꾸며서 하는 행동이나 아첨뿐만 아니라 말만 번드르르하게 잘하는 속에는 '인'이 별로 담겨 있지 않다고 하였다. 그리고 따뜻한 인간애 · 정의로움 · 명석함 · 꿋꿋함 · 온순함 · 선량함 · 겸손함 · 소박함 · 친절함 같은 덕성들은 모두 '인'으로부터 나온다고 보았다. 이 같은 덕성들을 한마디로 표현한다면 '사람다움'이다. 그래서 공자는 「팔일편」에서

사람이 어질지 않으면 예의가 바른들 무엇하며(人而不仁 如禮何),

악(樂)한들 무슨 소용이 있겠는가(人而不仁 如樂何). -「팔일편」 3장

라고 하였다. 아무리 아름다운 음악이나 미술품도 그 예술품을 만든 사람의 됨됨이가 바르지 못하다면 의미가 없다는 뜻이다. 이 이야기는 '인'이 예술다운 예술이 나올 수 있는 바탕으로서의 품성임을 말해 준다.

공자는 「이인편」에서

> 군자가 인을 버리고 어떻게 이름을 이루겠는가(君子去仁 惡乎成名).
> 군자는 밥 먹는 사이에도 인을 어김이 없으며(君子無終食之間違仁),
> 갑작스러운 일을 만나거나 넘어질 때조차도 인을 어기지 않는다
> (造次必於是 顚沛必於是). - 5장

라고 말했다. 또한 「위령공편」에서는

> 몸을 죽여서라도 인을 이룬다(有殺身以成仁). - 8장

> 인을 실천하는 일에서는 스승에게도 양보하지 않는다(當仁 不讓於師).
> - 35장

라고 하였다. 「위령공편」의 언급은 인이 무엇보다도 중요한 개념임을 잘 나타내고 있다.

이 같은 말들을 종합해 볼 때 공자의 가르침은 모두 '인'으로 집약될 수 있다. 공자는 어떤 사람에 대해서도 선뜻 '인'하다는 평가를 하지 않았다. 그러나 누구라도 '인'을 실천하겠다고 마음먹으면 '인'은 바로

거기에 있다고 하였다. 그 이유는 '인'의 실천이 자발적인 것이기 때문이다. '인'에 대한 유명한 해석 가운데 하나는 공자의 나이 어린 제자 증삼이 풀이한 충(忠)과 서(恕)이다. 여기서 말하는 '충'은 국가에 대한 충성이 아니라 자신에 대한 흔들림 없는 성실성이다. 또한 '서'는 남의 입장을 헤아리는 자세이다. 따라서 '충서'란 내면적으로는 자기 자신을 다하는 일이고, 밖으로는 남과의 관계에서 내 마음으로 미루어 남의 마음을 헤아려 보는 것이다. 이 같은 입장은 유학이 자신을 위한 학문에서 출발하여 남을 위한 학문으로 나아가는 것이며 그 과정에서 '인'이 사람 사이의 관계를 규정한 덕목이었음을 잘 보여준다(한필훈, 24~25).

공자가 일생 동안 가장 많이 말한 것은 바로 '인'으로, 나라를 다스릴 때는 인애를 지켜 남을 압박하지 말며, 인을 도덕규범 가운데 하나로 삼고 사람들 사이를 조화시켜야 한다고 주장했다. 그는 인을, 사회에서 사람들이 입신 처세하는 기준이자 가장 높은 도덕률로 여겼다. 그래서 어진 사람을 품성이 가장 고상하고 도덕이 숭고한 사람으로 보았다. 이와 더불어 공자는 인을 군자와 소인, 현인과 우둔한 자, 선과 악, 그리고 시비를 가르는 주요한 요인으로 보았다. 임금이 어질면 천하가 태평해지고 나라가 오랫동안 안정을 누릴 수 있다. 대신이 어질면 자신이 맡은 소임에 충실해서 나라와 국민에게 이로움을 가져다준다. 한편 보통 사람들도 이런 품성을 지닌다면 그 나라는 인의 나라가 될 것이라고 공자는 주장했다. 인은 공손함 · 너그러움 · 믿음 · 지혜로움 · 의로움 · 용감성 그리고 남을 사랑하고, 예를 지키고, 성실하고, 배움에 부지런함 등 여러 가지 내용을 포함하고 있다. 어진 사람이 되려면 반드시 남을 사랑하고, 반드시 "자기가 싫어하는 것을 남에게 시키지 말라"는 원칙을 지켜야 한다.

그러므로 정치와 기업 경영에 있어서도 마땅히 사람들의 인격적 형성과 인성에 관한 문제를 다시금 곰곰이 생각해 볼 필요가 있다. 정치가와 기업가 중에서 어진 마음을 가진 사람들이 있는지 없는지 자세히 살피는 이유도 여기에 있다. 어진 마음이 부족한 지도자는 자격이 없는 지도자다. 한 나라를 지탱하는 기둥은 그 나라 경제이며, 국가 경제를 일으켜 세우는 사람들은 그 나라의 정치가나 기업가들이다. 이런 사람들에게 가장 중요한 것은 인이다. 인자한 마음이 구비된 정치가나 기업가만이 사회적인 책임감을 무겁게 느끼면서 나라 경제를 번영으로 이끌고 나갈 수 있다(공건, 35~36).

인을 구체적으로 표현한 행동이 바로 '의'

인은 본심에서 우러나와 행동으로 표현되어야 하는데, 그렇지 않은 것은 인이 아니다. 인을 구체적으로 표현한 행동이 바로 '의'다. 의란 다른 사람을 사랑하는 것을 당연한 일로 간주하고 또 그렇게 하는 것이다. 의는 또 인에 대한 책임감을 구현한 것이며, 인과 상호 보완해서 그 작용을 발휘한다. 인의란 사람들 사이에 이루어지는 교제에서 반드시 뒤따르는 올바른 태도로서, 여기에는 변함없는 충직성과 다른 사람의 처지를 이해하고 동정할 줄 아는 '서'가 반드시 따라야 한다.

공자가 한 말이 어떤 가치가 있는가? 미국의 한 공자학설 연구가는 공자를 '동방의 태양'이라고 높이 평가하면서 2천여 년에 이르는 중국 문명은 유교사상에서 비롯되었다고 했다. 오늘날 한국을 비롯한 일본·홍콩·대만·싱가포르의 경제가 비약적인 발전을 이룩한 바탕에도 유교 문화가 뒷받침되고 있다. 법률 만능인 미국 사회에서는 기업들이 제품 배상 책임 등 여타 소송에 빈번히 휘말려 활력을 잃어 가고 있다.

그러나 공자 사상에 영향을 받은 동양에서는 이런 일이 비교적 적다. 덕(德)을 숭상하는 도덕관념이 사회적 행위에 따른 규범으로서 거대한 작용을 하고 있기 때문이다. 그러므로 기업들은 미국과 같은 소모적인 일에 신경을 덜 쓰며 계속 발전할 수 있다. 오늘날 재계에서 적극적으로 추구하는, 보다 활발하게 운용하려는 덕목은 의로움이다.

의로움은 헌신을 의미한다. 그러나 현대인들은 이익이 돌아오는 일은 악착같이 하지만 소득이 없는 일은 절대 손을 대지 않는다.

> 이익만을 좇아서 행하면 원망이 많다(放於利而行 多怨).
>
> -「이인편」 12장

그렇지 않고 의로써 상대방을 감동시키면 이익이 저절로 굴러들어오는 수가 있다. 일본의 경우를 보자. 소니사에서 미국 콜롬비아영화사를 매입하고, 미쯔비시사에서 록펠러빌딩을 매입하는 등 일련의 행동들은 미국 사람들의 강한 반감을 샀다. 만약 일본이 이런 식으로 계속 경제적 이익을 추구한다면 세계적으로 고립될 것이다(공건, 55).

논어에서 '인'을 말하는 구절은 150군데가 넘는다. 그럼에도 그 어느 한 구절도 딱 부러지게 이것만이 '인'이라고 규정한 구절은 없다. 논어식으로 말하면 꼭 그런 것도 아니고, 그렇지 않은 것도 아니다(송복, 24). "인은 추상의 세계가 아니라 구체적 인간관계에서 형성될 수 있는 감정 조절", "상호간 존재 인정 · 사랑 · 이해", "친구도 원수도 만들 수 있는 방정식"으로 풀이한다.

논어에는 제자들이 공자에게 '인'을 묻는 장면이 여러 번 나온다. 이에 대한 공자의 대답은 상대에 따라 다 다르다. 예컨대 수제자 안연이 '인'을 물었을 때는

자기를 극복하고 예로 돌아가는 것(克己復禮) -「안연편」1장

이라고 했다.

공자의 제자 중에 덕이 높다는 중궁염옹이 물었을 때는

문 밖에 나서면 항상 귀한 손님을 접대하듯 몸가짐을 공손히 하고
(出門如見大賓),
백성을 부릴 때는 마치 큰 제사를 모시듯 신중하고 조심스럽게 하며
(使民如承大祭),
내가 하고 싶지 않은 일을 남에게 시키지 않는 것이다
(己所不慾 勿施於人).
이렇게 하면 백성들이건, 집안 사람들이건 원망하는 사람이 없을 것이다
(在邦無怨 在家無怨). -「안연편」2장

라고 했다. 또 제자 사마우가 '인'을 물었을 때는

인한 사람은 말하기 어려워하느니라(仁者 其言也訒). -「안연편」3장

라고 했고, 제자 번지가 '인'을 물었을 때는

사람을 사랑하는 것(子曰愛人). -「안연편」22장

이라고 했다. 번지는 모두 세 번을 스승 공자에게 직접 '인'에 대해 묻는데, 첫 번째와 두 번째 물었을 때는

어진 사람은 어려운 것을 먼저 하고 보답 얻는 것은 남보다 뒤에 한다
(仁者 先難而後獲).
이렇게 하면 가히 어질다 할 수 있다(可謂仁矣). -「옹야편」 21장

라고 했고, 세 번째 물었을 때는

일상생활을 늘 공손한 태도로 하고(居處恭),
일을 잡으면 항상 경건 신중히 하고(執事敬),
사람을 사귈 때는 충성을 다하는 것(與人忠), -「자로편」 19장

이라고 했다.

'인'이란 일상의 거동에서 공손하여 거만하지 않고 직무의 수행에 공경하여 무모하지 않고, 대인관계에 충실하여 태만하지 않는 행실과 그러한 행실로 인해 가족 · 조직 · 대인관계를 갈등이나 분열로 몰고 가지 않는 것과 관련되어 있다고 할 수 있다. 즉 '인'은 현실적인 제 역할 관계를 구제하는 초월적 원리가 아니라 바로 현실적인 관계 그 자체를 특정한 방식으로 유지하는 행실로 나타난다.

제자 자장이 물었을 때는

다섯 가지를 세상에 실현시킨다면 인이라고 할 수 있다
(孔子曰能行五者於天下 爲仁矣).
그 다섯 가지가 무엇입니까? 공손함 · 너그러움 · 신의 · 민첩함 · 은혜로움이다(請問之 曰恭寬信敏惠).
공손하면 남이 업신여기지 못하고, 너그러우면 대중이 따르고
(恭則不侮 寬則得衆),

신의가 있으면 사람들이 의지하고, 민첩하면 공을 이루고 (信則人任焉 敏則有功),
은혜로우면 아랫사람을 부릴 수 있다(惠則足以使人). -「양화편」 6장

라고 했다. 인에 관한 구체적인 문답을 살펴보자.

지혜로운 사람은 물을 좋아하고, 어진 사람은 산을 좋아한다 (知子樂水 仁子樂山).
지혜로운 사람은 물같이 활동적이고, 어진 사람은 산과 같이 고요하다 (知子動 仁子靜).
그래서 지혜로운 사람은 즐겁게 살고 어진 사람은 오래 산다 (知子樂 仁子壽). -「옹야편」 21장

안연이 인에 대해서 물으니, 공자께서 말씀하셨다.

자신을 절제하고 예를 행하는 것이 인이니(克己復禮爲仁),
단 하루라도 자신을 절제하고 예를 행하면(一日克己復禮),
천하가 인으로 돌아갈 것이니라(天下歸仁焉).
인을 행함은 자신에게서 비롯되는 것이며(爲仁由己),
설마 남에게 의지하겠는가?(而由人乎哉) -「안연편」 1장

안연이 그 세목을 여쭈어 보자 공자께서 말씀하셨다.

예가 아니면 보지 말고 예가 아니면 듣지 말며(非禮勿視 非禮勿聽),
예가 아니면 말하지 말며 예가 아니면 행하지 말 것이니라

(非禮勿言 非禮勿動). -「안연편」 1장

안연이 말했다.

회가 비록 불민이오나(回雖不敏)
이 말씀을 힘써 행하겠습니다(請事斯語矣). -「안연편」 1장

"내가 실체라는 생각을 넘어 관계라는 각성에 이르는 것"은 '극기복례(克己復禮)'를 번역한 말이다. 단 하루만이라도 이를 실천한다면 세상 사람들이 다 인에 귀의할 것이다. 이처럼 인의 실천이란 바로 자기 자신에게 달린 것이다.

사마우가 공자에게 물었다. 인이란 무엇입니까?(司馬牛問仁)
어진 사람은 말을 할 때 매우 조심한다(子曰仁者 其言也訒).
사마우가 다시 물었다. 말만 신중하게 하면 인을 이루는 것입니까?
(曰其言也訒 斯謂之仁矣乎)
말한 대로 실천하기란 쉽지 않으니, 말을 조심하지 않을 수 있겠느냐?
(子曰爲之難 言之得無訒乎) -「안연편」 3장

이 모든 것을 종합해서 '인'의 뜻을 요약한다면, 그것은 아마도 번지가 물었을 때 한 대답인 "사람을 사랑하는 것"—그것이 '인'의 알맹이이고, '인'의 내용을 가장 많이 담고 있는 것이라 할 것이다. 다른 말로 '인'의 가장 포괄적이며 종합적 개념은 '사람을 사랑하는 것'이라고 할 수 있다. '범애중(汎愛衆)'—'사람을 사랑하는 것', 그리하여 "사해동포가 모두 내 형제다"라고 생각하는 것, 그리고 "어려운 일을 언제나

남 먼저 하고 남에게 희생과 봉사를 하는 것", 그것이 바로 논어의 '인'이라고 할 수 있다(송복, 26).

인은 예수님의 사랑이나 부처님의 자비와 같다고 생각하면 크게 무리가 없는 설명이다. 과정이 약간씩 다를 뿐 궁극적인 목표는 같으며 그들이 추구한 사회 모델도 흡사하다. 인은 결국 사랑이지만 그 방법에서 개인의 수신제가와 정치의 덕치를 가르침으로써 개인과 가정, 또는 정치가 조화를 이루는 세상을 추구한 것이다. 개인의 수신제가는 효에 바탕을 두며 효는 덕치를 낳는다는 수신 · 제가 · 덕치의 삼위일체를 주장한 셈이다. 이처럼 공자의 사상은 개인 · 가정 · 사회를 바탕으로 한 도덕을 중심으로 이루어졌으며 그 보편성을 보증하는 하나의 법으로 하늘의 존재를 믿고 있다. 공자는 하늘의 존재를 굳게 믿고 하늘의 심판도 인정하였지만, 이는 사람의 인간성을 지원하는 신이지 결코 인간을 무시하거나 압박하는 신은 아니었다.

공자의 사상과 신앙은 어디까지나 인간 중심주의(인본주의)였다고 할 수 있다(서근석, 135).

> 참으로 인에 뜻을 둔 사람이라면 악함이 싹트지 않는다
> (苟志於仁矣 無惡也). -「이인편」 3장

순수한 마음을 가지고 생활하는 것은 인의 참도리를 지키며 살고자 하는 정신에서 나온다. 인간의 악은 자기밖에 모르는 이기심, 배불리 먹고 살려는 본능인 식욕에서 비롯된다. 반대로 사랑을 나누려는 박애(博愛), 모두가 함께 하려는 대동(大同), 즉 착하고 어질게 살기를 바라는 마음으로 모든 것을 대하면 모든 게 착하고 어질게 보이고 악함이 자기의 정신세계에서 없어진다. 그리하면 자기의 의지가 선에만 집중

되고 있어서 악한 생각이 일어날 겨를이 없다는 공자님의 진정한 뜻이 담겨져 있다 하겠다.

공자께서 말씀하시기를,

나는 지금까지 참으로 인을 좋아하는 사람이나
또는 어질지 못한 것을 미워하는 사람을 보지 못했다
(我未見好仁者 惡不仁者).
인을 좋아하는 사람은 더 말할 나위 없고(好人者無以尙之),
불인을 미워하는 사람도 어질지 못함이(惡不仁者其爲仁矣)
자기 몸에 미치지 못하게 했을 것이다(不使不人者加乎其身).
만약 하루라도 인을 위해 힘을 쓸 수 있다면
그만큼 인이 실천되었을 것이다(有能一日 用其力於仁矣乎).
나는 힘이 모자라 인을 실천하지 못했다는 사람을 보지 못했다
(我未見力不足者).
아마 있을 수도 있지만 내가 본 바에는 없었다(蓋有之矣 我未之見也).

-「이인편」6장

인의 도리가 없어짐을 한탄하는 사람은 많으면서 단 하루라도 인을 실천한 사람이 적음을 비판한 말이다. 인은 일부 성현들만이 행할 수 있는 어려운 문제가 아니고 어떤 사람이라도 실행할 수 있는 모든 인류의 소유물임을 말하고자 했다.

인의 행동이 없으면 아무것도 없으며 한시라도 인을 실천하려고 노력하면 인을 좋아하는 사람이고 불인(不仁)을 미워하면 인을 좋아하기 때문이니 따라서 인을 행하는 것이다(서근석, 151).

인을 실천하는 구체적인 방법

자공이 공자에게 물었다.

인을 실천하려면 어떻게 해야 합니까?(問爲仁)
기술자가 일을 잘하려면 먼저 연장을 예리하게 다듬어야 한다
(工欲善其事 必先利其器).
우선 그 나라의 대부들 가운데 어진 사람을 선택해 섬기고(居是邦也),
선비들 가운데 도덕적인 사람을 선택해 사귀어야 한다
(事其大夫之賢者 友其士之仁者). -「위령공편」 9장

사람에게 있어서 인은 물과 불보다 중요하다(民之於仁也 甚於水火).
물이나 불을 좇다가 죽는 사람은 보았지만(水火吾見蹈而死者矣),
아직 인을 좇아 죽는 사람을 보지 못하였다(未見蹈仁而死者也).
-「위령공편」 34장

인을 실천하는 일은 스승에게도 양보하지 말아야 한다(當仁不讓於師).
-「위령공편」 35장

물이나 불은 사람이 살아가는 데 있어 가장 중요한 것이다. 그런데 그것보다 더 중요한 것이 인이라고 강조하여 물이나 불 속에 뛰어들어 목숨을 잃는 사람은 보았어도 인에 뛰어들어 목숨을 잃는 사람은 보지 못하였다고 하였다. 그만큼 중요한 인을 실천할 때는 아무리 스승이라 해도 양보하지 말아야 한다고 하였다(김상배, 293).

공자는 인의 구체적인 실천 방법으로 충(忠)과 서(恕)를 강조하였

다. 인이 인간의 본질적 심성의 측면인 도야(陶冶)함을 강조한 것이라면, 충과 서는 도야된 심성을 구체적으로 인간 사회에 실천하여 인으로 가득 찬 이상적 세계를 구체적으로 실현하는 도구적 속성을 지니고 있다. 충은 인을 실현하는 적극적인 측면을 말하고, 서는 소극적인 측면을 말한 것이다. 공자에 따르면 충은 "자기가 서고 싶으면 남도 세워 주고, 자기가 어떤 목적을 이루고 싶으면 남도 이루어지도록 해주는 것"을 의미한다. 즉 충은 성의를 다하는 것, 즉 다른 사람과의 관계 속에서 자기 자신만이 올바르게 존재하는 것이 아니라 타인과의 관계 속에서 적극적으로 자신의 책임과 의무를 실행하는 것을 말한다. 서는 "자기가 원하지 않는 것은 다른 사람에게도 하지 말라"는 것으로 인의 소극적인 측면, 즉 배려를 나타낸 것이다. 그래서 충과 서는 인간 인식의 실천 행위에서 처음과 끝이 된다. 왜냐하면 충과 서는 내면적 성찰과 그것에 따른 구체적 행위를 나타내기 때문이다(김철호, 26~27).

군자

공자의 핵심 사상을 인이라 한다면 그것을 실천궁행하는 인격자가 바로 군자라고 할 수 있다. 공자는 "군자가 인을 버리면 어찌 그 이름을 이루겠는가?"라고 반문한다. 공자에 의하면 군자는 어디까지나 근본에 힘쓰는 자이며 그 근본은 바로 인을 실행하는 것이다(철학연구회, 25).

군자라는 개념은 그 유래가 상당히 오랜 역사를 갖는 것으로서 원래 신분적 등급을 가리키던 개념이 도덕적 인격을 뜻하는 개념으로 의미 전환을 하게 되었다. 원래 군자라는 용어는 왕후 · 공경 · 대부 등 통치 계층을 가리켰으며 이와 대비되는 소인은 서민 · 노예 등 피지배 계층을 가리키는 말이었다. 군(君)은 지배 귀족의 성원을 가리키는 말이고 자(子)는 자손을 뜻하는 말이다. 따라서 귀족의 자제라면 그의 행실이 고귀하든, 비천하든 관계없이 군자라 불릴 수 있었다. 권력이 봉건 귀족들에 의해 장악되었던 공자의 시대에 이르기까지 군자(君子, gentleman, superior man)라는 말은 귀족 가문에 태어난 사람들을 가리키는 용어였다.

공자는 위대한 혁명가

그러나 공자는 이 같은 군자의 개념을 전적으로 바꾸어 놓았다. 그에 따르면 신분과 상관없이 누구든지 행실이 귀하고 의로우면 군자가 될 수 있다고 주장했다. 공자는 지배 계층이 어떤 방식으로 행동해야 하는지를 알았으며 또한 귀족들이 군자로 불림으로써 어떤 특전을 요구하는지도 알았던 까닭에 자신이 권장하고자 하는 덕목을 소지한 사람들을 군자라고 하는 것이 명실상부하다고 생각했던 것이다.

군자라는 용어를 처음으로 사용한 『시경(詩經)』에서 말하는 군자는 그 사람의 사회적 지위를 가리킨 것이지 개인의 품성을 가리킨 것은 아니었다. 혹 품성을 겸하여 지칭하고 있더라도 지위를 나타내기 위하여 군자라 이름하고 있다. 지위의 높고 낮음과 관계없이 오로지 품성만을 지칭하게 된 것은 공자가 개인적으로 학문을 일으켜 유교무류라는 설을 제창하여 재덕이 출중한 자를 군자라 일컫고, 출신 계급이 무엇인지 묻지 아니한 데서 시작되었다. 공자는 어떠한 사람도 모두 군자가 될 수 있음을 강조하였다. 그의 출신 성분 때문에 바로 군자로 인정받을 수는 없으며 오직 자신의 행위와 품성이 중요함을 강조하였으니 이것은 공자가 행한 중국 역사상 가장 위대한 혁명이라 할 수 있다. 즉 공자가 사학의 기풍을 조성하여 교육의 기회를 균등히 함으로써 특권계급에게만 독점되던 교육이 보편화되기 시작하여 그때까지 특권층의 신분적인 세습으로 인정하고 있던 군자와 사(士)의 개념이 바뀌게 되었다. 군자와 사는 출생 · 혈통에 의한 세습으로 결정되는 개념에서 학식과 덕망을 겸전한 인격으로 선택되는 가변의 개념으로 탈바꿈한 것이다(박용의, 5).

군자는 바로 지도자적 성격의 소유자이며 인간성이 잘 어우러진 유능력자이며 시대의 요구와 필연에 따라 행동하면서도 이를 비판하고 저항하면서 적극적인 참여를 통하여 구하려는 지혜인이며 행동인이다(박용의, 5). 군자에게는 세 가지 살아가는 길이 있다. 그 방식에 따라 인자 · 지자 · 용자라고 부른다. 인자는 공연히 마음을 졸이지 않고, 지자는 사리판단을 망설이지 않고, 용자는 신념에 따라 행할 때 두려움이 없다.

논어를 중심으로 한 유가의 경전에 나타난 공자의 언행을 이런 관점에서 볼 때 공자는 자기 스스로의 역행과 정진을 통하여 이룩한 군자상을 그 문도들에게 부각시키고자 그 처지와 상황에 따라 여러 가지 방법으로 군자의 좌표를 설정하고 있다. 즉 논어에서는 본질적 개념 규정을 앞세우는 일 없이 사례를 위주로 귀납적으로 설명하고 있기 때문에 군자의 개념을 한마디로 정의하기 어렵다(박용의, 6).

> 성인은 만나기 어려우니(聖人吾不得而見之矣)
> 군자라도 만나 볼 수 있으면 좋겠다(得見君子者斯可矣).
> 선인은 만나기 어려우니(善人吾不得而見之矣)
> 한결같은 사람이라도 만나볼 수 있으면 좋겠다(得見有恒者斯可矣).
>
> -「술이편」 25장

위에서 보듯 논어에는 군자라는 말과 비슷하거나 다소 차이가 있는 동위적인 말들이 아무런 개념이나 뚜렷한 규정도 없이 등장하고 있는데, 인인 · 성인(聖人) · 사 · 인자 · 유덕자 · 성인(成人) · 선인 · 유자 · 현자, 그리고 군자 등이 그것이다(박용의, 6~7). 어느 것이나 이상적 인간상의 단계적 등급을 나타내거나, 궁극의 목표를 제시하는 것으로서 정도의 차이는 있으나 모든 사람이 함께 가야 할 인간의 자기완성(自己完成)이라고 하는 하나의 목표 위에 있다는 점에서는 일치하며 비록 완성의 정도는 서로 다를망정 그 의지나 방향은 동일하다(박용의, 7). 위의 여러 명칭은 그들이 동일한 도상에 있고 그 궁극의 목표가 하나라는 점에서 군자에 대한 개념을 광역화시켜 생각하는 것이 편리할 뿐 아니라 이상적 인간상을 뚜렷이 부각시키는 데도 그 의미가 크다고 하겠다(박용의, 7).

논어에는 군자라는 말이 98회, 소인이라는 말이 24회 나오고, 군자만을 논한 것이 19절, 군자와 소인을 함께 논한 것이 17절이 되지만 공자의 말이건 그 제자의 말이건 위에서와 같이 인간의 이상상(理想像)을 구체적으로 내세우지는 않았다고 하더라도 광의적인 군자를 염두에 두고 있음이 확실한 대목이 많으며, 반군자적인 의미를 나타내는 소인이라는 부정적 개념을 통하여 역설적 · 반의적 · 대조적으로 부각시키는가 하면 표현만 바꾸면 그 이면에 군자상이 드러나는 경우도 있고, 한편으로는 자신을 겸허하게 낮추면서 은근히 숭배하거나 동경하는 군자상도 있다(박용의, 7).

> 남이 나를 알아주지 않는 것을 걱정하지 말고(不患人之不己知),
> 자신의 능력이 없음을 걱정해야 한다(患其不能也). -「헌문편」 32장

별 볼일 없는 사람들이 꼭 남들이 자기를 알아주지 않는다고 불평을 한다. 그런 불평을 하기 전에 먼저 자신의 능력이 모자라는 것을 인정하고, 그 점을 걱정해야 한다. 소인은 남이 자신을 알아주지 않는 것을 걱정하지만, 군자는 자신의 능력이 모자라는 것을 걱정한다.

군자는 곧지만 고집스럽지는 않다(君子貞而不諒). -「위령공편」 36장

곧지만 고집스러운 것, 곧지만 고집스럽지 않은 것, 곧지도 않고 고집스럽지도 않은 것, 곧지도 않고 고집스럽기만 한 것, 이 가운데 무엇이 좋고 무엇이 나쁜지는 금세 구별이 간다. 곧으면 유혹에 잘 넘어가지 않는다. 남들이 쉽게 여기지도 못한다. 주관이 확실히 서서 남들이 왈가왈부하지도 못한다. 옳다고 생각되면 밀고 나간다. 불의에는 절대 타협하지 않는다. 그래도 막무가내는 아니다. 어느 정도의 융통성은 있다. 사리에 어긋나고 옳지 않은 것에는 한없이 엄하지만 도리에 맞는 것, 인하거나 덕을 쌓는 데는 더없이 너그럽다. 이것이 바로 곧은 것이다(오성수, 851).

고집스러우면 융통성이 하나도 없다. 무조건 되거나 무조건 안 된다. 옳고 그른 것을 가리지도 않는다. 자기 판단에 맞으면 옳은 것이고, 그 기준에 맞지 않으면 틀린 것이다. 꽉 막혀서 도무지 비집고 들어갈 틈이 없다. 이런 사람한테 얘기하는 것은 꼭 절벽에다 대고 말하는 것과 같다. 흔히들 고집이 센 것을 황소고집이라고 하는데 더 센 것이 바로 고래힘줄 고집이다. 이런 부류의 사람과는 대화할 생각을 말아야 한다. 혹 모른다. 인내심을 키우고 고생을 할 각오를 한 사람이면 함께 대화를 나누어도 좋다. 그런 사람을 설득할 마음을 가져도 좋다. 소인은 고집스럽지만 곧지는 않다(오성수, 851).

군자가 지켜야 할 네 가지 도

공자가 말하였다.

군자가 지켜야 할 네 가지의 도가 있는데, 나는 이 네 가지를 제대로 하지 못하였다(君子之道四 丘未能一焉).
첫째, 자녀에게 바라는 것을
모두 자기의 부모님께 해드리고(所求乎子 以事父未能也),
둘째, 신하에게 바라는 것을
모두 그대로 임금에게 해드리고(所求乎臣 以事君未能也),
셋째, 아우에게 바라는 것을
모두 그대로 형에게 해드리고(所求乎弟 以事兄未能也),
넷째, 벗들에게 바라는 것을
모두 그대로 먼저 벗들에게 행하면 된다(所求乎朋友 先施之未能也).

-「중용」 13장

사람은 언제나 중용을 실천하며 덕행에 힘써 도에 어긋나지 않게 하고 말과 행동이 일치하도록 힘써야 한다. 말이 앞서는가를 살피고, 행동은 말을 생각해 보고 함으로써 모름지기 언행이 일치해야 한다. 군자라면 어찌 이런 일에 정진하지 않겠는가.

위에서 말한 부자 · 군신 · 형제 · 벗 간의 관계는 과거에 있어서 사회생활의 기본이었고 중요한 처세이기도 하였다. 현대에도 임금과 신하 관계만 제외하면 거의 마찬가지일 것이며, 군신도 민족이나 국가로 생각하면 같은 개념으로 생각할 수 있다. 만일 이들의 관계가 모두 원만하여 사회생활에 불편함이 없다면 이는 성공한 사람이며, 더 나아가서는 나라도 안정을 구가하고 번영할 수 있을 것이다. 개인 하나하나가 모두 강하다면 오늘날 우리나라의 산적한 모든 어려운 문제도 손쉽게 해결될 수 있다.

성인이자 유교의 창시자인 공자도 부자 · 군신 · 형제 · 벗과의 관계에서 완전한 경지에 이르지 못했다고 하였는데 이는 무엇을 의미할까? 추측컨대 이 네 가지의 도가 쉽지 않으므로 주위 제자들이나 후세에 전하기 위하여 강조한 것이며 또한 다른 의미로는 유학 특유의 겸양 정신에서 나온 것이 아닌가 생각된다. 그리고 이 말은 공자의 말인지의 여부도 명확하지 않으므로 고증할 방법이 없다고 한다. 유학이 생활에 가장 가까운 일들로부터 이루어진 점을 감안해 볼 때, 만일 공자가 그런 말을 했다면 그것은 인류애에서 나온 말일 것이다(서근석, 74~78).

군자는 언제나 그가 처해 있는 상황에 따라 가장 알맞게 행동하며 분수에 맞게 행동한다. 그래서 군자는 나라의 정도가 지켜지면 중앙에 나가서 벼슬하고, 도가 행하여지지 않으면 숨어서 도를 닦았다.

> 나라에 도가 있을 때엔 말과 행동을 높고 대담하게 하며
> (邦有道 危言危行),
> 나라에 도가 없을 때엔 행동은 대담하게 하되 말은 공손하게 한다
> (邦無道 危行言孫). - 「헌문편」 4장

자신이 부귀한 존재가 된다면 부귀한 처지에 맞게 행동하고, 자신이 빈천하다면 빈천한 처지에 알맞게 행동한다. 오랑캐들과 함께 살게 되면 그 처지에 알맞게 행동하고 환난을 당하게 되면 그에 따라 적합하게 행동한다. 이런 이유로 군자는 어디를 가더라도 자기의 뜻을 펼 수가 있다. 이 말은 군자는 언제 어디를 가나 스스로 얻지 않음이 없다는,

유학에서 대단히 중요한 정신이며 유학에서 보기 드문 종교 정신이기도 하다. 사람은 언제나 자신의 생활 환경에 성실하게 적응하여 자기 처지에 알맞은 행동을 해야 한다는 가르침이다. 이것은 유학의 기본 철학이고 군자들의 생활 지침서이기도 하다. 조급하고 가벼운 현대인, 남북 · 동서간으로 나누어진 우리의 갈등, 만족할 줄 모르는 사람들에게 좋은 가르침이 되리라고 믿는다.

군자는 지위가 높아 윗자리에 있더라도 그 아랫사람들을 업신여기지 아니한다. 아랫자리에 있더라도 윗사람에게 아첨하지 아니한다. 항상 처신을 바르게 하고 남에게 책임을 전가하거나 남을 원망하는 일이 없다. 그러므로 군자는 조용하게 처신하며 운명을 기다리며 편하게 산다. 논어에서도 "위로 하늘을 원망하지 않고 아래로 사람을 허물하지 아니한다"고 했다. 모름지기 군자는 모든 일의 책임을 스스로 지고 하늘을 원망하거나 남을 탓하는 일을 해서는 안 된다. 반대로 소인은 모험을 즐기고 요행을 바라는 행동을 한다.

공자께서 군자의 처신에 대하여 말하였다.

> 군자는 다투는 일이 없으며, 반드시 활 쏘는 일뿐이다
> (君子無所爭 必也射乎).
> 서로 읍을 하고 오르며, 내려와서 술 마시니(揖讓以升 下以飮),
> 그렇게 다투는 것이 군자이다(其爭也君子). -「팔일편」 7장

중용의 중(中)은 앞에서도 설명하였지만 단순한 물리적인 중간을 의미하는 것이 아니고 사람과 사람, 사람과 사물 사이에 생기는 문제를 처리함에 있어서 지나치지도 미치지도 못하는 게 아니라 가장 공정하고 어느 한 편에 치우치지 않는 중간적인 입장, 그러면서도 변함이 없

는 사람을 말한다. 사실 중용의 도를 실천하는 군자에겐 지위의 높고 낮음이 문제가 아니고 높으면 높은 대로 낮으면 낮은 대로 처신하므로 큰 문제는 없다. 『25시』로 유명한 게오르규는 한국 찬가에서 군자란 전인적인 인간이라며 다음과 같이 설명하였다.

"군자란 현실에서 살면서 동시에 초현실적인 것을 지니고 있는 전인적 인간을 의미한다. 군자는 인생을 절대로 사회적인 차원에서만 바라보는 인간이 아니다. 군자도 역시 범인과 마찬가지로 지상의 삶에 끌려간다. 그러나 그는 동시에 촛불의 불꽃처럼 보다 높은 차원의 세계로 끌려가고 있는 사람이다. 전인적 인간으로서의 군자는 형이하의 세계와 형이상의 세계를 골고루 갖춘 인물이다. 군자는 극락이나 열반을 지향하는 사람이다. 영원한 생명에 참여하는 사람이다."

군자는 엄숙하지만 다투지 않고(君子矜而不爭),
많은 사람들과 가까이 지내지만 편들지 않는다(羣而不黨).

-「위령공편」 21장

군자는 중용의 도를 실천함에 가까운 곳에서부터 출발하여 마침내 먼 곳에 이르듯이, 높은 곳에 오를 때에는 반드시 낮은 곳에서부터 떠나는 것과 다름이 없다. 근면하고 신의를 지키며 자기보다 뒤떨어진 벗을 가까이하지 말 것이며, 항상 학문이 높고 덕망을 갖춘 사람을 벗삼아 함께 발전해야 한다. 또한 자신의 실수나 잘못이 있을 경우에는 망설이지 말고 다시 고쳐 시작해야 한다(서근석, 313).

사마우가 공자에게 물었다.
"군자란 어떤 사람입니까?(司馬牛問君子)"

"군자는 근심이나 두려움이 없는 사람이다(子曰君子不憂不懼)."

사마우가 다시 물었다.

"근심하지 않고 두려워하지 않으면 곧 군자라고 할 수 있습니까?"

(曰不憂不懼 斯謂之君子矣乎)

"스스로 반성해 보아 떳떳하지 못한 점이 없다면 무엇이 걱정되고 무엇이 두렵겠느냐?(子曰內省不疚 夫何憂何懼)" -「안연편」 4장

군자는 죽은 뒤에 이름이 남지 않을까 걱정한다(君子 疾沒世而名不稱焉). -「위령공편」 19장

군자는 말하는 것을 보고 사람을 발탁하지 않으며(君子不以言擧人), 사람됨이 변변치 못하다고 해서 그 사람의 말까지 무시하지 않는다(不以人廢言). -「위령공편」 22장

자로가 군자에 대해 묻자(子路問君子),

공자가 말했다. "자기 수양을 해서 공경하는 것이다(子曰脩己以敬)."

자로가 말했다. "그같이 할 뿐입니까?(曰如斯而已乎)"

공자가 말했다. "자기를 수양해서 남을 편안하게 해주는 것이다(曰脩己以安人)."

자로가 말했다. "그같이 할 뿐입니까?(曰 如斯而已乎)"

공자가 말했다. "자기를 수양해서 백성을 편안하게 해주는 것이다(曰脩己以安百姓)." -「헌문편」 45장

군자는 작은 일은 몰라도 큰일은 맡을 수 있고(君子不可小知而可大受也),

소인은 큰일은 맡을 수 없어도 작은 일은 잘 아느니라
(小人不可大受而可小知也). -「위령공편」 33장

군자는 뜻이 크고 시야가 넓기 때문에 세세한 작은 일에 신경 쓰지 못하는 반면, 덕을 갖추고 있으므로 세상에 대해 두루 통하여 사람들과 화합하고 이끌어 나가는 큰일을 능히 해낼 수 있다. 그러나 소인은 덕이 없기에 사람들과 훌륭히 화합하지 못하고 모든 것을 자신의 지식으로 해결하는 작은 일만을 해낼 수 있다는 것이다(공자의 문도들, 292).

세 사람이 가면 반드시 스승이 있다(三人行 必有我師焉).
-「술이편」 21장

세 사람 이상이 함께 생활하게 되면 저절로 그 우열이 드러나게 된다. 그중에 나보다 먼저 깨닫거나 언행이 뛰어난 사람에게는 배워 본받고 나보다 하나라도 뒤진 사람의 행동은 따르지 않도록 해야 할 것이다. 그리고 군자는 남에게서 나쁜 평을 듣거나 대수롭지 않은 일이라도 오해를 받게 되면 나쁜 평판에서 벗어나기가 쉽지 않기 때문에 처음부터 하류에 발을 들여놓지 말아야 된다. 자칫 잘못하면 천하의 욕을 한 몸에 뒤집어쓰기 쉽기 때문이다. 다시 말하면 군자는 처음부터 옳지 않은 무리들 사이에는 들어가지 말아야 한다. 군자의 교우는 범애형도 좋지만 역시 상대를 잘 선택해서 사귀도록 해야 할 것이다.

대범한 사람들은 자질구레한 일에 신경 쓰지 않는다. 물론 기본적인 것들은 다 해두고 산다. 남의 허물을 감싸고, 없는 자리에서 다른 사람 얘기하지 않고, 아랫사람한테 함부로 대하지 않고, 다른 사람들의 시시콜콜한 얘기에는 귀 기울이지 않고, 어려운 형편에 있는 사람들을 돕는 데는 남한테 뒤지지 않고, 무슨 일에건 솔선수범이다. 그런 사람들은 하찮은 일에는 신경 쓰지 않고 그냥 넘어간다. 대신 중요하다 싶은 일에는 온 신경을 집중한다. 선이 굵고 스케일이 커서 따르는 사람들도 많다. 그런 사람들이야말로 작은 지혜는 기대할 수 없지만 큰일을 맡길 수 있는 사람들이다(오성수, 846).

군자의 마음은 공적이고 서를 간직하고 있다. 천리를 따라 살기에 도로써 섬길 때 기뻐하는 것이다. 또한 천리에 따라 순종하기에 언제나 안정되어 있으며 뽐내거나 교만하지 않다. 반면 소인은 사사로운 욕심에 얽매여 이해만을 따른다. 언제나 권력에만 관심이 있기 때문에 불안하다. 그러면서 조금이라도 부와 권력이 있으면 뽐내고 교만하여 다른 사람을 괴롭힌다(김상배, 235).

> 군자는 의로움을 바탕으로 하고(君子義以爲質),
> 예절에 맞게 행동하며(禮以行之),
> 겸손한 태도로 남을 대하고(孫以出之),
> 신의를 통해 일을 성취한다(信以成之).
> 이런 사람이 진짜 군자이다 (君子哉). -「위령공편」 17장

논어는 관계론의 보고(寶庫)와도 같다. 사람과 사람 사이에서 관계론은 우리로 하여금 고독과 허영보다는 조화와 유대를 발견하게 할 수 있다. '관계'는 사람의 의식에 나타나는 것, 즉 '현상'에 질서를 부여하는 사유 형식의 일종이다. 즉 '관계'는 의식 안에서 수행되는 개념들간의 논리적 · 추상적 결합, 즉 실체와 속성, 원인과 결과—상호작용 등을 말한다. 그 결과 사람들은 세계에 대해 객관적이며 과학적인 파악과 조직적인 사유를 진행할 수 있다. 따라서 맥락에 따르면 '관계'는 사람의

인식을 가능하게 하는 선험적 또는 경험적 지식 형성의 구조를 주장하는 것으로 독해될 수 있다(신정근, 95).

사람들과 어울림에 있어 군자는 다른 사람들과 화합하면서 주체성 없이 이리저리 쏠리지 않고 자신의 확고한 주체성 밑에 올바른 화합을 한다. 그러나 소인은 이해나 감정을 바탕으로 이 사람 저 사람에게 빌붙어 행동한다. 자신에게 이득되는 일이면 물불 안 가리고 추구하면서 진정으로 화합하지 못한다(김상배, 233).

> 군자는 덕을 생각하고 소인은 땅을 생각하며(君子懷德 小人懷土),
> 군자는 예법을 생각하고 소인은 다만 이익을 생각한다
> (君子懷形 小人懷惠). -「이인편」 11장

> 군자는 고귀한 것에 통달하고 소인은 천박한 것에 통달한다.

> 군자는 위로 통하고(君子上達),
> 소인은 아래로 통한다(小人下達). -「헌문편」 24장

군자는 이치에 순응하므로 진보가 있으나 소인배는 개인적 욕망을 추구하므로 고명한 경지에 도달하지 못한다. 개인적인 욕망의 만족을 추구하는 행위는 인간적인 성취가 있을 수 없다. 자연적인 선이나 좋은 삶에 관한 개념, 인생으로서 사회적 역할의 개념에 대한 확실함이 없다. 소인배들의 행위는 향락을 위한 수단이다. 덕을 실천하는 수단이 아니다.

군자는 늘 나아지려고 노력하고, 잘못된 것이 있으면 고치려고 애쓰고, 인하기 위해서 부단히 힘을 기울인다. 반면에 소인은 어떤가. 눈

앞의 이익에만 급급해서 수양을 게을리하고, 잘못이 있어도 고치려 들지 않고, 불인(不仁)에 가까워지기 위해서 애쓴다. 그러니 군자와 소인의 격차는 날이 갈수록 벌어진다. 그러므로 군자는 상달(上達)하고 소인은 하달(下達)하는 것이 아닌가(오성수, 752).

군자는 하늘의 이치에 순종하며 학문을 쌓고 도를 지켜 나가므로 갈수록 고상해지고 이치에 밝아져 날마다 진보하는 데 반해 소인은 욕심에만 눈이 어두워 갈수록 천박해지고 비루해져 타락하게 된다는 극단의 대비를 해놓았다(김상배, 257).

> 군자는 스스로 반성하고(君子求諸己),
> 소인은 다른 사람을 탓한다(小人求諸人). -「위령공편」 20장

우리 속담에 "잘 되면 내 탓이요, 안 되면 조상 탓"이라는 말이 있다. 사람은 누구나 일이 잘 안 풀리면 그 탓을 남한테 돌린다. 시험을 잘못 보면 선생 탓이요, 직장에 지각하면 마누라 탓이요, 술 마시다 시비가 붙으면 남의 술주정 때문이요, 고기가 안 잡히면 낚싯대 탓이다. 동서고금을 막론하고 만고불변의 진리가 바로 이 '남의 탓'이 아닐까 싶다. 그런데 군자는 남의 탓을 하지 않는다. 그게 바로 소인과 군자가 다른 이유이다(오성수, 830).

> 군자는 정의를 밝히어 이해하고(君子喩於義),
> 소인은 개인적 이익을 표준으로 이해한다(小人喩於利).
> -「이인편」 16장

군자는 목숨을 무릅쓰면서 정의에 살고, 소인은 대의나 정의 · 의리

를 사사로운 개인의 이익에 관련시켜서 헐값으로 팔아 버린다. 덕이 있는 사람은 의로운가 의롭지 아니한가를 살펴 처신하되 그 결과가 이로운가 해로운가를 염두에 두지 않는다.

군자가 경외하는 것이 세 가지 있다. 자연의 섭리, 덕이 높은 사람, 성현의 말씀이 그것이다. 반대로 소인은 자연의 섭리를 알지 못하므로 두려워하지 않고, 덕이 높은 사람을 우습게 알며, 성현의 말씀을 조롱한다(계씨편 8장). 공자가 말하였다.

> 군자는 말을 신중히 하고 행동은 민첩하게 하려고 한다
> (君子欲訥於言而敏於行). -「이인편」 24장

> 군자가 언행이 무겁지 않으면 위엄이 없고 배워도 확고하지 않다
> (君子不重則不威 學則不固).
> 충실함과 믿음직함을 중시하고 자기보다 못한 사람을 벗으로 삼지 않으며(主忠信無友不如己者),
> 허물이 있으면 고치기를 꺼리지 말아야 한다(過則勿憚改).
> -「학이편」 8장

군자는 인품이나 행동이 독실하고 신중하며 무게가 있어야 한다. 그렇지 못하면 위엄이 없고 경망하여 훌륭한 위정자가 될 수 없다. 그러므로 지도자격인 사람은 학식이 높아야 한다. 꾸준하게 배워야 사리를 올바르게 판단할 수가 있고 어리석거나 고루하지도 않다. 군자는 말 한마디로 슬기롭게도 보이고 어리석게도 보이기 때문에 말을 조심해야 된다. 군자는 자기의 말이 행동보다 지나치는 것을 부끄러워해야 한다. 즉 말보다 실천을 더 중시해야 한다. 사람의 말은 믿을 수 있어야 한다.

입에서 나오는 대로 무책임하게 할 것이 아니라 반드시 실천을 전제로 한 것이라야만 한다(박용의, 8).

이것은 언행일치가 그만큼 어렵다는 뜻이다. 군자가 자기의 말을 부끄럽지 않게 여기는 것은 그 마음속에 떳떳함이 있기 때문이다. 따라서 이런 말은 그대로 실천하기가 어렵다. 그러므로 군자는 자기의 생각을 말할 때 조금이라도 소홀함이 있어서는 안 되는 것이다(박용의, 8). 군자가 말을 할 때에는 반드시 사리에 맞는 말을 해야 되고, 꼭 필요한 때에만 말을 하여 다른 사람들이 싫어하지 않고 따르도록 해야 할 것이다. 그리고 예절에 맞게 말을 하여 억지와 천속을 멀리하며, 자기가 잘 모르는 일에는 입을 다물고 있어야 된다(박용의, 9).

한두 마디 말로 마음속의 뜻한 바를 모두 나타낼 수는 없는 노릇이기 때문에 말을 충성스럽고 신의에 맞게 하고 행동을 돈후하고 공경스럽게 한다면 오랑캐 나라에서도 군자의 이상을 실현할 수 있지만, 말에 충성과 신의가 없고 행실도 경건 · 돈후하지 못하면 자기 고향에서조차 통할 수 없다. 이로 보아 사람에게 믿을 만한 언행이 얼마나 중요한가를 알 수 있다(박용의, 9). 신은 언약한 것을 반드시 지킨다는 뜻이다. 약속한 것이 의리에 벗어나지 않아야 그 말대로 실천할 수 있는 것이다. 한번 말을 꺼내면 어떤 일이 있어도 실행하고 실천하면 반드시 결과를 얻고자 하는 사람이 있는데 이는 너무 융통성이 없다고 하겠으나 역시 쓸모 있는 사람임에는 틀림없다. 이런 사람은 신의가 있고 과감한 사람을 빙자하면서 강직하지도 못하고 무식하면서 성실 근후하지도 못하고 아무런 능력도 없으면서 신의마저 없는 사람보다 몇 배나 뛰어난 사람이다. 그리고 또 믿음을 좋아하되 배움이 뒤따르지 않아 남을 해치는 자보다도 훌륭한 사람이라 할 수 있다(박용의, 9~10).

바른 말은 누구나 마땅히 따라야 되겠지만 그보다는 그 말을 따라 잘못을 고치는 것이 더 소중하다. 그렇기 때문에 군자는 그 사람의 말을 듣고 바로 그 사람을 높이지도 않고 또 사람 때문에 (그 사람이 싫어서) 그 말까지 버리는 일이 없다. 그래서 더불어 말할 수 있는 사람과 말을 하지 않으면 사람을 잃게 되고 함께 말할 수 없는 사람과 말을 나누면 말을 잃게 되는 것이다(박용의, 10). 지혜로운 사람은 사람도 잃지 않고 말도 잃지 않는다. 제 생각과 남의 생각을 서로 잘 알기 위해서는 말의 뜻을 깊이 깨닫지 않으면 안 되는 것이다(박용의, 11). 사회정의가 바로잡힌 나라에서는 군자가 과감하게 행동하고 선악을 가려 악을 철저히 분쇄해야 되겠지만 악인이 판을 치는 나라에서는 자칫 잘못하면 욕을 보기 쉬우므로 말을 조심해야 한다(박용의, 11). 그렇다고 그 행동까지 구애받을 필요는 없다. 임금에게는 충성을 다하고 임금의 과오를 간할 때는 속이거나 꺼리지 말고 면전에서 간하되 자주 되풀이하면 욕을 당하기 쉬우니 너무 지나치지 않도록 주의해야 될 것이다(박용의, 11).

말과 글은 내가 전달하려는 뜻만 통하면 그만이지 지나친 수식은 필요 없다. 남과 말할 때 수다스럽게 떠벌리기만 하면 미움을 받기 쉽다. 군자는 겉으로 탐내지 않는 척하고 말을 꾸미는 것도 미워해야 한다(박용의, 11).

군자는 세 가지로 변모

자하가 말하였다.

군자는 세 가지로 변하는 것이 있느니 멀리서 바라보면 위엄 있고
(君子有三變 望之儼然),

가까이 다가가 보면 온화하고, 그 말을 들으면 엄격하다

(卽之也溫 聽其言也厲). -「자장편」 9장

군자는 의로써 바탕을 삼고 예로써 행하며 공손하게 말하며 신의로써 성취하는 사람이기 때문에 남이 알아주지 않더라도 아쉬워하지 않는다. 또한 군자는 온(溫) · 양(良) · 공(恭) · 검(儉) · 양(讓)의 다섯 덕목을 갖춘 사람이라 온순하되 엄숙하고 위엄이 있되 무섭지 않고 공손해 보이되 상대방에게 안도감을 준다(박용의, 8).

덕은 일체의 행위를 저울질하는 척도와 표준이다. 자기 자신에게 정직하면 남에게도 정직하다. 이에 남과 내가 화애(和愛)로써 어울릴 수 있으므로 이것을 일컬어 덕이라 한다. 덕은 인륜의 표준이지만 누구나 쉽게 도달할 수 있는 것은 아니다. "덕을 아는 사람이 드물다", "여색 좋아하듯 덕을 좋아하는 사람을 보지 못했다"는 말은 스스로 행동해서 덕을 쌓고 덕을 알고 덕을 좋아하기가 어렵다는 뜻이다(박용의, 12~13).

인을 실천하는 덕행자(德行者)는 반드시 자기의 뜻을 말로 표명하여 남에게 알리고 가르치고 선행하도록 권하기 위해 올바른 말을 해야 하지만 올바른 말을 하는 사람이라고 해서 모두 덕이 있는 것은 아니다. 이런 바른 말은 그 뜻을 똑바로 알고 실천해야 하는데 그렇게 하지 않는 것은 바로 덕을 버리는 것과 같은 짓이다. 즉 덕을 실천함에 너그럽지 못하고 도를 믿음에 독실하지 못하면 도나 덕을 갖지 않는 것과 같다. 그렇기 때문에 간교한 말은 덕을 어지럽히는 것이다(박용의, 13). 덕을 높이는 방법에는 여러 가지가 있겠지만 일을 앞세우고 얻기를 뒤로하며 충성과 신의에 힘쓰고 정의를 향하여 나아가는 것, 그리고 부모의 상을 신중히 모시고 선조의 영을 진심으로 추모하는 것 등이 있을

수 있다. 이렇게 되면 모든 사람들의 존경을 받는 데 부족함이 없게 된다. 덕은 결코 외롭지 않은 것이다(박용의, 13).

사람의 일상 행동은 덕행의 테두리를 벗어나지 않는 게 원칙이다. 그러나 지엽적인 작은 행동에는 약간의 융통성이 있어도 무방할 것이다. 그렇다고 덕행을 실천하는 데 한결같지 않아도 된다는 뜻은 아니다. 이렇게 되면 수치를 당하게 되기 때문이다(박용의, 13).

공자가 말한 덕은 덕과 행을 합쳐서 말한 것으로 모든 덕목의 총명(總名)이니 이를 준거로 하면 도에 이른다. 손문은 일찍이 "우리 민족은 여덟 가지 공통된 도덕을 가지고 있으니 충(忠) · 효(孝) · 애(愛) · 신(信) · 의(義) · 화(和) · 평(平)이 그것이라" 고 했다(박용의, 13).

자로가 공자에게 물었다.

> 군자도 용맹을 숭상합니까?(君子尙勇乎)
>
> 군자는 정의를 으뜸으로 삼는다(君子義以爲上).
>
> 군자가 용맹하기만 하고 정의롭지 못하면 반란을 일으키고
>
> (君子有勇而無義 爲亂),
>
> 소인이 용맹하기만 하고 정의롭지 못하면 도둑질을 하게 된다
>
> (小人有勇而無義 爲盜). - 「양화편」 23장

군자는 용기가 있으나 의리가 없으면 세상을 어지럽게 할 뿐이지만 소인배는 바로 도적이 된다고 하였다. 도적은 남몰래 물건을 직접 훔치는 사람을 지칭하는 데 국한된 말이 아니다. 보잘것없는 품질과 서비스가 없는 영업 행위로 돈만 벌면 된다는 사고방식을 가진 사람도 도둑놈이다. 사회를 좀먹는 마약과의 전쟁, 도덕적 명령이 먹히지 않는 사회적 부작용을 초래하여 공유지를 무단 점유하거나 공공장소에 오물을

함부로 버리는 행위도 모두 도둑놈과 같은 소인배가 하는 일이다.

사물에 대한 총명한 판단과 정확한 인식에 필요한 지식, 만인에 대한 사랑인 인과 함께 과단성 있는 실천력인 용기는 군자가 반드시 갖추어야 할 덕목이다. 이 셋은 서로 보완적인 관계에 있어 어느 하나라도 모자라거나 지나쳐서는 안 되는 것이다. 군자는 제 몸을 바쳐가면서까지 인의 구현을 위해 노력해야 하는 큰 사명을 띠고 있다. 그러므로 이득을 보면 의리에 맞는가를 생각하고 위태로움을 보면 생명을 바칠 줄 아는 용기가 필요한 것이다. 이런 진정한 용기가 있는 군자는 겁낼 것도 두려워할 것도 없다. 즉 자기 자신이 떳떳하여 돌아보아도 반성할 것이 없으므로 아무것도 두려워할 것이 없는 것이다(박용의, 14).

군자는 정의로써 바탕을 삼고 대의를 밝히는 것을 그 본연의 사명으로 한다. 참으로 통달한 사람은 소박하고 정직하며 정의를 사랑한다. 정의를 보고도 바로 실천하지 못하는 것은 참된 용기가 없기 때문인데 이런 사람은 군자라고 할 수 없는 것이다(박용의, 15).

자기의 주관에 따라 좋고 싫음을 따지지 말고 오직 그것의 옳고 그름, 즉 정의 · 불의를 따져 보고 어느 한 쪽으로 치우치지 않는 대의를 따라야 한다. 즉 군자는 과감한 용기보다는 정의를 더 소중히 여겨야 한다. 군자가 용맹하기만 하고 정의감이 없으면 만용이 되어 난을 일으키게 되고, 소인이 용감하기만 하고 정의감이 없으면 도둑질을 하게 되는 것처럼 용기만 있다고 군자는 아닌 것이다. 또 용맹하기만 하고 배우기를 좋아하지 않으면 그 폐가 난동에 이르는 것도 같은 뜻이다. 사물에 대한 올바른 인식과 시비곡직을 가리지 못하는 용기도 참된 용기가 아니라는 점에서는 마찬가지다(박용의, 15~16).

참으로 인에 뜻을 두면 탐욕이나 이기적인 행동과 같은 악함이 없게 되어 정의 사회가 이루어지겠지만 세상은 성인군자만 모여 사는 곳이 아니기 때문에 시비선악이 바로 가려지지 못하고 가치가 전도되는 경우가 많게 된다. 참된 군자는 선인을 아껴 함께 인도의 길로 가도록 권하고 그렇지 못한 소인배와 악인은 질책하여 바른 길로 가도록 해야 한다. 군자는 속으로 반성하며 허물이 없기 때문에 두려워할 것도 겁낼 것도 없다. 군자는 다만 군자로서 필요한 덕을 닦지 못함과 학문을 익히지 못함과 의로움을 듣고도 옮아가지 못함과 옳지 않음을 고치지 못하는 것을 걱정해야 한다. 그리고 군자는 남이 나를 몰라준다거나 내가 일할 자리가 없는 것을 걱정하기보다는 먼저 자기 자신의 능력 없음을 걱정해야 된다. 즉 군자 본연의 임무인 자신을 닦아서 백성을 편안하게 하지 못하여 종신토록 그 이름이 칭송되지 못하는 것을 걱정하고 꺼려야 될 것이다(박용의, 16).

군자는 역사관 · 세계관 · 우주관을 바로 수립하여 멀리까지 내다볼 수 있어야 한다. 그렇지 못하면 가까운 곳, 주의를 소홀히 했던 것에서부터 근심거리나 과오가 생기기 마련이다. 과오는 즉시 고쳐야지 잘못임을 알고도 바로 고치지 않는 것이 바로 잘못이다(박용의, 16~17). 군자의 잘못은 마치 일식이나 월식과 같아서 잘못하게 되면 모두가 영향을 받게 되고 군자가 솔직하게 과오를 인정하고 고치면 모든 사람이 우러러보게 된다. 사람들의 과오를 자세히 살펴보면 저마다 그 유형이 달라서 그가 어떤 사람인지를 알 수 있다(박용의, 17). 그리고 과오를 뉘우치는 것도 달라서 군자는 자기 책망을 엄하게 하고 남에 대한 책망은 가볍게 하여 원망이 적어지게 하는 데 비해 소인배들은 남에게만 책임을 돌려 모면하려고만 하거나 적당히 꾸며서 얼버무리려고 한다. 사람은 아무리 조심을 해도 실수와 잘못을 저지르기 쉽다. 그러므로 군자는 자신의 모자라는 점은 엄격히 책하고 남의 나쁜 점은 책하지 않는 자세로 남의 작은 잘못은 너그럽게 용서해 주는 아량을 지니도록 해야 할 것이다(박용의, 17).

군자는 자신에게나 남에게 부끄러운 일이 있어서는 안 된다. 완전한 인간이 되기 위해서는 눈에 띄지 않는 작은 행동이라도 지나치거나 부족한 것은 고쳐나가야 할 것이다. 군자가 조심하거나 경계해야 할 몇 가지를 알아보면 다음과 같다(박용의, 14~19).

> 소년기에는 혈기가 안정되지 않았으므로 여색을 경계해야 하며
> (少之時 血氣未定 戒之在色),
> 장년기가 되면 혈기가 강하기 때문에 싸움을 경계해야 하고
> (及其壯也 血氣方剛 戒之在鬪),
> 노년기가 되면 쇠잔해지는 고로 탐욕을 경계해야 한다
> (及其老也 血氣旣衰 戒之在得). -「계씨편」 7장

또한 군자는 소인배들의 못난 행동을 미워한다. 예를 들면,

① 남의 잘못을 떠들어대는 것,
② 아랫사람이 윗사람을 훼방하는 것,
③ 용맹하기만 하고 예절을 가릴 줄 모르는 것,
④ 과감하지만 융통성이 없이 막힌 것,
⑤ 엿보고 아는 척하는 것,
⑥ 불손한 태도를 용감하다고 하는 것,
⑦ 남의 비밀을 폭로하는 것을 강직이라고 믿는 것,
⑧ 터무니없이 미치는 것,
⑨ 분노와 투쟁만을 자랑으로 삼는 것,
⑩ 어리석은 척하면서 남을 속이는 것 등이다(박용의, 17).

또한 군자는 위조한 것이나 잡물 때문에 본질적인 것이나 순수한 것이 빛을 잃게 되는 것을 미워한다. 즉 잡색인 자줏빛이 원색인 붉은 빛을 가려 없애는 것을 미워하며 정나라의 음란한 음악이 바른 아악을 문란하게 하는 것과 입바른 자의 말이 나라를 뒤엎어 놓는 것을 미워한다. 공자는 바른 것, 순수한 것이 예에 맞는다고 생각했기 때문에 이렇게 말했지만 현대 사회의 경우 반드시 그렇지만도 않다. 색조의 경우 수십 수백 가지의 간색이 만들어져서 원색이 오히려 이상하게 보일 정도이고 음악도 정통 고전음악을 포함해서 여러 종류의 음악이 공존하고 있다. 다만 유언비어를 퍼뜨려 나라를 엎어놓을 수도 있다는 것은 지금도 수긍이 가는 의견이라 할 수 있다(박용의, 19).

군자는 겉으로 말을 꾸미고 낯빛을 부드럽게 하고 지나치게 공손한 척하는 태도와 마음속에 원한을 숨기고 친절한 듯 행동하는 것을 미워해야 한다. 군자는 소인배들의 잘못된 행동을 미워하는 것으로 끝나서는 안 되고 그들이 자기의 잘못을 깨닫도록 꾸짖어 바른 길로 이끌어야 한다(박용의, 19). 어진 사람을 어질게 여기며, 여색을 가벼이 여기고, 부모 섬김에 최선을 다하고, 임금 섬김에 제 몸을 바칠 줄 알며, 벗과 사귐에 있어 주고받는 말에 신용이 있으면 그 사람이 비록 체계적으로 학문을 배우지 않았더라도 학문에 통달한 사람이라고 할 수 있다(박용의, 21).

군자는 글로써 사귀고 벗이 됨으로써 피차의 인덕을 높여 붕우가 스스로 멀리서부터 찾아오는 즐거움을 누리도록 교우 관계를 유지한다. 또한 군자는 서로를 믿고 간곡히 서로 선을 권하고 잘못을 고치도록 애쓰고 어진 이를 보면 그와 같이 되기를 생각하고 어질지 못한 사람을 보면 내 스스로 반성하는 태도로 사람을 사귀어야 한다. 그리하여 군자가 옛 친구를 버리지 않는다면 백성들의 덕풍도 따라서 두터워지기 마련이다. 그리고 군자는 어떤 사람이라도 가리지 않고 잘 어울릴 수 있어야 된다. 군자는 사람을 사귈 때 잘 어울리기는 해도 부화뇌동하지 않고 편당을 짓지도 않는다. 또 군자는 극기복례로 자기를 초월하여 전 인류와 화합하도록 노력하기 때문에 남과 사귈 때 태연자약하되 교만하지 않고 스스로 긍지를 가지고 남과 다투지 않게 되는 것이다(박용의, 26~27).

군자는 벗을 사귐에 신의를 잃지나 않았는지 되돌아보며 대인관계에서 과오가 있을 때에는 자기 자신에 대한 책망은 관대하게 하여 원망을 멀어지게 해야 한다. 이렇게 자기 자신의 나쁜 점을 책하고 남의 나쁜 점을 책하지 않는 것이 바로 군자가 취해야 할 도리이다(박용의, 27). 사람의 과실에는 유형이 있어 그 과실을 살펴보면 그 사람이 인자인지 아닌지 알 수 있기 때문에 과실이 있는 사람과 사귈 때에는 그 사람의 잘못을 고치도록 노력해야 할 것이다. 이럴 때 알아듣도록 충고하여 좋은 방향으로 인도하도록 노력하되 상대방이 말을 듣지 않으면 바로 그만두도록 해야 한다. 지나친 충고로 도리어 욕을 당하는 일이 없어야 한다. 즉 좋은 말도 여러 번 들으면 싫어지는 것처럼 비록 절친한 친구일지라도 지나치게 충고하는 것은 그 친구와 소원해지는 원인이 되기 때문이다. 사람은 여러 계층의 사람과 사귀게 마련이다. 사람 사귀는 방법은 크게 두 가지로 생각할 수 있다. 자기 자신에게 도움이 되는 벗과 해로운 벗이 그것이니 정직한 사람과 벗하고 성실한 사람과 벗하고 박학다식한 사람과 벗하면 유익하고 편벽한 사람과 벗하거나 빈말 잘하는 사람과 벗하면 해롭다(박용의, 28).

공자는 이렇게 말하고 있다. "중도를 가는 사람과 사귀지 못할 바에는 반드시 과격한 자나 고집쟁이를 택하여 사귀겠다. 과격한 자는 진취적이어서 선을 행하고자 할 것이요, 고집쟁이는 절대로 나쁜 일을 저지르지 않을 테니 말이다." 이것은 과불급(過不及) 없는 중용을 행하는 군자와 사귀지 못할 바에는 실천은 따르지 못할망정 뜻이 높고 진취적인 과격자나 지식은 다소 부족하더라도 강직하여 악을 행하지 않는 광자(狂者)를 택하여 그들의 장점을 살려 선도하고 그들의 기백과 지조를 살려 배움의 길을 가고 싶다고 강조한 것이다. 또 제자가 인을 이룩하는 방법을 묻자 공자는 기술자가 그 일을 잘 하려면 먼저 연장이 잘 들도록 손질하듯이 인을 이룩하려면 어디에서 살든지 우선 현명한 대부를 섬기고 인덕 있는 선비와 사귀라며 인을 구현하기 위한 방법으로 뜻을 함께하는 선비들끼리 결합하는 동지애의 중요성을 강조하고 있다(박용의, 28~29).

또한 군자는 서로 협조하여 극기복례하며 자기희생으로 공동 목표, 즉 인류 행복이란 인도(仁道)를 구현하기 위해 힘써야 한다. 추구하는 목표가 서로 다르거나 능력이 뒤떨어진다면 같이 의논할 필요도 없지만 비록 배우지 못했더라도 대인관계에서 제가 한 말을 반드시 실천하는 사람이라면 인류의 공동 번영에 뜻을 함께 하도록 이끌어 그 사람이 지니고 있는 선을 높이고 악을 제거하여 그 사람도 동지로서 군자가 될 수 있도록 도와주어야 할 것이다(박용의, 29~30). 이렇게 서로 도와가며 함께 덕을 쌓으면 서로가 이웃이 되어 즐거움을 함께 누릴 수 있을 것이다(박용의, 30).

군자가 학문을 널리 배우고 예로써 단속하면(博學於文約之以禮),
어긋나는 일이 없다(亦可以弗畔矣夫). -「안연편」15장

그 구체적인 단속 방법으로는

예에 어긋나면 보지도 말고, 듣지도 말고(非禮勿視 非禮勿聽),

말하지도 말고, 움직이지도 말아야 한다(非禮勿言 非禮勿動).

-「안연편」 1장

예는 행동을 미화하고 사양의 정신으로써 지나치는 것을 조절한다. 이렇게 예로써 조절하고 제약하지 않으면 공(恭) · 신(愼) · 용(勇) · 직(直)이 아무리 훌륭한 요소라 하지만 제대로 행세를 못하고 오히려 노(勞) · 사(思) · 난(亂) · 교(絞) 등의 악덕이 될 우려가 있다. 용기만 뽐내고 예절을 모르는 것이나 지나치게 공손한 태도도 예에 어긋나기 때문에 군자가 취할 바가 못 된다. 군자는 몸을 예절에 맞게 움직여 난폭을 멀리하고 안색을 예절에 맞게 하여 천속을 멀리해야 할 것이다. 이렇게 예로써 단속하면 실패하는 일은 거의 없을 것이다. 군자는 행동이 경건하고 과실이 없고 남에게 공손하게 예의를 지켜야 한다(박용의, 34).

공자는 어디까지나 살아가는 일, 의 · 식 · 주를 풍성하게 하는 일을 결코 부정하지 않는다. 다만 그 정도에서 만족해서는 인생이 너무 허망하지 않느냐고 말하고 있을 따름이다. 소인인 자기 자신을 한 단계 더 고양시키라고 말하고 있는 것이다. 공자께서 말씀하셨다.

부귀는 누구나 원하는 것이지만(子曰富與貴是人之所欲也),

올바른 방법으로 얻은 것이 아니면 누리지 말고(不以其道得之 不處也),

가난함은 누구나 싫어하는 것이지만(貧與賤是人之所惡也),

세상이 나빠 내가 가난에 처하게 되었다면, 구태여 그것을 버리지 말고 감수하라(不以其道得之 不去也).

군자가 인간애를 버리면 군자로서의 이름을 어찌 지키겠는가?

(君子去仁惡乎成名)

군자는 밥 먹는 시간일지라도 인을 어기지 말고(君子無終食之間違仁),

다급한 때라 할지라도 반드시 인에 의지하고(造次必於是),

넘어져 뒤집히는 때라 할지라도 반드시 인에 의지해야 한다(顚沛必於是).

-「이인편」 5장

군자는 신뢰를 얻고 난 뒤에 백성을 부린다(君子信而後勞其民).

신뢰가 없으면 곧 자기들을 가혹하게 다스린다고 여긴다

(未信則以爲厲己也).

신뢰를 얻고 난 뒤에 간한다(信而後諫).

신뢰가 없으면 자기를 비방한다고 여긴다(未信則以爲謗己也).

-「자장편」 10장

백성을 부리거나 윗사람에게 간할 때에는 신뢰를 얻는 것이 얼마나 중요한가를 일깨워 주는 가르침이다(오성수, 991). 군자는 진리에 마음을 쓸 뿐 밥벌이에는 마음을 쓰지 않는다. 먹을 것을 위해 농사를 지어도 흉년이 들면 굶주릴 수 있고, 진리를 위해 학문을 해도 기회가 닿으면 관직에 오를 수 있다. 그러므로 군자는 진리를 걱정할 뿐 가난을 걱정하지 않는다. 군자는 절대로 가난을 좋아하는 사람이 아니다. 이왕이면 잘살고 싶어하고 정치로 결국 백성을 잘살게 해주자는 것이다. 부와 귀는 누구나 원하는 것이다.

군자는 대쪽 같지만 작은 일에 얽매이지는 않는다. 군자와 소인은 극단적으로 대조적이다. 공자는 소인과 군자라는 양 극단을 제시하여 인간적 삶의 본질을 드러내려고 한다.

군자는 태연하지만 교만하지 않고(君子泰而不驕),

소인은 교만하지만 태연하지 못하다(小人驕而不泰). -「자로편」 26장 군자와 소인은 높은 자리에 앉으면, 앉혀 놓으면 금세 차이가 난다. 군자는 높은 자리에 있어도 전과 변함이 없지만 소인은 하루아침에 천양지차가 난다. 본인만 그런 것이 아니다. 가족들 모두가 다 시끄럽고 교만하다(오성수, 693).

군자는 작은 지혜는 기대할 수 없지만 큰일은 맡길 수 있고
(君子不可小知而可大受也),
소인은 큰일은 맡길 수 없지만 작은 지혜는 기대할 수 있다
(小人不可大受而可小知也). -「위령공편」 33장

군자는 의에서 깨우치고(君子喻於義),
소인은 이에서 깨우친다(小人喻於利). -「이인편」 16장

콩 심은 데 콩 나고 팥 심은 데 팥 나는 법이니, 의로움에서 깨우친 사람과 이로움에서 깨우친 사람은 뭐가 달라도 다를 것이다. 그런 것들이 점점 쌓이면 나중에는 군자와 소인처럼 하늘과 땅의 차이가 난다. 의로움과 사리사욕은 그렇게 멀리 떨어져 있다.

군자는 남의 좋은 점을 키워 주고 남의 나쁜 점을 키워 주지 않지만
(君子成人之美 不成人之惡),
소인은 이와 반대로 한다(小人反是). -「안연편」 16장

좋은 교사는 학생들을 나무라지 않는다. 단점은 얘기하지 않고 장점만 부각시킨다. 국어를 못하고 수학을 잘하면 수학 잘하는 점만 칭찬한다. 그러면 학생은 더욱 분발해서 국어도 잘하게 된다. 나쁜 교사는

늘 학생들을 나무란다. 장점은 얘기하지 않고 단점만 부각시킨다. 국어를 잘하고 수학을 못하면 수학 못하는 것만 꾸중한다. 그러면 잘하던 국어도 덩달아 못하게 된다. 좋은 상사도 마찬가지이다. 좋은 선배도, 좋은 남편도, 좋은 아내도, 좋은 부모도, 좋은 자식도 다 마찬가지이다.

군자가 도를 배우면 사람을 사랑하고(君子學道則愛人),
소인이 도를 배우면 부리기 쉽다(小人學道則易使也). -「양화편」 4장

소인은 잘못이 있으면 반드시 변명하려 한다.
소인은 잘못을 저지르면 반드시 꾸며댄다(小人之過也 必文).
-「자장편」 8장

군자란 작은 일에 연연해하지 않고 여유로우며 악착같지 않고 늘 바르고 덕으로 살아가는 사람이다. 거기에 비해 소인은 작고 별 볼일 없는 일에 연연하고 하루하루를 겨우 연명하고 나쁜 일은 모두 남의 탓으로 돌리고 소문에 휘둘리며 살아가는 인간이다.

군자의 마음은 평탄하여 넓고(君子坦蕩蕩),
소인의 마음은 늘 근심에 차 있다(小人長戚戚). -「술이편」 36장

군자는 소인들처럼 자질구레한 일에 매달려서는 안 되고, 작은 일은 잘 알지 못하더라도 큰일(백성을 편안하게 하는 일)을 맡을 수 있어야 한다. 물론 어느 한 분야의 전문가가 되는 것도 좋지만 지나치게 거기에만 매달리다 보면 다른 분야에는 관심이 소홀해질 수밖에 없어 오히려 군자 본연의 임무에 소홀하게 될 염려가 있기 때문이다. 그렇기

때문에 군자는 지엽말단적인 작은 일을 배워 다능함으로 자랑할 필요가 없다. 공자 자신은 젊었을 때(정치에 종사할) 기회를 얻지 못하여 잡일을 할 수밖에 없었지만, 군자는 여러 가지 잔일은 몰라도 된다고 가르쳤다. 백성들은 각자 자기 직업에 종사하면서 살아가고 군자는 학문을 연구하여 도를 구현하기에 힘써야 한다. 따라서 군자는 열심히 일해 흉년이 들면 굶주릴 수도 있는 농사를 지으려 해서는 안 될 것이다. 농사를 비롯한 모든 일은 백성들에게 잘 가르쳐서 그들이 지닌 기량에 맞게 위에서 시키는 대로만 따라 하도록 하고 백성들이 왜 그런 일을 해야 되는지를 알려주지 않아도 된다(박용의, 49~50).

> 군자는 먹어도 배부름을 추구하지 않고(君子食無求飽),
> 사는 데서도 편안함을 구하지 않는다(居無求安).
> 맡은 일은 부지런히 하고 말은 신중하게 한다(敏於事以愼於言).
> 도를 닦은 선학들을 통해 자신을 바로잡는다(就有道而正焉).
> 이 정도면 학문을 좋아한다고 할 수 있다(可謂好學也已).
>
> -「학이편」 14장

군자는 항상 다음 아홉 가지를 생각한다.

1. 무엇을 볼 때는 가려진 것 없이 분명히 보는 것을 생각한다(視思明).
2. 무엇을 들을 때는 막힌 것 없이 똑똑히 듣는 것을 생각한다(聽思聰).
3. 남을 대할 때는 온화한 표정을 생각한다(色思溫).
4. 몸을 움직일 때는 공손한 태도를 생각한다(貌思恭).
5. 말을 할 때는 진실함을 생각한다(言思忠).
6. 일을 할 때는 신중함을 생각한다(事思敬).

7. 의심이 날 때는 즉시 물어보는 것을 생각한다(疑思問).

8. 분통이 터질 때는 뒤에 닥쳐올 환란을 생각한다(忿思難).

9. 눈앞에 이득이 있을 때는 떳떳한 것인가를 생각한다(見得思義).

-「계씨편」 10장

군자는 자신이 배불리 먹고 편안히 있기를 바라지 않고 남보다 어려움은 먼저 겪고 얻기를 뒤로 하는 자세로 일에 임해야 될 것이다. 그리고 발분망식(發憤忘食)하여 학문에 힘썼어도 자기의 능력을 발휘할 기회를 얻지 못하여 생활에 쪼들리게 되면 부끄럽게 여겨야 된다. 그렇다고 군자로서 도가 제대로 행해지지 않는 나라에서 자기의 뜻을 굽혀가며 녹을 먹는 것도 떳떳하지 못한 노릇이기는 마찬가지다. 그럴 바에는 차라리 거친 밥 먹고 물 마시며 팔베개를 하고 의롭지 못한 부귀를 뜬구름같이 여기며 사는 즐거움을 누리는 것이 더 좋다(박용의, 50~51).

그러나 부귀가 아무리 하늘에 달려 있다 해도 부귀에 대하여 이렇게 초연하기는 어려운 노릇임에 틀림없다. 그러기에 학문을 하면서 벼슬에 뜻을 두지 않는 사람은 찾아보기 쉽지 않아 옛날과 달리 요즈음에 공부하는 사람은 (자기의 능력을 알아줄) 남을 위해서 배우는 것 또한 사실이다. 이렇게 녹 얻기를 목표로 배우는 사람은 비록 그 뜻을 도의 구현에 두었더라도 나쁜 옷을 입고 나쁜 음식을 먹는 가난한 생활을 부끄러워하기 때문에 함께 군자의 도리를 논할 수 없으며, 눈앞의 이익만 밝히는 소인배와 같아 벼슬길에 나가더라도 제 이익만 챙겨서 남의 원망을 듣기 쉽다. 부귀는 군자를 비롯해서 누구라도 얻기를 탐내는 것이지만 올바른 도리로 얻는 것이 아니면 누리지 말아야 하고, 빈천은 누구나 싫어하는 것이지만 세상이 어지러워 빈천하게 되었다면 버리지 말고 감수해야 할 것이다. 공자도 부하게 되는 것이 당연하다면 부를 얻기 위해 채찍을 들고 외치는 천한 일이라도 하겠지만, 재물을 구해 갖는 것이 부당한 것이라면 내가 즐기는 대로 살겠다면서 의롭지 않은 부귀를 대단치 않게 여겼다.

또 부귀에 초연한 채 가난한 생활을 하는 제자를 어질다고 칭찬하기도 했지만 恭자는 부귀를 무조건 혐오한 것은 아니고, 정당한 방법으로 재산을 모은 것은 그대로 인정하고 재산 증식을 잘한 사람을 칭찬하기도 했다. 그것은 절약하고 검소한 생활로 부를 증진시킨 사람이라면 교만하지 않을 것이고, 나아가서 예도를 알고 예에 맞게 살아갈 것이 틀림없기 때문이다. 정당한 방법으로 재산을 증식하여 넉넉하게 사는 군자가 전혀 없지는 않았지만 백성을 편안하게 하고자 하는 큰 뜻을 지닌 군자에게서 역시 윤택한 생활보다는 가난한 생활을 하게 되는 경우가 더 많았다. 그것은 부귀를 누리면 사치해지고 거만해지기 쉽기 때문에 그보다는 고루한 생활을 하는 것이 더 낫다고 생각했기 때문이다. 이렇게 되면 비록 가난해도 아첨하지 않게 되고 가난 속에서도 즐거움을 누리게 된다(박용의, 51).

도

'도(道)' 라는 글자는 갑골문자에 보이지 않고 주나라의 금석문에서 처음 나타난다. 「시」·「서」 등에서 '도' 는 구체적인 '길' 의 의미로 가장 광범위하게 사용되다가 『좌씨전』 이후에야 비로소 정치적 운용 원칙·윤리·규범 등의 의미로 쓰이게 된다(신정근, 277).

도는 사물의 당연한 이치를 말한다. 그러나 도는 말하는 사람과 시대 상황에 따라 매우 다양하게 사용되었다. 논어의 「술이편」에는 "도에 뜻을 두고 덕에 의거한다"는 말이 있는데 여기서의 도는 도덕 원칙이다. 『관자』의 「입법편」에는 "따라서 법이라고 하는 것은 천하의 지극한 도"라고 했는데 여기서 도는 정치의 원리이다. 『주역』 「계사전(繫辭傳)」에 나오는 "일음일양지위도(一陰一陽之謂道)"라는 대목도 그렇다. "한번 음이 되고, 한번 양이 되는 것이 바로 도이다"라는 말은, 인생살이에서 직면하는 수많은 역전과 전환의 이치를 한마디로 압축하고 있다(조용헌, 64).

여기서의 도는 기본 법칙을 가리킨다.

> 하늘이 명하신 것을 성이라 하고(天命之謂性),
> 성을 따르는 것을 도라 하고(率性之謂道),
> 도를 닦음을 교라 한다(修道之謂教). -「중용장구」 1장

형이상학적인 하늘은 우리에게 성품을 주었고 땅에는 가는 길이 있고, 사람은 그것을 가르치는 것이다. 노자 역시 도를 다양한 의미로 사용하였을 뿐만 아니라 도에 완전히 새로운 의미를 부여하였다. 그는 도를 세계 만물을 낳고 결정하는 최고의 실재로 파악하였다(김철호, 38~39).

> 설명할 수 있는 도는 영원한 도가 아니요(道可道非常道),
> 부를 수 있는 이름은 영원한 이름이 아니다(名可名非常名).
> 무명은 하늘과 땅의 기원이요(無名天地之始),
> 유명은 만물을 기르는 어머니에 지나지 않는다(有名萬物之母).
> -『도덕경』「상편」 1장

노자 당시의 세상은 꾸며진 것에 대한 열광으로 가득 찬 시대였다. 사회에는 그런 인위(人爲)를 자랑삼고 그런 인위로 세상을 조직해 나가야 한다는 견해들이 인기 철학으로 부상하고 있었다. 노자는 이런 풍조에서 '본질'을 중시해야 한다고 열강(熱講)을 한다. 무위자연(無爲自然)이라는 말은 뜻 그대로, 인위가 없이 저절로 그러한 상태다(이상국, 217).

공자가 말하였다.

> 활쏘기를 함에 있어서 가죽(과녁) 뚫는 것을 위주로 하지 않는 것은(射不主皮),
> 사람의 힘의 등급이 같지 않기 때문이니(爲力不同科),
> 이것이 바로 옛날의 도이다(古之道也). -「팔일편」 16장

도는 사람으로부터 멀리 있지 않다. 사람들이 도를 지키려 함에 그 도가 멀리 있다면 이미 그것은 도가 아니다.

> 아침에 도를 들으면 저녁에 죽어도 좋다(朝聞道 夕死可矣).
> -「이인편」 8장

여기에서 도란 사물의 당연한 이치이다. 보람 있게 살 수 있는 옳은 도를 들어서 마음에 깨달음이 있으면 곧 죽는 일이 있어도 유감이 없다는 뜻이다. 사람은 모두 그 자신이 하나의 작은 우주이다. 그 안에 그 자신이 행하여야 할 도가 존재하고 있으니 그것을 찾아 행하는 것이 무엇보다 중요하다 하겠다.

정약용에 의하면, 천하에는 두 가지 큰 기준이 있다. 옳고 그름과 이롭고 해로움이 그것이다. 이를 바탕으로 정약용은 삶을 네 등급으로 나

눈다. 가장 높은 단계는 옳음을 고수하고 이익을 얻는 것, 둘째는 옳음을 고수하고도 해를 입는 것이다. 셋째는 그름을 추종하고도 이익을 얻는 것, 가장 낮은 단계는 그름을 추종하고 해를 보는 것이다. 이 중 가장 높은 단계와 낮은 단계, 둘째와 셋째 단계는 한 쌍을 이룬다. 문제는 둘째-셋째 단계가 사회적 대세가 되는 것이다. 그 비극을 막는 정약용의 처방은 이렇다. "옳은 것이 이로운 것이다!" 200년 전, 삶을 통째로 집어삼킨 불의에 맞선 위대한 학자는 그 옳음으로 이로웠고, 진정 행복했다.

충성스런 마음과 남을 용서하는 마음을 충서라고 한다. 충서는 도에서 멀지 않으니 나에게 주어져서 내가 싫은 일은 남에게 베풀지 마라.

일찍이 증자는

> 공자님의 도는 충서일 뿐이다(夫子之道 忠恕而已矣). -「이인편」 15장

라고 했다. 공자의 가장 촉망받는 제자인 안회가 젊어서 갑자기 요절하자 공자의 도가 증자에게 많이 전해졌다. 증자는 이것을 다시 공자의 손자인 자사에게, 자사는 다시 맹자에게 전함으로써 유학이 완성되어 오늘날까지 전해오고 있다. 충서, 즉 충성스럽고 용서하는 마음도 그렇게 전해져 왔으며 따라서 유가에서는 충서가 도를 가리킨다고 가르쳤다. 그 뜻을 잘 생각하여 보면 참으로 의미가 깊다.

충서의 '충'자를 살펴보자. 충은 중과 그 아래의 심으로 이루어졌다. 유학에서 그처럼 중요시하는 중(中)에 존재하는 마음(心)이라는 뜻도 되고 옆으로 써보면 중심도 된다. 중심이 무엇인가? 마음은 한가운데이며 사람의 심장 또는 속마음을 뜻한다 할 수 있다. 충은 안으로 지성의 마음을 다하여 속이지 않는 것이며, 스스로를 속이지 않는 것을 말한다. 그러므로 충, 충성스런 마음, 자신의 심장, 또는 자신의 속마음,

진심 등으로 설명하여도 크게 무리가 아니다. 자기 마음을 다하여 힘써 삼가며 정도를 지키는 것을 뜻한다.

서의 의미 또한 같다.

논어의 서는 "네 자신이 바라지 않는 행위를 다른 사람에게 부가하지 말라", "네 자신이 자리잡고 싶으면 다른 사람을 자리잡게 하고, 네 자신이 이르고자 하면 다른 사람도 이르게 하라"는 말로 정식화되어 있다. 공자의 '서'는 사람이 무언가에 대해 동일한 지향을 가지거나 동일한 심리적 반응을 드러낸다는 사유 방식을 전제하게 된다. 즉 '서'는 "네가 무엇을 좋아한다면 (또는 싫어한다면) 사람이면 그 누구나 좋아한다(또는 싫어한다)"는 식으로 독해되어 논어에서 사람들은 자연적·사회적 조건에서 완전히 해방되어 공통의 심리적 지평인 '성(性)'을 가지거나 동등한 존엄성을 가진 존재로 파악된다.

서(恕)는 여(如)와 심(心)으로 이루어졌으며 자기 마음을 미루어 남에게 끼치는 것이 서이다. 자신의 마음처럼 남의 마음도 똑같게 알아주라는 뜻이다. 즉 용서하는 마음이다. 기독교에서 말하는 사랑, 불교에서 주장하는 자비, 유학에서 가르치는 인 등은 같은 개념이며 여기에 충서도 사랑의 뜻으로 풀이할 수 있다. 자기의 마음을 다하는 것이 충이 되는 것이고, 자기의 마음을 미루어 남에게 미치는 것이 서(恕)가 된다. 내가 좋아하는 일은 남도 좋아하고 내가 싫어하는 일은 남도 싫어하게 마련이므로 사람은 항상 중용의 도를 지키며 충서의 마음으로 살아가는 데 정진해야 한다.

나에게 베풀어짐을 원치 않는 것을 결코 남에게 베풀지 말라
(己所不欲　勿施於人).
나라에서 원망이 없으면 집에서도 원망이 없을 것이다

(在邦無怨 在家無怨). -「안연편」 2장

만일 자신의 성심을 다하고 남의 입장을 백번 이해해 준다면 모든 일이 아주 잘될 수 있으리라. 기업이 생존하고 발전하기 위해서는 경쟁만을 가지고는 곤란하고 회사 내부의 임직원에게뿐만 아니라 외부의 고객 · 거래처까지 섬세하게 배려하는 태도를 지녀야만 한다는 것이다. 마찬가지로 개인도 남을 우선 배려하고 돕는 마인드를 가질 때 성공의 발판을 마련할 수 있다.

사람마다 각기 전후 · 좌우 · 상하가 있기 마련이다. 그 각자가 혈구(絜矩)의 도(道)를 실천할 때 온 세상은 도덕적 왕국이 된다는 것이다. 이것이 유교의 윤리적 정신이다.

위에서 싫어하는 바로 아래를 부리지 말며(所惡於上 毋以使下),
아래에서 싫어하는 바로 위를 섬기지 말며(所惡於下 毋以事上),
앞에서 싫어하는 바로 뒤를 앞서지 말며(所惡於前 毋以先後),
뒤에서 싫어하는 바로 앞을 따르지 말며(所惡於後 毋以從前),
오른쪽에서 싫어하는 바로 왼쪽을 사귀지 말며(所惡於右 毋以交於左),
왼쪽에서 싫어하는 바로 오른쪽을 사귀지 아니하는 것
(所惡於左 毋以於右),
이것을 일컬어 '혈구의 도'라 하나니라(此之謂絜矩之道).

-「대학」 전10장

만일 세상에서 충서가 실현된다면 "집안과 나라에는 원망이 사라진다"고 볼 수 있으며 인과 덕이 멀고 가까운 곳에 두루 퍼져서 아마도 우리가 추구하고 있는 좋은 세상도 될 수 있으리라. 공자도 논어에

인자는 자신이 서고자 하는 자리에 남을 세우고(仁者己欲立而立人),
자신이 달하고자 하는 데에 남을 달하게 한다(己欲達而達人).

-「옹야편」 28장

라고 했다. 이 말을 가만히 음미하여 보면 충서와 인은 대동소이하다는 것을 알 수가 있다. 도는 인의 기본 개념이라고 할 수 있으며 따라서 도는 인의 전체 부분은 못 될지라도 그 몫이 매우 크다 하겠다.

널리 학문을 배우고 예로써 단속하면(博學於文 約之以禮),
또한 도에서 어긋나지 않을 것이다(亦可以弗畔矣夫). -「안연편」 15장

"군자의 도는 보통 부부에게서 시작된다"고 했으므로 중용의 도는 항상 가까운 곳에서부터 출발함이 매우 중요하다. 따라서 도를 알고 이를 지켜 나가자면 반드시 자신을 중심으로 하여 가장 가까운 곳에서부터 하나하나 착수해야 한다. 모든 일은 가까운 곳에서부터 시작하여 먼 곳에까지 이르고, 가장 낮은 곳에서부터 높은 곳으로 올라가지 않으면 안 된다. 이것이 세상의 순리이며 일의 순서이기도 하다.

일종의 실천 윤리이기도 한 유교가 항상 중시하고 시작의 바탕으로 삼는 것이 가정 윤리이다. 가정에는 적어도 두 사람 이상이 함께 살고 있으며 거기에는 각자의 합당한 도리가 있는데, 그것이 바로 윤리이다(서근석, 79~83).

도가 같지 않으면, 서로 도모할 수 없다(道不同 不相爲謀).

-「위령공편」 39장

도에 뜻을 두고 덕에 의거하며(志於道 據於德),

인에 따르고, 육예에서 노닐도다(依於仁 遊於藝). -「술이편」 6장

덕을 지니고 있는데 넓지 못하면 그것은 이미 덕으로서의 가치가 없다. 덕이라고 할 수 없는 것이다. 도를 믿으면서 독실하지 못하면 그것은 이미 믿을 만한 가치가 없는 것이다. 도라고도 할 수 없는 것이다. 넓지 않은 덕, 독실하지 못한 믿음은 이미 존재가치가 없는 것이다. 그러니 있다, 없다 따지는 것 자체가 무의미한 것이다.

사회적으로는 명망가로 이름이 난 사람이 알고 보면 편협하고, 인색하고, 고집불통인 경우가 많다. 겉으로는 열심히 종교를 믿는 것 같은데 속으로는 전혀 독실하지 않은 사이비 종교인들이 또 우리 주위에 얼마나 많은가(오성수, 981).

어느 날 공자는 제자 자유가 다스리는 무성(武城)을 방문하였다. 그런데 곳곳에서 거문고 소리와 노랫소리가 들려왔다. 공자가 빙그레 웃으며 자유에게 말하였다.

"닭을 잡는데 소 잡는 큰 칼을 쓸 필요가 있겠느냐?"

"예전에 선생님은 '군자가 도(道)를 배우면 남을 사랑하게 되고 소인이 도를 배우면 다스리기 쉽다(君子學道則愛人 小人學道則易使也)' 라고 말씀하시지 않았습니까?"

공자는 제자들을 돌아보며 말하였다.

"방금 이 사람이 한 말이 옳다. 아까 내가 한 말은 농담이었다."

-「양화편」 4장

도는 바로 사람들의 사고와 행동 속에 있다. 다만 사람들은 자신과

함께 있는 그 도를 알지 못하고 있을 뿐이다. 따라서 도를 깨닫고 실천하는 길은 자신을 깊이 살펴보는 데서 시작해야 된다. "너 자신을 알라"는 서양 격언과 일맥상통한다고 할까? 이처럼 도는 가까운 곳에 존재하며 사람과 그 현실을 떠나서는 도가 성립될 수 없다.

공손하나 예의가 없으면 고달프고(恭而無禮則勞),
신중하나 예의가 없으면 두려워하게 되고(愼而無禮則葸),
용감하나 예의가 없으면 난폭하게 되고(勇而無禮則亂),
솔직하나 예의가 없으면 남을 다치게 하느니라(直而無禮則絞).

-「태백편」 2장

배우는 것은 누구나 할 수 있다. 누구나 노력하면 어느 정도는 이룰 수가 있다. 그런데 '도'에 함께 나아갈 수는 없다. '도'는 배운다고 알 수가 있는 것이 아니다. 달달 왼다고 이해될 수 있는 것이 아니다. 마음으로 깨달아야 하는 것이 바로 '도'다. 그래서 늘 마음속에 담고 다녀야 하는 것이다. 잠시라도 떼어놓을 수 없는 것이 바로 '도'의 속성이다. 그런데 함께 '도'에 나아갈 수는 있어도 함께 바로 설 수는 없다고 공자는 주장한다(오성수, 486).

비유하자면 산을 만드는 데 흙을 거의 다 쌓아놓고(譬如爲山),
마지막 한 삼태기를 미처 쌓지 못하고(未成一簣)
그만두더라도 내가 그만두는 것이며(止吾止也),
비유하자면 평지에 산을 만들려고 비록 처음 흙 한 삼태기를 붓더라도
(譬如平地 雖覆一簣),
끊임없이 진행하면 내가 나아가는 것과 같다(進吾往也). -「자한편」 18장

도를 추구하는 것, 즉 사람이 사람다운 길을 가는 것은, 누가 더하고 덜함이 없이 끊임없이 추구하는 것임을 말했다. 어느 정도 성공하였다 하여 이 정도면 되었다고 노력을 게을리하면 결국 뒤처지게 되며, 실패했을 경우라도 늦지 않았다고 차근차근 시작하면 언젠가는 도달할 날이 있을 것이다.

3. 품질이란 무엇인가?

품질

'품질 한국' 하면 뭐니뭐니해도 해인사의 팔만대장경을 내세울 수 있다. 팔만대장경은 760여 년 전 몽고의 침략으로 나라가 위기에 처했을 때, 부처님의 공덕으로 적을 물리치기 위해 온 나라가 16년 동안 정성을 들여 불교 교리를 종합 · 편찬하여 목판에 새긴 것이다. 한 행에 14자, 23행을 앞뒤에 644자씩으로 하여 81,258판, 모두 5,230여만 자가 새겨진 이 목판본은 대승불교의 기본 텍스트이며, 유네스코의 세계문화유산으로 지정되어 있다. 그러나 우리가 가장 자랑스럽게 여기는 것은 그 많은 글자가 모두 구양순(歐陽詢, 당나라의 서예가)서체로 통일되어 있는데다 오자나 탈자가 거의 없다는 것이다. 추사 김정희도 그 판본 글씨를 보고 "신선이 내려와서 쓴 것 같다"고 격찬한 바 있다(김동현, 85).

"글자 한 자 쓰고 세 번 절을 한다"는 이른바 '일자삼배(一字三拜)'의 정성이 필사들에게만 있었던 게 아니다. 산벚나무나 돌배나무를 베어 2년간 말린 후 판으로 자르고 다시 3년간 소금물에 절였다가 삶아내어 뒤틀림을 방지한 모든 과정에 들인 정성을 간과해서는 안 된다. 유럽에서 금속활자 초창기에 성서를 발간했을 때 오자, 탈자가 너무 많아 몇 차례나 수거 소동을 벌였던 것과는 너무나 대조적이다. 이를테면 모세의 십계명 중 일곱 번째인 '간음하지 말라'를 '간음하라'로 잘못 만들고서는 악마의 소행이라고 발뺌을 하기도 했다. "인쇄술은 신의 거룩함에 도전한 중세의 악마"라는 말이 나돌 정도였다.

그런데 우리 조상들의 이 같은 훌륭한 전통이 언제부터인가 사라져 버리고 이른바 '괜찮아요'라는 적당주의의 폐습이 만연하고 있다. 오히려 제품에 끝까지 혼신의 정성을 쏟아 마무리하는 장인 정신을 이웃 일본에서 찾아볼 수 있다. 일본의 경우 생산된 물건은 대부분 무사들에게 납품했으므로 적당주의가 통하지 않았다. 혹시라도 영주의 밥에 돌조각이나 티끌이 나오면 목이 베일 정도였으므로 불량품은 있을 수 없는 일이었다. "장인 정신은 에도(江戶)의 부엌에서 나왔다"는 말이 허사가 아니었음을 알 수가 있다(김동현, 86).

날로 경쟁이 치열해지고 있는 국제 경제 환경에서 우리의 기업이 생존하고 번영하기 위해서는 품질 우위가 경쟁력의 필수요건일 뿐 아니라 품질은 시장 확보와 수익성 제고를 위한 기본 요건이며 전략 변수이다. 이와 같이 품질 문제의 중요성이 강조되고 있는 상황에서 품질의 개념도 그간 산업사회의 변화에 따라 보다 강화된 의미의 새로운 개념 정립이 필요하다.

지난 30여 년간은 일본식 품질관리 체제를 아무런 비판 없이 도입해서 적용해 온 시기였다. 돌이켜 생각해 본다면 모순투성이로 엮여 있음을 알 수 있다. 그중에서 가장 맨 처음 당면하는 문제가 바로 품질의 개념과 추진 방법론이 일치하지 않는 것이다. 즉 현재 설정하고 있는 품질의 개념은 많은 사람들이 타당성을 인정하고 있는 방법론인 전사적 접근(total approach) 또는 시스템적 접근(systematic approach)에 적합하지 않다.

전사적 접근이란 다음의 세 가지 조건을 충족시켜야 한다. 첫째로 기업이 수행하는 모든 기능(function)을 문제 해결을 위해 모으고, 둘째로는 기업이 포괄하고 있는 모든 직무(job)를 문제 해결을 위해 모으고, 셋째로는 이렇게 만들어진 결과에 대해서는 모든 구성원이 공동으로 책임지는 것을 말한다. 그러나 품질의 개념을 과거와 같이 설계품질(quality of design), 제조품질(quality of manufacturing), 검사품질(quality of inspection) 하는 식으로 영역을 한정하는 것은 전사적 접근에 적합하지 않은 개념 설정이다. 물론 1950년대 초에 주란(J. M. Juran)에 의하여 시장품질(quality of market-place)이라는 개념이 제기되었지만, 전통적인 방식으로는 구체적인 파악도 불가능할 뿐만 아니라 이해가 곤란하다는 이유로 그 후의 이론적인 발전과 연구 결과의 축적이 전혀 없는 상태라고 할 수밖에 없다.

예를 들어 검사품질을 위하여 전사적으로 접근하려고 한다면 이상에서 제시한 조건을 만족시키는 검사품질이 기업에서 현실적으로 이루어질 수 있는지 의심하지 않을 수 없다. 검사품질을 위하여 영업부서가 무엇을 해야 하는가에 관하여 생각해 본다면, 기여할 수 있는 바가 전혀 없는 것은 아니지만 자연스럽지 않다. 따라서 전사적으로 접근할 수 있는 특징을 지닌 새로운 관점의 품질 개념이 설정되어야만 할 것이다. 품질의 개념 설정을 위한 시도를 정리해 본다면 개략적으로 다음과 같이 다섯 가지로 요약할 수가 있다.

첫째로, 초월적(transcendent)인 의미를 가지는 선험성 관점의 품질 개념이다. 예술품과 같이 절대적인 우수성을 가지고 있어 시간과 공간을 초월하여 변함없이 높은 성취를 달성하는 것을 초월적인 의미의 품질이라고 정의한다. 흔히 최선(best)의 개념으로써 품질의 개념을 설정하려는 시도를 발견할 수 있다. 선험성 관점에 따르면 품질은 '선천적 우수성' 또는 '타고난 장점'과 동일한 의미이다. 이 경우 품질은 객관적으로 정의될 수 없으며, 품질은 특성을 나타내는 일련의 객체를 직접 접해 보아야만 알 수 있다고 간주된다. 이를테면 어떤 예술가의 작품의 질은 그의 작품을 많이 보고 나면 자연히 알 수 있다는 것이다. 그러나 이 정의는 사실상 실무에 거의 도움을 주지 못한다.

둘째로는 제품이 지니는 가시적인 물성에 기초를 둔 제품 기반의 품질 개념이다. 제품이 지니는 물리적 · 화학적인 특성의 총화라고 보는 입장에서 품질의 개념을 설정하기 때문에 품질이 측정 가능하다는 것이다. 품질은 제품이 지니고 있는 특성의 수에 따라 결정되므로 높은 비용에 의해서만 높은 품질의 확보가 가능하다는 것이다. 따라서 언제나 높은 품질 = 높은 비용이라는 등식이 성립하고, 품질은 상대적이라기보다는 절대적인 기준에 따라서 인지된다. 제품을 기반으로 한 관점에서는 품질은 명확한 것일 뿐 아니라 계측 가능한 것으로 간주한다. 이 경우 품질의 차이란 곧, 그 제품이 갖고 있는 어떤 성분이나 속성의 차이라고 본다. 이 정의에서는 어떤 속성이 바람직하다는 것은 사실상 다음과 같은 두 가지 의미를 내포하고 있다.

① 높은 품질을 성취하기 위해서는 많은 비용이 소요된다. 품질은 어떤 제품이 갖고 있는 속성의 크기를 반영하는 것이므로 높은 품질의 제품이란 비싸지게 마련이다.

② 품질이란 제품에 부가된 어떤 것이 아니라 제품 자체의 고유한 특성이다. 그러나 제품의 속성과 품질이 반드시 대응관계에 있는

것이 아니다. 경우에 따라서는 어떤 특수한 속성을 많이 가지고 있다는 것보다는 단순히 특이하다는 것 때문에 높은 품질로 인정받기도 한다. 품질의 대상이 미적 요소일 경우 제품을 기반으로 한 품질의 정의는 취향의 차이를 설명하지 못하는 것이다.

셋째로는 고객 지향적인 개념이다. 품질은 매우 주관적이며, 소비자들이 가지는 개인적인 욕구를 충족시켜 줄 수 있는 정도에 따라서 결정된다는 것이다. 사용자 기반의 품질 정의는 품질은 '보는 사람의 눈에 달려 있다'는 것을 전제로 하고 있다. 이 정의하에서는 개개의 고객은 각기 다른 요구와 필요를 갖고 있으며, 이를 가장 잘 충족시키는 제품이 최고의 품질을 갖고 있다고 본다. 그러나 여기에는 다음과 같은 두 가지 문제가 있다.

① 각양각색인 개인적 선호를 총괄하여 시장 수준에서 의미가 있는 품질 정의를 어떻게 도출할 수 있는가 하는 것이다.

② 품질이 내포하고 있는 속성과 단순히 고객 만족을 극대화시키는 것을 어떻게 구분할 수 있는가 하는 문제이다. 이 중 첫 번째 문제는 높은 품질의 제품이란 여러 고객의 요구를 충족시키는 것이라고 가정함으로써 해결할 수 있지만, 보다 근본적인 문제는 품질을 고객 만족이라고 간주할 때 생긴다. 고객 만족이 크다고 더 우수한 것이라고 말할 수 있을까? 이를테면 소비자들은 어떤 특정 브랜드를 단지 그것이 독특하다는 이유로 선택하면서도 여전히 다른 브랜드의 품질이 더 좋다는 것을 인정하는 경우가 있다. 이러한 평가에는 품질의 객관적 특성이 함께 고려되고 있는 것이다.

넷째로는 생산자 관점의 품질 개념이다. 제조 기반의 품질 정의에서는 품질이란 '요구 조건과의 일치성'이라고 본다. 즉 일정한 설계나 요구 조건이 결정되어 있다면 이것에 얼마나 충실했는가의 정도에 따라서 품질의 수준이 결정된다. 따라서 높은 수준의 품질은 설계나 요구 조건에 충실해야 한다. 이것은 주로 물품을 제공하는 기술 및 제조 부문의 입장을 견지하고 있다. 일단 설계나 규격이 결정되고 나면, 이 요건을 충족시키지 못하는 것은 품질을 저하시키는 편차로 간주된다. 이 정의하에서는 불량을 수리하거나 재작업하는 것보다는 예방하는 것이 경제적이라는 관점에서 품질의 개선이 원가를 낮춘다고 보고 있다. 서비스 제공의 경우 일치성이라는 것은 통상 서비스의 정확성과 적시성을 말한다. 이 정의에 의하면 규격이란 고객의 요구 사항을 대리하는 것으로 간주되기 때문에, 규격에 일치하는 제품은 소비자를 만족시킬 것이라는 것을 가정하고 있다. 그러나 이러한 관점은 일차적인 초점을 조직 내부에 두고 있다는 큰 약점이 있다. 신문용지를 만드는 일본의 한 제지업체에서는 JIS 규격을 만족시키고 있는 생산품은 고객 만족에 실패한 반면, 그렇지 않은 생산품은 고객의 불평을 야기시키지 않았다는 것을 알게 되었다고 한다. 이 예는 무엇을 뜻하는가? 규격에 일치하는 것이 품질이라고 생각하는 경우 지나치게 기술 및 제조 부문의 입장에 치우칠 가능성이 있다.

다섯째로는 가치(value) 관점의 품질 개념이다. 즉 코스트에 비춰 성능이 상대적으로 우수하다면 높은 수준의 품질이라고 할 수 있다. 가치에 근거한 품질 정의는 납득할 만한 비용이나 가격으로 원하는 성능이나 규격에 부합하는 제품을 제공하는 것을 말한다. 예를 들어 어떤 신발의 가격이 50만 원이나 한다면 원하는 구매자를 좀처럼 찾기 어려울 것이며, 이 경우 그 신발이 아무리 잘 만들어졌다고 하더라도 우수한 제품이라고 할 수는 없을 것이다. 『컨슈머 리포트(*Consumer Reports*)』지에 발표된 가정용품의 성능 평가 순위와 그들의 가격을 함께 고려해 본 결과, 높은 시장 점유율을 보이고 있는 GE나 월풀의 제품은 품질이나 가격 중 어느 하나만을 고려할 경우에는 좋은 평가를 받지 못했으나, 품질을 가격과 결부시킨 가치 관점에서는 높은 점수를 받았다고 한다(Garbin, 1988). 이것은 가치 기반의 품질 개념이 현실적으로 가장 널리 통용되고 있는 것을 보여주는 하나의 예이다. 이와 같은 분명한 장점에도 불구하고 가치 기반의 품질 정의를 실무에 적용하는 것은 매우 어려운 문제이다. 그것은 우수성과 값어치라는 두 가지 다른 개념을 혼합한 '감당할 만한 값어치(affordable worth)'라는 개념이 매우 주관적인 성격을 갖기 때문이다.

품질에 관한 기존의 정의는 대부분 이 다섯 가지 범주에 포함된다. 이와 같이 품질에 대한 다양한 접근 방법이 공존한다는 것은 매우 중요한 의미를 갖는다. 이것은 마케팅, 기술 및 생산 부문의 종사자들이 동일 기업 내에서도 경쟁적 입장에 설 수 있다는 것을 나타낸다. 마케팅 부문에서는 고품질이란 더 좋은 성능과 개선된 특징을 갖는 것이라고 생각하여 통상 사용자 기반 또는 제품 기반의 접근 방법을 취할 것이다. 이와는 달리 기술 부문에서는 제품의 성능을 분명한 공차나 치수 등과 같은 규격으로 바꾸는 것이 그들의 임무라고 생각하여 제품 기반의 접근 방법을 택할 것이다. 반면 제조 부문의 사람들은 품질을 규격과의 일치성이라고 생각하여 '최초에 올바르게 하는 것'이라는 제조 기반의 접근 방법을 택할 것이다. 이 경우 그들은 나쁜 품질에는 많은 재작업과 폐기물이 수반된다는 것을 연상하여, 품질 개선이 원가 절감으로 연결된다고 생각할 것이다. 이와 같이 서로 상충되는 이 세 가지 견해는 사내 의사소통에 큰 장애가 될 것이며, 품질에 대한 다양한 견해가 충분히 검토되지 않는다면 문제 해결을 위한 노력이 효과를 보지 못할 것이다. 설계로부터 판매에 이르기까지의 과정에 따라 다음과 같은 품질 관점의 변화가 있다.

먼저 면밀한 시장조사를 통해서 품질을 결정하는 특성을 확인하려는 사용자 기반의 품질 관점(시장품질)에서 시작하여, 바람직한 특성을 부품이나 반조립품에 담기 위한 규격화 과정에서 취하게 되는 제품 기반의 품질 관점(설계품질)으로 옮기고, 최종적으로는 규격에 부합하는 제품을 실제로 생산하는 과정에서 제조 기반의 품질 관점(제조품질 또는 적합품질)으로 옮겨가게 된다. 이러한 품질 관점의 변화를 이해하지 못하면 상호 의사소통이 어려워지고, 신제품의 개발 주기가 길어지며, 빈번한 시행착오가 발생하는 것을 피할 수 없다. 이러한 문제를 줄이기 위해서 마케팅 부문과 기술 부문 및 제조 부문이 서로 교류하는 것이 매우 긴요하다. 그러나 이러한 노력에도 불구하고 이처럼 모호한 품질 관점을 갖고서는 제품 품질의 기본적 요소를 설명한다는 것은 매우 어렵다. 품질의 기본 요소를 설명하기 위해서는 품질 개념을 분해해 보는 것이 필요할 것이다.

지금까지 품질의 개념을 설정하려는 시도를 종합적으로 살펴보았다. 개략적으로 보아 전통적인 품질의 개념 설정은 대부분이 두 번째와 같은 관점에서 품질의 개념을 설정하려고 하였으며, 부분적으로는 네 번째의 관점에서도 시도를 하고 있는 예를 찾아볼 수 있다. 기업은 스스로가 사용하기 위하여 제품을 생산하지 않으며, 시장 또는 소비자를 위하여 생산하고 있다. 그러므로 아무리 훌륭한 물성을 지니고 있다 하더라도 시장에서 소비자들에게 수용되지 않는다면 아무런 의미가 없는 것이다. 반대로 비록 물성은 훌륭하지 못하더라도 시장에서 소비자들에게 잘 수용된다면 그 제품은 매우 가치 있는 것이다. 따라서 현재의 경쟁적인 상황에서는 품질의 개념을 고객 지향적인 관점으로 설정하려는 시도는 현실적으로 매우 타당한 시도라고 할 수 있을 것이다.

즉, 품질은 단순한 '사용 적합성(fitness for use) 또는 제품의 특성'으로 정의하는 종래의 기능적 개념만으로는 기술적으로 첨예화되고 사회적으로 복합화된 오늘날의 현실적 품질 요구를 충분히 수용할 수 없으며 보다 포괄적이고 체계화된 새로운 품질 개념을 정립하고 이를 합리적으로 접근 관리하는 합목적적 수단 체계가 필요해진 것이다. 보다 다원화되고 개방화되는 복합 경쟁 사회에 대응하여 품질을 산업의 실질적 경쟁 수단으로 삼기 위해서는 품질의 개념을 보다 종합적으로 정의하여야 한다.

'요구 조건의 만족도' 또는 '사용 적합성'으로 정의하는 전통적인 품질의 개념은 종합적 품질관리를 제창한 파이겐바움(E. Feigenbaum)에 이르러 '고객의 기대에 적응하는 정도'라고 하는 포괄적인 고객 지향적인 개념으로 바뀌면서 더욱 발전하였다. 이와 같은 고객 지향적 품질 개념의 변화는 전사종합품질관리(全社綜合品質管理)라는 보다 능동적이고 적극적인 품질관리 운동으로 이어짐으로써 사회적 연계성이 강한 품질 개념으로 전개되기에 이르렀다. 이러한 품질 개념은 더욱 광역화하여 품질 수준을 결정하는 요인으로 만족도 · 적합성 · 고객요구만족도는 물론 성능(performance) · 특징(feature) · 신뢰성(reliability) · 내구성(durability) · 서비스용이성(serviceability) · 기호(aesthetics) · 인지도(perceived quality) 등까지 포함시키는 추세에 있다.

이는 곧 품질의 개념이 '고객 및 사회에의 모든 현재적 그리고 잠재적 요구조건에 대한 충족성'이란 매우 포괄적이고 적극적인 개념으로 확장하고 있다고 볼 수 있다. 예를 들어 하버드대학 교수인 가빈(D. A. Garbin)이 프리프레스(Free Press)에서 간행된 『품질관리(*Managing*

Quality)』에서 품질의 요소를 8가지로 제시하고 있는데, 이는 바로 고객 지향적인 관점에서 품질의 개념을 설정하려는 전형적인 예이다.

품질 개념의 진화

품질이란 무엇인가 하는 것을 합리적으로 정의하기는 어렵다. 그러나 기업의 품질 전개 과정을 고려해 보면 이해하기가 쉬워진다. 미국과 유럽의 품질관리는 백년 이상 동안 제조 부문을 대상으로 하였고 새로운 개념이 나타났다 사라지곤 하였다. 반대로 일본의 품질관리는 제2차 세계대전이 끝난 후 맥아더 사령부에 의한 전후 복구 사업이 시작되기 전까지는 그다지 중요하지 않았다. 품질 전개 과정의 시작에서 어떤 종류의 품질도 인지되거나 측정되지 않았다. 제품은 생산되었고 선전되었다. 만약 고객이 어떤 제품을 반품하기를 원한다면 쌍방간에 합의하여 처리하였다. 1950년대의 특징이라고 할 수 있는 것은 일본 제품은 신뢰할 수 없는 제품이고 싸구려를 의미하였다. 고객의 요구를 훌륭한 품질로 전환시키는 일본의 품질 전개 과정은 종합품질경영의 적용 과정이라고도 할 수 있다.

여기에서는 4단계의 적합성에 대한 기초 개념과 약점을 설명함으로써 종합품질경영의 전개를 살펴보기로 한다. 4단계의 적합성은 다음과 같다.

① 표준 적합성
② 사용 적합성
③ 비용 적합성

④ 잠재요구 적합성

표준 적합성

표준 적합성은 표준에 관한 지원 정도를 기술함으로써 상품 계획을 전개한다. 다른 말로 표준 적합성은 설계자가 의도한 것을 제품에 반영한 정도를 품질로 정의한다. 표준에 적합한 제품을 결정하는 것은 주로 제품이 그 표준을 통과할 것인가 아닌가 하는 검사의 문제이다. 표준 적합성을 달성하기 위해서는 표준 시행의 과업을 기록한 각각의 제조 과정을 정의하고 표준 시행을 확인하기 위한 검사 절차를 정의하는 것이다. 기업은 표준의 적합성을 전개하기 위해 1950년대 초 일본을 눈뜨게 한 미국 품질전문가 데밍(W.E. Deming)의 접근 방식에 따라 통계적 품질관리의 개념을 사용한다.

과거의 시각에서 벗어나 현재를 고려할 때 표준 적합성은 두 가지 약점을 지닌 품질 정의이다. 표준 적합성에 따르면 품질은 검사를 통해서만 달성할 수 있음을 인지하여야 한다. 표준 적합성에 따라 제조 공정의 생산품을 검사하고 결함이 있거나 저품질의 생산품을 걸러서 버리는 방식으로 품질을 보증한다. 그러나 이 과정은 제품을 만드는 사람과 검사하는 사람들 사이에 대립적인 관계를 초래한다. 공장 관리자는 공장의 검사 시스템을 신중하게 기술하고 검사 기능을 공장과는 완전하게 분리해야 한다. 검사자는 작업자의 활동을 통제하지만 작업자는 아니다. 그러므로 작업자들은 검사자들을 적대적으로 생각하는 경우가 많다. 표준 적합성의 두 번째 약점은 시장의 요구를 수용하지 않는 것이다. 표준과 검사 기준은 고객의 요구보다는 설계자와 생산자의 기준에서 작성된다. 이러한 약점을 개선하기 위한 활동을 1960년대 초에 고

품질을 선도한 기업들이 수행하였다.

사용 적합성

사용 적합성은 시장 요구의 만족을 보장하는 것을 의미한다. 제품을 고객이 원하는 것으로서 사용할 수 있는가? 예를 들어 제작사가 어떤 크기의 드라이버를 만든다면 얼마나 많은 사람들이 그 크기의 드라이버를 가지려고 하겠는가? 다음의 재미있는 예에서처럼 시장의 다양한 관습을 예측하기는 쉽지 않다.

한 가전제품 제조업자가 새로운 세탁기를 개발하였다. 그러나 농촌에 사는 고객들은 세탁기에 불만이 많았다. 회사는 그 지역에 기술자를 파견하여 불만의 원인을 찾았다. 기술자는 농부가 감자에 묻은 진흙을 닦아내기 위해 세탁기를 사용하는 것을 발견하였다. 안내 책자에서 비록 그런 사용법을 금지하지는 않았지만 세탁기는 그런 딱딱한 것을 넣도록 설계된 것이 아니었다. 그래서 고장이 자주 난 것이다. 제조업자가 세탁기가 감자를 씻을 수 있도록 재설계하고 그 기능을 집어넣어 고객이 사용할 수 있도록 하였을 때 세탁기는 정상적인 신뢰성을 확보하게 되었다. 사용 적합성은 실제 요구이거나 고객의 요구이지 생산자가 표준으로 설정하는 것은 아니다. 표준 적합성과 마찬가지로 사용 적합성은 검사에 의해 달성된다. 그래서 검사자와 작업자 간에 많은 충돌이 발생한다. 더구나 기업이 기대하는 것처럼 높은 사용 적합성을 가진 제품을 원한다면 검사자는 표준에서 이탈한 제품을 엄격하게 제거해야 한다. 어떤 제조 공정에서 사용하는 부품이 다음 공정에서도 사용될 수 있다. 같은 조립 라인에서 조립되는 모든 자동차들이 정확하게 같은 마력을 내는 것은 아니다.

큰 병에 맞는 병뚜껑은 다른 병에 사용하기에는 너무 커서 병 속의 내용물이 흘러나오게 될 것이다. 내구성만이 필요한 품질 특성이 아니다. 따라서 내구성만을 특징으로 하는 제품은 거절당할 것이다. 이것은 값비싼 접근법이나 만일 더 높은 품질이 요구된다면 검사 한계는 좁아지게 될 것이다. 사용 적합성에 초점을 두었을 때 발생하는 다른 약점은 경쟁적 이점이 약하다는 것이다. 만약 기업이 (사용자의 요구에 맞는) 사용 적합성을 명백히 이해했다면 검사를 통한 고품질을 충분히 보상받을 수 있도록 가격을 책정할 수 있는 독점적 지위를 얻을 수 있다. 그러나 경쟁자는 검사 과정에서 발생하는 비용과 독점적 위치를 상쇄시킬 수 있는 더 낮은 가격으로 좋은 제품을 제공할 수 있다. 예를 들어 1960년부터 1970년까지 일본의 주요 사진기 제조사들은 시장을 독점하며 높은 가격을 유지하였다. 그러나 곧 경쟁이 치열해져서 이 회사들의 사진기 판매고는 떨어지고 다른 회사의 판매고가 올라갔다. 그 결과 이 회사의 일본 시장점유율은 많이 낮아졌다.

1970년대 초에 이르면 품질 검사에 의한 높은 비용으로부터 탈피하여 품질 활동이 다음 단계의 품질을 확립하려는 선도 기업들이 나타났다.

비용 적합성

비용 적합성은 높은 품질과 낮은 원가를 의미한다. 이것은 모든 고객이 가지는 가장 보편적인 두 가지의 요구이다. 높은 품질을 유지하면서 비용 절감을 달성하기 위해서는 생산 공정의 산포를 줄여야 한다. 사람은 누구나 추려냄이 없는 100% 품질을 추구한다. 이것은 제품 프로세스의 마지막 단계와 각 단계의 피드백과 수정을 요구한다.

이런 품질 수준을 달성하기 위해서는 생산 시스템을 완전히 변화시켜야 한다. 작업자 관심은 프로세스를 통제하는 검사에서 제조품의 통제로 옮겨가야 한다. 이런 변화를 달성하기 위한 최신 방법은

① 통계적 품질관리를 사용하는 것.
② 프로세스와 그 산출물을 감시하는 것.
③ 각 단계를 피드백하고 모든 라인 작업자는 선행 작업자의 작업을 인지하고 실수가 즉시 수정될 수 있도록 해야 한다.
④ 라인을 세우는 작업자는 설계와 계속적으로 더 신뢰할 수 있는 제품을 만들기 위한 생산 프로세스의 개선에 참여해야 한다.

작업자에게는 품질관리 7단계와 후에 기술할 품질관리 7기법과 같은 표준화 방법과 많은 경험을 배우고 시행해서 지속적인 개선을 하도록 권한을 부여해야 한다.

비용 적합성 요구는 다차원의 품질 개념을 만들었다. 퍼센트의 원래 의미는 100개 단위에서 하나의 불량률이 있는 것이다. 오늘날은 제조업 분야에서조차 품질은 결점이 발생하지 않는 것을 의미한다. 일본의 토토사 공장 복도 게시판에 게시되어 있는 품질 개선의 5영역은 다음과 같다.

· Q 품질 · C 코스트 · D 납기 · S 안전 · M 사기

모토롤라에서는 고객 만족을 달성하기 위하여 다음 두 가지 지침을 실행한다.

① 사이클 타임(제품 개발의 시작부터 마지막 시간까지. 예: 제품 선적 시간, 또는 제품 제조 시간)

② 표준 공정 불량률(불량률은 백만분의 일 단위로 측정한다. 예: 보험 청구 취급하는 것, 고객 주문 받는 것, 반도체 제조 또는 호출기 제조)

몇몇 기업(모토롤라, 제록스, USMG, 플로리다전력)의 가장 중요한 품질 측면은 조사에 의해 측정된 고객만족도이다. 3M과 같은 몇몇 회사에서는 개선하고 유지하여 품질로 제품 혁신을 하는 것을 명확한 기업의 목표로 하고 있다.

그러나 약점도 있다. 기업이 비용 적합성의 품질 수준을 달성하는 것은 낮은 비용으로 높은 신뢰성 있는 제품을 생산하는 것이다. 그러나 경쟁자도 비슷하게 신뢰성 있고 값싼 제품을 개발할 것이다. 신흥 공업국의 기업은 선진국들이 달성한 사용 적합성과 표준 적합성을 모방하여 낮은 비용으로 생산할 수 있는 더 값싼 노동력을 가지고 있다. 이것은 1980년대 일본에서 발생했다. 한국 · 홍콩 · 대만은 일본의 기술을 적용하면서 1/2, 2/3의 노동비를 사용한다. 이런 약점 때문에 일본의 선도 기업들은 1980년 초 표준화 방법을 추구했고 경쟁 기업의 제품이 더 많이 팔리는 것에 대응해서 혁신 제품을 개발하였다.

잠재요구 적합성

잠재요구 적합성은 고객이 자신의 요구를 알기 전에 먼저 그 요구를 충족시키는 것이다. 만일 기업이 시장의 잠재 요구를 알 수 있다면 현재보다 더 독점적 지위를 누릴 수 있을 것이다. 기업은 더 높은 가격을 요구할 수 있고 더 많은 이익을 낼 수 있다.

잠재 요구에 관한 가장 유명한 예 중 하나는 폴라로이드카메라이다. 1944년 뉴멕시코 산타페에서 휴가중이던 에드윈 랜드라는 기술자가 어린 딸의 사진을 찍었는데 아이가 사진을 보려면 왜 기다려야 하는지 그에게 물었다. 산타페 주위를 혼자 걷던 랜드는 사진기와 필름 수요의 대부분은 시각화하는 것이라는 딸의 말에서 힌트를 얻어 그 문제를 풀게 되었고 이것이 즉석 카메라이다. 또 다른 예로 소니의 워크맨이 있다. 이것은 소니사 자신도 요구를 인식하지 못했던 상품이었으나 아이들이 발견하여 크게 활용하게 되었다. 그리고 워크맨은 분명히 조깅이나 야외에서 보내는 시간을 유용하게 사용할 수 있도록 하였다.

잠재적인 요구 사항의 개념을 창안한 일본의 저명한 종합품질경영 컨설턴트인 카노는 그가 고안한 카노 다이어그램을 사용하여 그 개념을 설명하였다.

카노 다이어그램

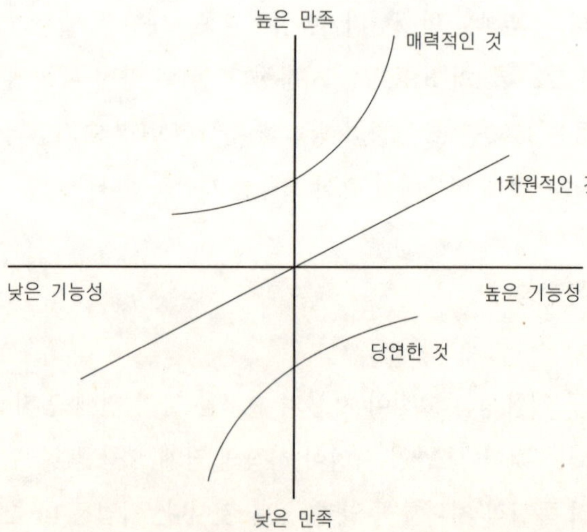

수평축은 제품 특성의 기능성 수준을 가리킨다. 여기서 특성들은 당연한 것(must-be), 1차원적인 것(one-dimensional), 매력적인 것(attractive)으로 범주화된다. 당연한 것은 사용자들이 발견하고 싶어하는 특성들이다. 예를 들어 식당에 온 고객은 의자와 식탁이 깨끗하고 실내 온도가 적당할 것으로 기대한다. 상황이 이와 다르다면 고객은 실망할 것이지만 상황이 기대에 부응한다 해도 고객들은 이들 특성들에 대해 당연하다고 느낀다. 1차원적인 특성은 고객의 만족과 직결된다.

식당의 밝기 또는 식사하기에 적합한 식탁 크기 등을 예로 들 수 있다. 불빛의 명도가 증가하고 식탁이 클수록 만족도도 증가한다. 매력적인 특성은 잠재적인 요구 사항으로서 매력적인 특성이 없다 해도 고객이 항상 불만스럽다고 인식하지는 않는다. 즉 이 특성들이 없어도 고객 만족의 수준은 떨어지지 않는다. 그러나 만약 이 특성이 존재한다면 만족도는 극적으로 상승한다. 식당에서 볼 수 있는 식탁 위의 한 송이 장미나 분위기 좋은 음악 등이 좋은 예가 된다. 잠재적인 요구 사항의 예로서 어두운 곳에서 전화를 사용하는 사람들을 위해 광다이얼을 배치하거나 메모가 필요한 사람들을 위해 전화기에 메모지를 부착하는 것 등을 들 수 있다.

품질 개념의 4가지 단계를 시계의 예를 들어 살펴보자.

① 만일 부품을 빠뜨리고 시계를 조립하였다면 표준에 부적합한 것이다. 그 시계는 폐기되거나 재작업해야만 된다.

② 시계는 시간이 정확하여야 한다. 18~19세기에 만들어진 고품질의 측정용 시계는 비싼 부품으로 만들었고 엄격하게 테스트되었다. 원가는 높지만 두 번째의 품질 표준인 사용 적합성을 달성하였다. 20세기의 고전적인 기술의 스위스 시계는 지금도 이 전통을 유지하

고 있다.

③ 전자시계는 비용 적합성을 달성한 가격이 싸고 정확한 시계이다. 여러 나라에서 많은 기업들이 이러한 시계를 만들었다. 현재의 시계는 전자시계 시대 이전의 최고급 기계식 시계보다 더 정확하면서 가격이 10달러 이하에서 거래된다.

④ 패션과 개성 시계는 스위스 기업인 스워치에 의해 저가 시계 시장에 출시되었다. 이 시계는 잠재 요구에 맞춤으로써 더 높은 가격을 책정할 수 있었고 일반 시계보다 더 높은 이익을 낼 수 있었다.

고객의 잠재 요구를 체계적으로 충족시키는 기업에서조차 약점은 있다. 이들 약점은 제품 설계와 생산공정 설계에 대한 기업의 능력 때문에 발생한다. 대다수의 기업이 경쟁 기업처럼 빠르게 개선할 수 없기 때문에 사업에서 도태되는 것이다.

품질의 8가지 요소

하버드대학의 교수인 가빈(1987)은 품질의 8가지 차원 또는 측면을 제안하고 있다.

① 성능
② 특징
③ 신뢰성
④ 일치성
⑤ 내구성

⑥ 서비스 가능성
⑦ 기호
⑧ 인지도

이들 차원은 제품이나 서비스를 평가하는 틀을 제시한다. 제품이나 서비스가 한 차원에서는 높은 평가, 다른 차원에서는 낮은 평가를 받을 수 있다는 인식은 품질을 개선하는 노력을 이끌어 가는 데 활용될 수 있다. 관리자는 차원들간의 상쇄와 보완의 관계를 인정하고 경쟁할 특정 차원을 선택해야 한다. 더구나 관리자는 차원들 중 몇몇에 대해서는 제한된 영향력밖에 갖지 못하는데 이런 경우에는 그들이 통제가능한 것에 초점을 두어야 한다.

성능

성능은 제품의 일차적 특성을 뜻한다. 예를 들면 자동차의 경우는 가속 능력, 주행속도, 승차감과 같은 것이며, TV는 음향, 화질, 색상, 원거리 수신 능력 같은 것들이며, 컴퓨터의 경우 처리 속도, 기억과 저장 용량들이 이에 속한다. 은행의 경우는 투자 상품에 대한 이윤율, 금전 출납계원의 반응 시간과 접근 용이성, 예금 후 자금의 이용가능성이 이에 속하며, 간이음식점의 경우는 신속한 서비스라고 할 수 있을 것이다. 만질 수 있는 제품이든 아니든 간에 성능은 측정될 수 있고, 시간의 변화에 따라 그리고 경쟁자에 비교될 수 있다. 이것에 대한 판단은 주관적인 선호나 환경적인 선호가 작용하고 있지만, 객관적이며 일반적인 표준이 전혀 작용하지 않는 것은 아니다.

예를 들면 어두운 방을 좋아하는 사람은 있을 수 있지만 소음이 심한 자동차를 좋아하는 사람은 없기 때문에 자동차 주행시에 조용함은 품질을 직접 반영한다고 볼 수 있다. 비율로 측정이 되는 데 가장 일반적으로 쓰이는 측정치는 시간당 단위의 수이다. 예를 들면, 시간당 처리되는 전화 통화의 수, 하루에 제공되는 식사 횟수, 매년 제 시간에 전해지는 프로젝트의 수 등이다.

특징

성능의 이차적 측면이라고 생각하며, 그 특성이 기본적 기능을 보완해 주는 것이다. 예를 들면 항공기에서 제공되는 무료 음료, TV 수상기에 부착된 자동화면 조정 장치와 같은 것이다. 이 차원은 다른 차원보다 쉽게 변화되고, 빠르게 성능으로 합류된다. 예를 들어 TV에서 원거리 튜너는 몇년 전에는 특징으로 여겨졌으나, 이제는 가장 값이 싼 TV도 그것을 갖추고 있다. 오늘날의 특징은 동시복수 화면을 갖는 것이다. 기본적인 특징과 2차적인 특징을 구분한다는 것은 매우 어려운 일이지만 사용자가 느끼는 중요도에 따라 구별될 수 있다. 중요한 특징이란 객관적이면 계측 가능한 속성을 포함하고 있다는 것이다. 편견이 아닌 객관적인 개인적인 요구는 품질의 차이를 만드는 데 영향을 줄 수 있다. 특징의 선택은 품질을 반영하는 것으로 생각된다. 투자신탁회사가 다양한 자금과 자유로운 이전을 제공하지 못한다면 많은 투자가들은 그 회사의 제품을 저품질로 생각할 것이다. 투자 회사의 특징은 일반적으로 다양성과 선호도로 측정된다.

신뢰성

신뢰성 차원은 특정 기간 내에 고장이 나거나 기능을 제대로 발휘하지 못하거나 또는 서비스가 시간이 지나면서 일관성 있게 제공되지 않을 확률을 반영한다. 제품의 경우, 전형적인 측정치는 고장까지의 평균 시간, 고장간의 평균 시간, 단위 시간당 고장률 등이다. 서비스의 경우 정확한 측정치는 없으나 정확한 배달의 비율, 추정치 이하로 수금된 요금의 비율, 정보서비스 업무 중 정확한 응답률이 이용된다. 고장, 유지, 예측 가능성 또는 적시성이 고객에게 보다 중요할 때 신뢰성이 더욱 강조된다. 재무 서비스와 컴퓨터, 농부와 추수 기계, 군인과 무기는 신뢰성 있는 제품이 필요한 고객의 예이다.

오늘날 고객들은 대부분의 제품과 서비스에서 신뢰성을 요구한다. 몇몇 회사가 제품이나 서비스의 신뢰성을 보여주면, 고객은 모든 회사에게 유사한 신뢰성 기준을 기대하고 그렇지 않으면 저품질 회사로 간주한다. 한 시장조사 결과에 의하면 젊은 여성들은 자동차의 경우 신뢰성을 가장 중요하게 생각하고 있으며, 미국 국방성은 무기 수리비가 급증함에 따라 일선에서 고장이 잦은 무기를 공급한 업자와는 계약을 취소하기 시작했다고 한다.

적합성

적합성은 제품이 설계와 설정된 기준에 어느 정도 일치되는가를 의미한다. 디자인과 작동 특성에 대해 설정된 기준에서 볼 때, 경쟁자의 제품과 일치하고 고객의 기대를 만족시키는 것과 관련된다. 이와 같은 요소는 주란에 의해서 처음으로 언급된 전통적인 품질 요소이다. 여기서는 작업 결과가 허용 오차 범위 내에 들어가고 있는지 아닌지가 일반적인 관심사이며, 규격 중심에 정확하게 일치하는가에는 신경을 쓰지 않는다. 대부분의 경우 규격 범위 내에서의 산포는 무시된다. 이 경우 한 가지 문제는 '허용 오차의 누적 현상'이다. 만약 두 부품을 조립해야 하는 경우, 한쪽은 규격 하한에 가깝고 다른 한쪽은 규격 상한에 가깝다면 제대로 튼튼하게 조립되기는 어려울 것이다. 다구치는 손실함수를 사용하여 비록 생산에 들어간다 하더라도 규격 중심에 완전히 일치하지 않는다면 손실이 발생한다는 새로운 접근 방법을 개발한 바 있다. 적합성은 신뢰성 · 내구성 · 성능과 인지도에 영향을 준다.

내구성

내구성은 기술적인 그리고 경제적인 차원에서의 제품의 수명을 뜻한다. 기술적인 내구성은 제품을 사용하지 못하게 되기 직전까지 얻을 수 있는 총사용량을 말한다. 또한 경제적인 내구성은 제품을 수리하는 것보다 새로이 교환하는 것이 유리할 때까지 제품으로부터 얻을 수 있는 총 사용량을 말한다. 전구와 같이 수리될 수 없는 제품은 기술적 수명과 경제적 수명이 똑같다. 다른 제품에 있어서 소비자는 수리에 드는 기대 비용이 새 제품을 구입하는 데 드는 비용보다 크다고 생각한다. 내구성은 고장나기 전까지 또는 대체가 수리보다 선호되는 경우에는 사용 기간으로 정의된다. 쓰던 차를 새 차로 대체할 것인가 아닌가의 결정은 내구성 평가의 한 예이다. 내구성과 신뢰성은 밀접하게 관련된다. 신뢰성이 높은 제품은 더 오래 쓸 수 있다. 그러나 내구성 증가가 실제로는 어떤 다른 것을 반영할 수도 있다. 예를 들어, 자동차의 수명이 1975년부터 1985년 사이에는 평균 14년으로 증가했는데 이것은 실질적인 내구성이 증가한 것이 아니고 그 당시 높은 휘발유값과 불황 때문에 사람들이 자동차를 많이 사용하지 않았기 때문이다.

서비스 가능성

서비스 가능성은 수리와 수선에 있어서 신속성, 친절, 우수성 그리고 용이성을 말하는 것이다. 이와 같은 요소는 일반적으로 내구재인 경우에 매우 중요하며 편의품의 경우도 예외는 아니다. 고객들의 만족도를 측정한다면 아마도 재선택 또는 재구매를 기준으로 할 수 있을 것이다. 서비스 가능성은 소비자들의 재선택과 재구매에 지대한 영향력을 미치고 있다. 그러므로 이를 품질의 개념적 요소로 채택하는 것은 매우 당연하다고 할 수 있을 것이다. 이와 같은 요소를 품질의 개념적 요소로 채택하는 것은 소비자 지향적인 관점에서 품질의 개념을 설정하려는 입장을 가장 잘 표현해 주는 것이다.

고객들은 제품이 고장나는 것뿐만 아니라 수리가 완료될 때까지 소요되는 시간, 약속한 서비스 시간의 준수, 서비스 요청 및 수리가 한 번에 완전하게 처리되지 못하는 빈도 등에도 관심을 갖고 있다. 문제점들이 신속하게 해결되지 못하고 불만이 누적되는 경우, 회사의 불만 처리 과정이 서비스 품질에 대한 고객의 평가에 상당한 영향을 주게 된다. 캐터필라사는 중장비 업체의 경우 제품 고장이 잦으면 건설업체의 공사 기간에 상당한 차질을 주게 되므로, 신속한 A/S용 부품 공급이 주요 성공 요인 중 하나라는 것을 파악하였다. 그래서 수십만 개에 달하는 대리점별 부품 재고 현황을 데이터 베이스화하고, 네트워크를 이용하여 부품 주문을 받는 즉시 컴퓨터가 중앙에서 처리하도록 함으로써, 48시간 이내에 세계 어느 곳이라도 필요한 부품을 공급하도록 보장하고 있다.

TARP(Technical Assistance Research Program)의 연구에 의하면 불만이 신속하게 해결되면 다음에 재구매하겠다는 고객의 비율이 80%를 넘고 있으며, 따라서 불만 처리를 효과적으로 하는 것이 불만족한 고객을 고정 고객(royal customer)으로 바꾸는 비율이다. 서비스 가능성은 강력한 경쟁적 이점이 될 수 있다. 불만을 제기한 주부들 중 40%가 결과에 만족하지 못한다. 불만 해결은 고객의 재구매와 밀접하게 관련되며, 중요한 것은 불만의 발생 여부보다는 불만이 어떻게 처리되느냐이다.

심미성

제품이 어떻게 보이는가, 느껴지는가, 들리는가, 맛이 나는가, 냄새가 나는가와 같은 것은 매우 주관적이며 개인적인 요소라 할 수 있다. 기호는 측정하기 어렵지만, 많은 마케팅 연구들은 몇 가지의 일반 패턴을 밝혀냈다. 예를 들어 사람들은 소음이 적은 자동차를 좋아한다(스포츠카 열광자는 제외). 역시 이 요소도 고객 만족이라는 관점에서는 매우 특징적인 요소라고 할 수 있다. 식품의 경우 품질이 좋다는 것은 '풍부한 맛', '자연 그대로의 맛', '신선한 맛' 등과 관련이 깊다고 한다.

그러나 고객의 기호란 성능에서 말하는 주관적인 영역과는 달리 보편성이 없다. 모든 사람이 '풍부한 맛'을 선호하는 것은 아니며, 그것이 의미하는 바에 대해서 의견이 일치하지도 않는다. 이것은 틈새 시장의 기회를 제시한다. 최근 들어 주목을 받고 있는 감성공학은 느낌이나 이미지를 구체적인 물리적 설계 요소로 번역하여 이를 실현하고자 하는 기술을 말하는데, 이것은 심미성을 체계적으로 연구하려는 시도로 볼 수 있다.

인지도

고객은 제품에 대해 완벽한 정보를 갖지 못한다. 그러므로 간접적인 정보원과 제품에 대한 선택은 회사의 이미지, 제품 광고, 상표 등으로 특징지워지는 인지된 품질이 매우 중요하게 작용한다. 명성은 인지도에 가장 중요한 정보원이다. 소비자는 무의식적으로 명성에 영향을 받으며 특정 제품을 평가할 때 기준점으로 사용한다. 명성은 흥미 있는 속성을 지닌다. 명성을 쌓는 데는 10년이 소요될 수 있으나 사라지는 데는 몇 달이면 족하다. 이러한 이유로 성공적인 회사들은 매우 조심스럽게 명성을 관리한다.

한 예를 보면, 폭스바겐사는 테네시 공장 자동차가 독일 공장 제품보다 품질이 떨어지고, 닛산사는 테네시 공장 자동차가 일본 공장에서 생산되는 것보다 품질이 더 우수하다. 두 회사는 모두 자동차 제조 공장을 밝히지 않는다. 내부 경쟁(국내 생산 대 해외 생산)이 전반적 명성을 실추시키기 때문이다. 이러한 이유로 오하이오 주 매리스빌(Marysville)에 있는 혼다사나 샌디에이고에 있는 소니사는 그들의 자동차나 컬러 TV가 미국에서 생산된 것임을 알리기 꺼려한다. 우수한 품질의 이미지를 갖고 있는 회사에서 내놓는 신제품은 소비자들이 일단 호감을 갖고 수용하므로 신제품의 도입 비용이 적을 뿐 아니라 시장에서 실패할 확률도 낮다. 1980년대 초 매이텍(Maytag)사는 식기세척기를 새로 내놓았다. 이 회사는 세탁기와 건조기 분야에서 높은 지명도를 갖고 있었으므로, 아직 입증되지 않았지만 제품의 신뢰성을 강점으로 홍보할 수 있었다.

이상과 같은 품질의 8가지 요소 중 규격에 대한 적합성과 신뢰성이 아직도 중요시되고 있다. 그러나 이 두 가지를 제한하는 것보다 다른 요소들도 확대된 전략적 범주 내에 포함되어야 한다. 한 기업이 동시에 8가지 요소를 모두 추구할 수 없다. 설령 경제적인 문제가 해결된다고 하더라도 기술적인 어려움은 여전히 남을 것이다. 일본의 자동차 업체들은 미국 시장에 침투할 때 선택 사양이나 부가적인 특징을 경시한 반면 높은 신뢰성과 규격 적합성을 앞세웠다. 일본 자동차들이 끝마무리가 우수하며 고장률이 낮다는 것은 널리 알려져 있으나, 안전성과 부식성에 약점이 있다는 것은 덜 알려졌다.

위의 8가지 차원은 제품과 마찬가지로 서비스에도 적용되나, 부가적인 차원인 정보는 서비스가 품질을 나타내는 데 중요하다. 소비자에 대해 정보는 두 가지 측면인 이용가능성과 정확성을 갖는다.

정보의 이용가능성은 여러 가지 방법으로 품질에 영향을 준다. 요구한 정보를 보류하는 것도 한 예이다. 점원이나 판매원이 질문에 대답하지 않는다면 고객은 즉시 나쁘게 생각하게 되고 인지도에 부정적 영향을 준다. 점원이 관심을 기울이지 않거나 자기 재량권을 발휘하여 정보를 주지 않는다면 고객은 당황하고 화가 나게 되며 친구들에게 이 사실을 전파할 것이다. 이것은 회사에 측정할 수 없는 손실을 초래한다.

정보의 부분적 보류도 큰 손실을 초래할 수 있다. 주말을 휴양지에서 보내기 위해 예약한 부부가 경치, 오락시설, 훌륭한 식사 등 온갖 좋은 것에 대한 정보만 듣고 예약한 방이 유일하게 남은 방이며 게임룸 옆이라는 사실을 알지 못했다면, 그로 인해 그들 부부가 주말 내내 게임룸에 오가는 사람들의 소음으로 잠을 이루지 못했다면, 화도 나고 사기당한 느낌을 받아 그 휴양지에 두 번 다시 가지 않을 뿐 아니라 친구들이 가는 것도 만류할 것이다. 정보를 보류함으로써 그 방의 주말 예약은 확보했으나 훨씬 큰 미래의 손실을 초래한 것이다. 그 부부에게 모든 정보를 제공했어도 그들은 예약했을 수 있다. 그런 경우는 그 부부가 무엇을 기대하는지 알고 있었기 때문에 부정적 효과를 야기시키지 않고 예약했을 것이다.

정보 보류의 또 다른 형태는 실질적 · 간접적 질문을 무시하고 기계적으로 직접적인 질문에만 대답하는 것이다. 예약된 기차가 취소됐을 때, 여행자가 질문했다. "대전으로 가는 다음 열차는 언제 있습니까?" 응답은 "10분 후입니다" 였다. 열차를 탄 후에야 여행자는 그 열차가 대전까지 가는 데 4시간이나 걸리는 완행임을 알게 되었다. 그러나 여행자가 출발한 후 15분 뒤에 대전까지 1시간 걸리는 고속열차가 지나갔다. 이 경우에 실질적 질문, "대전으로 가는 가장 빠른 열차는 언제 있습니까?" 에 대답해 주었더라면 여행자는 3시간을 절약하고 화도 나지 않았을 것이다. 실제 질문에 응답하지 못함으로써 얼마나 많은 고객을 잃게 되는가? 이러한 것을 법정에서 판결하듯이 판단하는 입장은 '구매자 부주의' 로 귀결되겠지만 충성스런 고객은 얻지 못할 것이다.

비슷한 문제로 소용 없는 정보, 소용 없는 서비스와 제품의 제공이 있다. 소프트웨어 회사에서 정보 및 문제 해결을 해주는 무료전화 번호를 알려주는 경우가 있는데, 어떤 경우에는 전화를 받는 어느 누구도 소프트웨어가 어떻게 작동하는지 모르는 경우가 있다. 8천원짜리 전자기구에 대해 평생 품질보증을 받을 수 있지만, 품질보증을 받으려면 3천원을 들여 우편으로 보내야 하는 경우도 있다. 포장을 뜯지 않으면 무조건 교환해 주는 정책을 펴고 있는 회사는 제품을 시험해 보기 위해 포장을 뜯으면 교환해 주지 않는 경우도 있다. 이러한 경우들은 일종의 속임수에 해당되며 회사의 명성에 큰 위험을 가져올 수 있다.

8가지 차원과 정보의 영향력을 이해하는 것은 관리자가 자신의 영향권 내에서 품질개선 기회를 확인하는 것을 도와주는 틀을 제공한다.

총체적 품질

품질의 형성

품질의 형성은 '당연히 있어야 할 품질'을 설정하고 '당연히 있어야 할 품질'을 실현하는 것이다. 품질의 형성 과정을 기업의 업무 내용과 비교하여 분해해 보면 오른쪽의 표와 같다. 기업은 시장조사의 결과로 고객의 요구를 인지하게 되고 이때 파악된 품질이 고객 요구품질이다. 기업은 고객의 요구품질을 기초로 하고 자사의 중장기 전략을 고려하여 제품을 기획한다. 이때 설정되는 것이 목표품질이다. 목표품질은 설계 과정에서 기업의 자원 능력을 고려하여 설계품질이 결정되면 생산활동 과정에서 공정 능력에 따라 완제품의 품질이 결정되고 검사 과정을 거친 보증품질이 판매 과정을 거친 후 고객이 인지하는 품질이 된다.

'당연히 있어야 할 품질'을 설정하는 것이 품질 형성 과정에서 가장 중요한 과제이며, 고객 만족의 출발점이기도 하다. 제품 기획이 잘못되면 그 단계에서 이미 고객의 만족을 달성하기 어려운 문제가 발생될 수 있으며, 반면에 기획이 좋아도 이것을 실제로 도면화 · 시방화할 기술력이 없으면 품질을 확보하기 어렵게 된다. 도표에서 보는 바와 같이 제품 기획에 앞서서 연구 · 개발과 시장조사가 필요하다. 다시 말해서 기술적 능력과 시장 요구를 기획 단계에서 일치시키는 셈인데, 일반적으로 시장 요구는 막연한 것이 많을 뿐만 아니라 생산자가 시장 요구를 찾아내는 것이기 때문에 제품의 개념 형성이 중요하다. 제품 개념은 카탈로그나 광고 등을 통해서 고객이 기대하는 품질의 이미지를 형성하는 것이다.

〈품질의 형성 과정〉

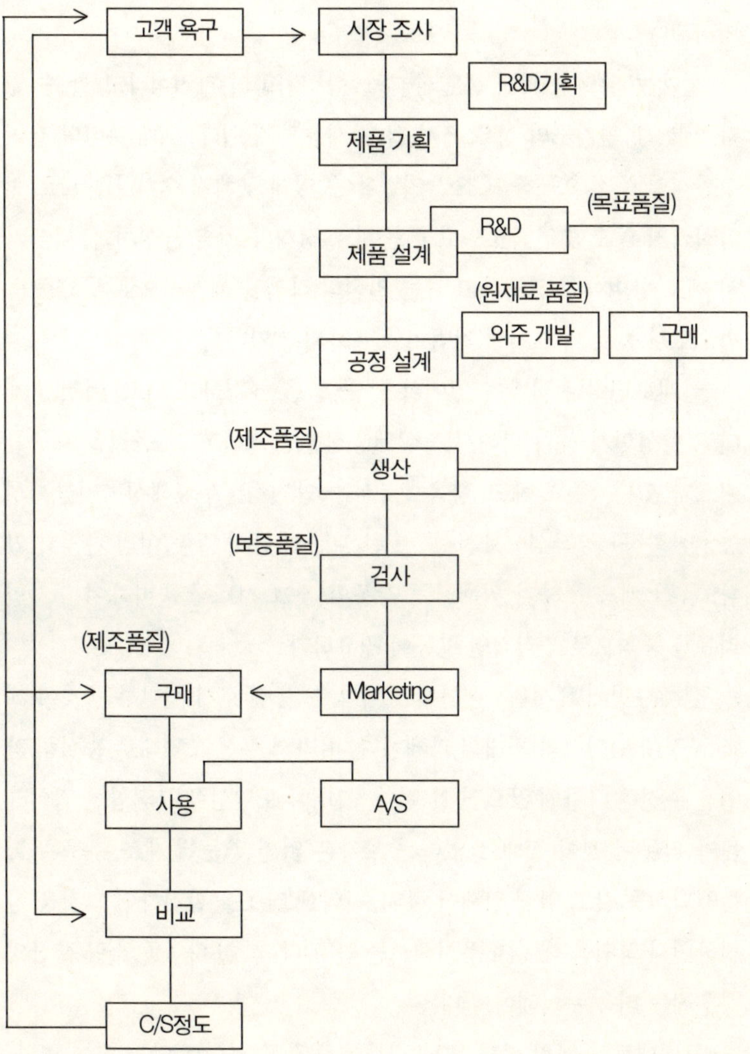
고객 욕구
시장 조사
R&D기획
제품 기획
(목표품질)
R&D
제품 설계
(원재료 품질)
외주 개발
구매
공정 설계
(제조품질)
생산
(보증품질)
검사
(제조품질)
구매
Marketing
사용
A/S
비교
C/S정도

제품 기획이 끝나면, 혹은 이와 병행하여 시작 · 설계가 이루어지며 그 결과는 설계도나 시험 시방 등으로 문서화되어 '있어야 할 품질'이 명시된다.

설계는 일면 기획된 품질의 기술 특성치화의 과정이라고 할 수 있다. 예컨대 필기구의 경우 쓰기 쉽다, 사용하기 쉽다, 오래 쓴다와 같이 추상적인 품질 요구를 제조로 연결할 수 있게 구체적 수치나 재료로 변화시키지 않으면 안 된다. 요구 품질의 정리와 기술 특성치화, 나아가서 제조 방법에의 전개라고 하는 일련의 작업을 체계적으로 행하는 방법으로서 품질 기능 전개 기법이 실용화되고 있다.

설계도면이나 시방이 '있어야 할 품질'을 규정하게 되고, 이것이 제대로 형성되게 하기 위해서는 설계품질을 체크하고 그 품질을 보증할 필요가 있다. 주요 체크 항목으로서는 안전성 · 무공해성 · 기능 · 성능 · 신뢰성 · 공작성 · 보전성 · 운반 보관의 용이성 등 여러 가지가 있다. 품질 체크를 하기 위해서는 각종의 체크 시트를 준비하여 디자인 리뷰를 중심으로 조직적인 활동이 필요하다.

설계도면에 표시된 '당연히 있어야 할 품질'로서 실현하는 것이 제조 공정에 있어서의 최대의 과제이다. 따라서 우선 도면대로 충실히 작업을 추진해 나가지 않으면 안 된다. 그러나 도면상에 부적합한 점이라든가 잘못된 것이 절대로 없다는 보장은 없기 때문에 제조 부문은 늘 문제의식을 갖고 일에 임해야 하며, 만약에 잘못을 발견하면 그것을 정정하면서 작업을 해야지 무시해서는 안 된다. 특히 다품종 소량 생산의 경우에는 더욱 주의해야 한다.

도면대로 충실히 한다 해도 전부를 똑같은 치수로 만들 수는 없다. 따라서 어느 허용 범위내에 품질의 산포를 억제하는 것이 바람직하다.

그러기 위해서는 여러 가지 작업 조건을 바람직한 상태로 유지하도록 관리하지 않으면 안 된다. 작업 조건을 관리하기 위해서는 우선 결과로서의 품질과 여러 가지 작업 조건과의 인과 관계를 파악해 둘 필요가 있다.

제품 품질을 관리 · 개선하기 위해서는 우선 제품을 만들어 내는 공정의 실태를 파악해 둘 필요가 있다. 공정이 관리 상태에 있는지, 제품 품질이 주어진 규격에 만족한 상태인지, 이들 공정이 갖는 제품 품질의 달성 능력이라고도 할 수 있는 공정 능력을 알지 않으면 안 된다. 공정 능력은 공정이 어느 일정 기간 관리 상태에 있을 때 그 공정으로부터 산출된 제품의 품질 특성의 평균치와 표준편차로 나타낸다.

생산 부문은 제품이 품질의 시방에 맞게 만들어지고 있다는 것을 보증하는 역할을 갖고 있다. 그 역할을 충분히 달성하기 위해서는 생산 공정의 관리를 잘 해서 좋은 제품을 만들어내도록 노력하지 않으면 안 된다. 그러나 공정이 안정되어 있어도 공정 능력이 충분하지 못하면 규격 밖으로 나가는 불량품이 발생하게 된다. 또 공정에 작업 미스와 같은 이상의 발생으로 공정이 불안정하면 불량품이 생길 가능성이 높아진다. 이러한 경우, 공정 안에서의 중간 제조품에 대한 검사, 또는 완성품에 대해 제품 검사나 출하 검사를 하여 다음 공정이나 고객에게 불량품이 넘어가는 것을 방지하지 않으면 안 된다.

공장에서 필요한 원재료나 부품의 수입에 있어서도 검사를 하지 않고 생산 공정에 도입하면 수입한 생산 공정에서 문제를 일으키게 된다. 이것을 막기 위해서는 검사에 의해 나쁜 것을 제거하고, 좋은 것만 공정에 투입하도록 보증하지 않으면 안 된다. 물론 이 검사 정보 등을 활용하여 나쁜 물품이 반입되지 않게 원재료 메이커의 체질 개선을 도모하는 것도 중요한 활동이다.

이와 같은 검사에 대해서 공통적으로 말할 수 있는 것은, 검사는 시방서 등에 나타난 요구품질에 만족스럽지 못한 물품이 다음 공정이나 소비자의 손에 넘어가지 않게 하는 품질 보증상의 중요한 역할을 수행한다는 점이다. 불량품이 발생할 우려가 있는 한, 생산 부문의 품질 보증 활동으로서 검사는 중요한 보증 기능의 하나라고 할 수 있다.

그러나 검사가 불량품을 제거하는 역할만을 담당한다면, 그것만으로는 충분한 품질 검사의 기능이 수행되었다고 할 수 없을 것이다. 또 검사 활동만으로는 소비자를 만족시킬 수 있는 품질 제품이 보증될 수 없다. 검사에도 실수가 생길 수 있기 때문이다. 검사에서 양품 · 불량품의 구분은 할 수 있어도 불량품을 양품으로 만들 수는 없다. 또 발생된 불량품이나 불합격 로트는 기업에 경제적인 손해를 끼치게 된다. 따라서 생산 현장에서는 불량품을 만들어내지 않도록, 즉 가급적 검사를 하지 않아도 되는 생산 시스템을 만드는 것이 보다 중요하다. 그러므로 검사의 역할을 종전의 '불량품을 찾아내는 검사'로부터 검사 정보를 물품의 생산에 관계하는 제조나 기술 부문에 제공하여 품질 향상에 자극을 주어 불량품을 만들지 않게, 다시 말해서 '품질을 공정에 만들어 넣는 검사'로의 전환이 요구된다. 검사를 하지 않아도 보증이 되도록 검사 정보가 충분히 활용되도록 하지 않으면 안 된다.

공장에서 제조되었을 때의 품질이 비록 매우 양호한 상태에 있었더라도 실제로 사용하기까지의 과정에서 열화를 가져오는 경우가 가끔 있다. 그 주된 원인은 보관중이나 수송중에 발생된다. 보관이란 본래의 상태를 유지하도록 관리하는 것을 말하며, 보관 업무의 목적은 제품이건 혹은 원재료건 간에 그것들을 필요로 할 때에 즉시 필요한 수량을 공급하는 데 있지만, 물론 이 경우 양호품을 양호품인 채 공급할 수 있지 않으면 안 된다. 제품은 사용됨으로써 가치를 낳는다. 고객은 어떤 목적을 위해 제품을 사는 것이다. 품질의 판매란 안심하고 사용하고 사용해서 기쁨을 누리는 것이 되지 않으면 안 된다.

한편, 수송중의 취급이 나쁘기 때문에 품질 열화를 가져오는 예도 상당히 많다. 특히 화물의 적환시에 문제가 있다. 이것을 방지하려면 첫째, 물품이 상하지 않도록 하는 포장을 해야 한다. 둘째, 좋은 수송 방식 내지는 수송 업자의 선정이다. 클레임 처리도 아프터서비스의 일종이지만 그에 그치지 않고, 매출한 물품이 항상 올바른 '쓰임새'를 발휘할 수 있도록 순회 방문 등을 실시할 필요가 있다.

사용자의 수중에서 역할이 끝난 제품의 처분은 매입한 사람의 책임이니까 뜻대로 하라는 식의 처리가 되어서는 안 된다. 그 조처를 원조하거나 혹은 처리 방법을 판매시에 조언하는 것이 필요하다. 사용중의 '쓰임새' 뿐만 아니라 사용 후의 '쓰임새', 즉 그 기각성에 의해서 사회에 어떠한 영향을 미치는가도 중요한 품질로 생각하지 않으면 안 된다. 이처럼 고객 요구 단계에서 고객이 품질을 인지하는 단계까지 기업의 전 부문이 참여하여 품질을 형성하게 된다.

총체적 품질

지금까지 우리는 품질의 개념을 단계별로 나누어서 보거나, 제품품질과 서비스 품질로 구분해서 보았다. 그러나 ISO 8042의 품질 정의에서와 같이 품질을 고객의 요구를 충족시킬 수 있는 특성의 전체로 이해해야 한다. 고객이 인식하는 상품의 품질은 함부가가치(含附加價值)적 성격을 갖는 물품(hard)과 고부가가치(高附加價值)적 성격을 서비스의 합으로 생각할 수 있다. 크리스토퍼(Voss Christopher)와 오브라이언(Cruise O' Brien)은 이러한 관점을 제품품질과 주변품질로 설명하고 있다. 크리스토퍼는 고객의 가치를 충족시켜 주기 위해 고객에게 평규적인 서비스를 제공해 준다는 데에 만족하지 말고, 고객의 요구를 뛰어넘는 자사만의 독특한 서비스가 있어야 한다고 주장하고 있다. 이것은 품질을 '고객의 기대를 충족시키고도 남는 것(meeting and exceeding customer expectation)'으로 보고 현대적 품질 개념을 반영하는 것이다. 오늘날 고객만족(CS)경영에서도 명시적인 고객 요구의 충족뿐 아니라, 고객이 미처 생각하지 못하고 있는 잠재적 욕구까지 충족시켜 주어야만 진정한 고객만족(customer delight)이 가능하다고 보고 있다. 품질을 경쟁 우위의 확보를 위한 실질적 수단으로 활용하기 위해서는 미시적인 품질의 결정 요소와 거시적인 총체적 품질의 개념을 충분히 이해하는 것이 선행되어야 한다.

이상은 전통적 품질의 개념과는 매우 다르게 소비자 지향적인 입장에서 품질의 개념을 설정하려는 시도 중 하나를 제시했다. 품질의 개념을 이렇게 설정함으로써 전사적인 접근이 매우 자연스러울 뿐만 아니라 실질적으로 이루어질 수 있다고 할 수 있다.

한편 ISO 9000 시리즈에서는 품질을 제품 또는 서비스가 명시 또는 암시된 요구를 충족시킬 수 있는 능력으로서 가지고 있는 특징 또는 특성의 전체라고 정의한다. 이를 위한 활동으로 품질경영과 품질 보증의 상호보완적 품질 시스템 내에서의 유기적 결합을 강조하고 있는데 이를 통해 품질을 단순한 제품의 기능적합도로 보기보다는 좀더 포괄적인 제품 및 서비스의 사회적 욕구 충족도로 보아 이를 기업경영 철학과 사회 · 기업간 신뢰 확보의 수단으로 인식하고 있다. 이와 같은 품질의 정의들은 소비자를 위해 생산된 제품이나 서비스들이 제아무리 훌륭한 물성을 가지고 있다 하더라도 결국 소비자들에게 수용되지 않는다면 아무런 의미가 없다고 하는 점을 반영하고 있는데, 이러한 정의 시도는 오늘날과 같은 상황에서 매우 타당하다고 할 수 있다.

소비자가 원하는 제품이나 서비스를 생산하고 그 질의 평가도 소비자에게 의존하고자 하는 소비자 지향적인 품질을 정의하는 데 있어서는 품질을 좀더 총체적인 입장에서 바라보는 것이 필요하다. 왜냐하면 소비자를 만족시킬 수 있는 품질을 달성하기 위해서는 사람 · 원자재 · 설비 등을 포함한 투입 자원의 질이 높아야 하고 또 그들을 이용하여 재화를 생산하는 과정에서도 최선의 노력을 다해야 하므로, 이러한 면을 고려하여 품질을 정의하는 것이 바람직하다. 다시 말하면 품질은 제품이나 서비스의 품질을 비롯하여 작업품질 · 정보품질 · 공정품질을 포함하고 나아가 작업자 · 기술자 · 관리자 · 경영자를 포함한 사람의 질, 기업품질 · 목표품질 등을 망라한 총체적 품질을 의미하는 것으로 보아야 한다.

우리가 추진하고자 하는 품질경영의 목적은 결국 각 기업이 철저한 소비자 만족을 목표로 하는 최우량 기업으로 나아가는 것이다. 그런데 소비자의 만족은 비단 품질(Q: quality)에 의한 것만은 아니고, 비용(C: cost)이나 납기(D: delivery)도 중요한 요소라는 점을 감안하면, 아주 넓은 의미에서 볼 때 이러한 점들도 총체적 품질에 포함되는 것이 바람직하다. 즉 여기서 제품의 품질(Q)은 ISO 9000 시리즈에서와 같이 "제품 또는 서비스가 명시적 또는 묵시적 요구를 충족시킬 수 있는 능력으로서 가지고 있는 특징 또는 특성의 전체"라고 정의한다면, 자원의 질은 기업의 구성 요소 중 사람이나 재료 · 설비 등의 질을 나타내고, 업무의 질은 기업의 모든 활동에 대한 수준을 나타낸다. 이들 세 가지의 Q를 합하여 '총체적 품질'이라고 정의한다.

제품이 시장에서 경쟁력을 가지려면 앞서 논의한 바와 같이 Q, C, D의 세 요소를 골고루 반영해야 하므로 우리는 제품의 Q, C, D를 포함하여 '광의의 제품의 질'로 정의하며, 자원과 업무의 Q, C, D를 포함시켜서는 '광의의 기업의 질'로 부른다. 소비자가 품질을 평가하게 되는 것은 기업 활동의 결과로 발생되는 산출물인 재화와 서비스이지만, 산출물의 품질을 확보하기 위해서는 투입되는 자원의 질과 산출 과정인 업무의 질이 확보되어야 하기 때문이다. 이와 같이 품질을 광범위하게 정의하는 것은 우리가 추진하고자 하는 품질경영의 목표를 설정하고, 그 추진 전략을 수립하는 데에 있어 어떠한 방향으로 나아가야 할 것인가를 밝히고자 하는 시도이며, 향후 이와 같은 정의에 대한 연구 검토가 이루어져서 품질경영 확산에 이바지할 수 있기를 기대한다.

생산자는 시장조사의 결과로 소비자의 요구를 인지하게 되고 이 때 파악된 품질이 소비자 요구품질이다. 기업은 소비자의 요구품질을 기초로 하고 자사의 중장기 전략을 고려하여 제품을 기획한다. 이 때 설정되는 것이 목표품질이다. 목표품질은 설계 과정에서 기업의 자원 능력을 고려하여 설계품질이 결정되며 생산 활동 과정에서 공정 능력에 따라 완제품의 품질이 결정되고 검사 과정을 거친 보증품질이 판매 과정을 거친 후 소비자가 인지하는 품질이 된다.

품질을 경쟁 무기로 활용하고자 할 때 나타나는 가장 일반적인 실수는 소비자가 중요시하지 않는 품질 요소를 강조하는 것이다. 가정용 전화기가 정부의 규제에서 풀렸을 때 AT&T를 비롯한 많은 기업들이 다양한 기능을 가진 고가품을 우수한 품질로 인식할 것이라고 예상하였으나, 내구성과 신뢰성을 갖춘 사용하기 쉬운 품목들이 높은 시장 점유율을 차지하였다고 한다.

외부 환경이 이미 변했음에도 불구하고 오래전의 품질 척도에 집착하는 것도 큰 잘못이다. 어떤 전화기 회사는 제품의 품질을 다이얼 작동 후 통화가 연결되거나 또한 교환원이 나오는 시간이라고 평가한 결과 통화 연결의 신속성이라는 면에서는 앞설 수 있었으나, 소비자들은 통화 연결 시간보다는 송수신음의 명료성과 전화의 혼선에 관심이 더 있다는 것을 나중에 알게 되었다고 한다. 생산 전략에서는 경쟁자 중 하나가 되기 위한 '자격 기준(qualifying criteria)'과 경쟁 우위의 확보를 위해 사용할 수 있는 '주문 획득 기준(order winning criteria)'의 이해를 중시하고 있으며, 이러한 기준들이 시대나 환경에 따라 변하는 것에 주목하라고 충고하고 있다. 품질의 전략적 활용을 위해서도 품질 요소 중 자격 기준이 되는 것과 주문 획득 기준이 되는 것을 정확히 파악해야 한다. 요즈음 우리나라에서 '깨끗한 물'을 주문 획득 기준으로 활용하여 성공하고 있는 한 맥주 회사의 예는 좋은 본보기가 될 것이다.

우리가 사용하는 품질 척도에 문제가 있으면 품질의 실태를 제대로 파악할 수 없다. 싱가포르항공사(SIA)는 뛰어난 서비스로 명성을 얻고 있었는데 1980년대 초반에 시장점유율이 하락하고 있는 것을 발견하였다. 고객의 불만 편지가 줄어드는 데에도 불구하고 시장점유율이 낮아지고 있는 원인을 조사해 본 결과, SIA의 주요 고객은 주로 아시아인들이었는데 이들은 문화적인 차이 때문에 서양 사람들에 비해 불만이 있어도 좀처럼 서면으로 알려주지 않았기 때문이라고 한다.

우리가 깊이 인식해야 할 분명한 사실은 품질이란 불만 처리나 제품 책임(PL)에서와 같이 피해를 방지하기 위해 필요한 그 어떤 것이 아니라, 고객의 요구를 충족시키고 진정한 고객만족을 실현하기 위한 필수조건이라는 점이다. 품질의 구성 요소와 총체적 품질 개념을 이해하고, 이를 자격 기준과 주문획득 기준으로 잘 파악하기만 하면 품질은 얼마든지 경쟁의 기회가 될 수 있는 것이다.

경영품질

2005년 10월 미국 국방성은 "미국 역사상 가장 큰 400억 달러 국방사업에서 록히드마틴사가 보잉사를 이겼다"고 발표했다. 펜타곤은 보잉사의 제트기 디자인을 놓고 "입을 벌리고 날아다니는 개구리 같다"고 비꼬았다. 이에 발끈한 보잉사는 즉각 반응했다. "우리는 전투기를 만드는 회사이지 고등학생 졸업 파티에 참석하는 데 필요한 비행기를 만드는 곳이 아니다." 실로 대단한 자존심이 아닐 수 없다. 고객이 무엇을 원하든 보잉은 자신들의 철학에 근거해서 경영한다는 주장이다. 그러나 자존심을 내세운 보잉사는 결국 3만 명의 직원을 해고해야만 했다. 고객의 입맛을 무시한 데 대한 쓰라린 대가였다.

조직의 목표는 경쟁 우위를 선점하는 것이다. 경쟁 우위를 결정하는 주체는 고객과 시장이며 그들의 요구는 끊임없이 변한다. 그래서 경영자들은 고객과 시장의 요구에 대응하는 것을 최우선 과제로 삼고 있다. 생산 능력이 중요했던 시절에는 생산성이 경영의 화두였다. 제품의 품질이 중요한 시기에는 품질관리나 품질 보증으로 대응했다. 서비스 품질에는 고객만족경영, 안전에는 안전경영, 기술 개발에는 기술경영, 프로세스 혁신에는 리엔지니어링, 그리고 디자인 경쟁력에는 창조경영이나 지식경영이 적용됐다. 다양한 고객과 시장의 요구가 수많은 경영혁신 개념을 탄생시키고 있는 셈이다. 현대 경영과 리더십이 '선택'과 '집중'의 논리에 발목을 잡히게 된 배경이다. 한 가지 경영 혁신으로 대응하기에는 한계를 느낄 수밖에 없는 시대가 됐기 때문이다.

개별적인 기능 요소가 조직의 경쟁력에 차지하는 비중에 근거하여 어떤 분야가 강하고 어떤 분야가 취약한지를 분석한 후 핵심 부문의 혁신을 위해 도구 적용을 집중시키는 게 중요하다는 말이다. 월드클래스 조직들은 이미 경영품질 모델을 선택의 수단으로 활용하고 있으며 그러한 모델을 기반으로 선택과 집중의 최적 밸런스에 대한 조율을 추구하고 있다는 사실에 주목해야 한다. 이번 월드컵에서 강한 팀들은 볼 점유율이나 슈팅 수보다는 슛 성공률에 초점을 맞춘 축구를 한다는 사실과 맥락을 같이한다.

약 2,000명의 경영 혁신 전문가들이 참가한 2005년 미국품질대회(AQC)는 바로 경영 혁신에 대해 '선택과 집중'을 강조한 대회였다. 선택에 강한 조직을 만들기 위해서 경영품질(management quality) 모델이 강조된 반면 집중에 대해서는 6시그마가 중심축을 이루며 적용되고 있다. 주목할 만한 것은 병원장, 대학교 총장이나 교장, 지자체 공무원들과 같은 공공 부문의 리더들이 대거 참석해 사례 발표를 할 정도로 미국의 경영품질 모델은 이미 범사회적으로 확산됐다는 사실이다.

우리나라에서 요즘 유행하는 경영 혁신은 단연 6시그마이다. 대기업들은 대대적으로 6시그마를 도입하고 있으며 많은 협력사들도 이에 동참하고 있다. 비용도 만만치 않아서 대기업의 경우 연간 수십억 원의 컨설팅 및 교육 비용을 투자하기도 한다. 이것은 국가의 품질 경쟁력을 높일 수 있는 계기이므로 바람직한 일임에 틀림없다. 하지만 간과해서는 안 될 일은 바로 6시그마의 개념들이 부분적인 문제 해결이나 개선 수단으로서 각광받고 있다는 사실이다. 즉 선택과 집중에서 집중의 능력을 배양하는 수단으로 쓰이고 있다는 것이다. 우리는 현장 개선 능력에 관한 한 세계적인 노하우를 자랑하는 일본 기업들이 뒤늦게 미국의 경영품질 모델을 열심히 배우고 있다는 사실을 기억해야 한다. 경영 혁신도 선택 능력과 집중 능력 간의 밸런스가 필요하다는 것을 깨닫게 된 것이다.

우리나라의 경영 혁신은 선택 능력에 집중 능력이 강하다. 목표가 주어지면 기어코 해내는 강인한 근성이 크게 작용하기 때문이다. 하지만 우리는 부분 최적화에 너무 많은 땀을 흘리는 것을 경계해야 한다. 데밍 박사는 생전에 산업계 지도자들에게 "조직 전체를 하나의 시스템으로 봐야 한다. 시스템 요소는 경쟁적인 수단에 의해서가 아니라 전체 시스템에 대한 기여로 측정된다"고 말했다. 부분이 아니라 전체를 보는 안목이 경쟁력의 근원이라는 얘기다. "단위 부품의 품질이나 생산성은 이제 해볼 만하다. 외국 기업들도 인정한다. 그런데도 경영 시스템이 취약해 경쟁 환경은 늘 우리에게 불리하게 작동한다." 유럽 회사와 합병한 국내 전자회사의 간부 사원의 고백이다. 이제 우리도 경영 시스템의 경쟁력을 높이는 데 눈길을 돌려야 한다. 경영품질로 경쟁해야 할 시기가 다가온 것이다.

품질경영과 경영품질은 같은 것인가, 다른 것인가.

이에 대한 답을 단어적 관점에서 이분법적으로 나눠 생각하기는 어렵지만, 경영품질은 품질경영의 발전에서 생긴 말로 그 배경은 다음과 같다. 먼저 아무리 좋은 용어라도 너무 오래 사용하면 신선감이 떨어진다. 즉 품질이 매우 중요할지라도 품질경영이라는 말을 10년 넘게 사용해 왔기 때문에 새로운 관심을 불러일으키기에는 한계가 있다. 또한 고객의 개념이 이해 관계자로 확장되면서, 내부 고객과 외부 고객이라는 전통적 품질 개념이 주주, 협력업체, 유통업체, 지역사회로 확대된 것도 그 배경이라 하겠다.

특히 품질의 초점이 '운영 효율성 제고'에서 '고객 가치 혁신'으로 옮겨가면서 생산자들이 '고객을 위한 새로운 가치 창조'의 도구로 인식하고 있음을 반영한 것이다. 이처럼 경영품질이란 품질경영의 일반적 추세를 반영한 것으로 '지속가능한 성장'을 위한 불가피한 변화로 정의된다. 그렇다면 경영품질은 어떻게 측정할 수 있을까. 품질의 오래

된 금언 중 하나는 "측정할 수 없는 것은 관리할 수 없다"는 것이다. 이에 대해 미국의 말콤볼드리지 품질상은 오늘날 경영품질을 측정하는 도구로 기업의 지속성장 가능을 예측하는 기준이 되고 있다. 실제로 미국 말콤볼드리지 품질상을 받은 기업들의 장기적 주가 상승률이 S&P 500대 기업의 상승률보다 3~4배 높다는 것은 경영품질에 대한 측정이 현실적인 성장으로 작용하고 있음을 증명하고 있다. 솔랙트론의 니시무라 사장은 "말콤볼드리지 기준은 질 높은 회사를 구축하기 위한 길잡이가 됐다"며 "말콤볼드리지 기준을 받아들였기 때문에 엄청난 가속도로 발전할 수 있었다"고 말했다.

결국 경영품질이란 "지속가능한 성장을 위해 이해 관계자들의 만족을 높여 가되 그 균형을 유지하는 것"으로 정의할 수 있다. 오늘날 선진기업들이 화두로 삼고 있는 '지속가능한 성장'을 위해서는 '경영품질'을 진지하게 고민해야 할 시기가 된 것이다.

4. 품질경영

품질경영

품질경영을 하는 목적은 한국이 처한 대내외적인 어려운 기업 환경을 극복하고 산업의 선진화를 통하여 선진국으로 도약하기 위한 것이다. 이와 같은 목적을 달성하기 위해 구체적으로 실행하여야 할 것은 고객지향적인 경영 혁신 풍토를 조성하고 최고 경영자를 비롯한 기업 구성원의 의식을 개혁하여 고도산업 역군으로서의 인간의 자질을 개발하는 동시에 신바람나게 일하는 분위기를 형성하는 것이다. 또 한편으로는 끊임없는 기술 혁신과 품질 개선 활동을 위주로 한 품질제일주의의 체제를 구축함으로써 산업의 경쟁력을 제고시키는 것이다.

최근에 시도되고 있는 전사종합품질경영(Total Quality Management: TQM)이 그동안 추진되었던 일본식의 전사종합품질관리(Total Quality Control: TQC)를 부정하고 전혀 새로운 각도에서 시작되는 것은 결코 아니다. 왜냐하면 그동안 전사종합품질관리의 성과가 기대한 만큼 되지 못하였던 것은 전사종합품질관리 제도의 문제라기보다는 전사종합품질관리를 정확하게 이해하지 못하고 추진하였던 데 그 원인이 있기 때문에 오히려 기존의 전사종합품질관리를 개선·확대하여 실행하는 것이 바람직하다.

이와 같은 이유에서 필자는 한국의 품질경영 활동을 하는 과정에 구미의 전사종합품질경영의 제도를 응용하고자 한다. 왜냐하면 구미에서의 전사종합품질경영은 ISO 9000 시리즈를 근간으로 한 품질경영을 확대·발전시킨 것이기 때문이기도 하지만, 더욱 중요한 것은 일본의 전사종합품질관리 제도를 철저히 연구하여 그들 나름대로의 적합한 방식으로 발전시킨 것이기 때문이다. 잘 알려진 바와 같이 구미는 한국이나 일본보다는 이론화 작업이 충실하기 때문에 그들이 추진하고자 하는 전사종합품질경영은 일본의 전사종합품질관리를 그들의 풍토에 알맞도록 장점을 가려 뽑아 새로운 제도를 탄생시킬 수 있었던 것이다. 따라서 우리는 구미의 전사종합품질경영으로부터 우리가 간과하였던 전사종합품질관리의 본질을 재조명하여 그간 실행해 온 품질관리 제도를 더욱 발전시키는 것이 바람직하다.

구미의 전사종합품질경과 함께 전략경영 방식도 아울러 연구하고자 한다. 왜냐하면 일본식 전사종합품질관리의 요체는 기업 하부구조를 중시하여 기업의 체질 개선에 집중하는 것인데 기업의 체질 개선은 비교적 장기간에 걸쳐 이루어지는 것이므로, 당장의 열악한 기업 환경을 극복하기 위해서는 체질 개선과 아울러 생존하기 위한 전략을 계획하고 추진하는 것도 중요하기 때문이다. 즉 날로 치열해지고 있는 국제경쟁에서 우리의 비교우위 요소를 무엇으로 할 것인가를 냉철히 선택하여 당장 나아갈 길을 제시하는 것도 중요한 이슈이기 때문이다. 이러한 이유로 이 장의 전 부분에서 품질을 철저히 고객 지향적이면서 동시에 총체적인 입장에서 정의하고자 한 것이다.

ISO 9000에서는 품질경영을 다음과 같이 정의하고 있다.

품질경영이란 품질 방침을 결정하고, 적용하는 전반적인 경영 기능의 측면이다.

위와 같은 정의에 의해 가장 우선적으로 규명해야 할 문제가 있다면 'management'가 지니는 의미를 명확히 해두는 것이라고 하겠다. 일반적으로 'management'는 '관리'와 '경영'이라는 번역어를 채택하고 있으나 'administration'과 혼돈되어 영어를 사용하고 있는 나라에서도 상당 기간 동안 어려움이 많았다. 그러나 최근에 이르러 이 두 개념은 어느 정도 혼돈을 면할 수 있을 정도로 차별화가 되어 있다. 그렇지만 한국어로 번역할 경우에는 '관리'와 '경영'의 차별화는 전혀 이루어지지 않고 있어 큰 혼란을 야기하고 있는 것이다.

한국은 품질 문제 영역에서 이미 'quality control'을 일본에서 번역한 말 그대로 품질관리라고 쓴 바 있다. 따라서 'quality management'를 품질경영으로 번역하지 않을 수 없는 상황이 되어버린 것이다. 일본의 경우 1950년대 산업 부흥을 위해 온갖 노력을 경주하고 있을 때 일본 과학자와 기술자연맹(JUSE: Japanese Union of Scientists and Engineers)에서 이를 위한 위원회가 구성되었다. 일본 과학자와 기술자연맹의 품질위원회는 8명의 교수로 구성되었는데 최초의 리더는 미즈노 시게루[水野滋] 교수였다. 이 분야 최고 권위자로 존경받았던 이시가와교수는 위원회가 조직된 지 6개월 후에 참가하였다.

이 위원회의 첫 번째 사업은 구미로부터 좋은 품질을 확보할 수 있는 이론이나 기업의 사례를 배우는 것이었다. 이를 위해서 최초로 초빙한 인물이 바로 데밍이었으며 그로부터 통계학을 응용하는 이른바 통계적 품질통제(statistical quality control: SQC)를 배우게 된 것이다. 이 이론을 기업의 현장에 보급하기 위해 최초로 발간한 책이 바로 『공장과 품질통제(*Factory and Quality Control*)』였다. 이 때 'quality control'을 품질관리로 번역하게 되었다. 한국은 1970년대 초에 산업 운동으로서 품질관리 운동을 추진하면서 일본의 번역어를 아무런 비판 없이 그대로 도입하여 'quality control'을 '품질관리'로 사용하게 된 것이다. 일반적으로 'management'란 매우 정의하기 어려운 개념임에는 틀림없지만 학자들의 정의를 정리해 본다면 두 가지로 요약할 수가 있다.

첫째로, 이를 조직 또는 조직 계층의 개념으로 정의하는 흐름이 있다.

둘째로, 인간의 행위 개념으로 정의하는 흐름이 있다. 예를 들면 기업의 중역들이 포함되어 있는 조직 계층을 최고 경영자(top management), 기업 조직에서 부장과 과장이 포함되어 있는 조직 계층을 중간 관리자(middle management)라고 하는데, 이때의 'management'는 바로 조직 또는 조직 계층의 개념인 것이다.

반면 보다 일반적인 경우는 'management'를 인간의 행위 개념으로 이해하려는 것이다. 그렇다면 행위의 내용이 무엇인가 하는 것이 관심사이다. 이와 같은 행위의 내용을 관리 기능(management function)이라고 한다. 이 경우에도 학자에 따라서 매우 다양하게 분류하고 있지만 가장 간단하게 분류하는 방법은 계획(planning), 통제(control), 그리고 조직(organizing)의 세 가지의 기능으로 나누고 있어 이를 3분법이라고 칭하기도 한다. 특히 계획과 통제의 관계는 계획된 것이 그대로 이뤄지도록 하는 기능이 없다면 전혀 계획화된 기능이 실현될 수 없는 관계를 지니고 있다고 할 수가 있다. 그러므로 본래 'quality control'은 품질통제로, 'quality management'는 품질관리로 번역했어야만 옳았다고 할 수 있다. 이에 따라 전자는 원본 또는 표준과 똑같은 균일성을 확보하는 것이 과제라고 하면 후자는 균일성의 확보뿐만 아니라 개선과 향상의 문제까지를 포함하고 있다고 할 수 있다.

일본의 경우도 이와 같은 혼돈을 피하기 위해 'quality control'을 '좁은 의미의 품질관리', 'quality management'를 '넓은 의미의 품질관리'로 구분하고 있다. 이론적으로 품질통제와 품질관리는 분명히 다른 개념이다. 그렇다고 하여 품질통제가 품질경영과 같은 것은 결코 아니다. 품질경영은 품질통제를 포함하는 더 광범위한 포괄적인 개념이라고 보아야 할 것이다. 즉 ISO 9000에서와 같이 '전반적인 관리 기능(overall management function)' 임에 유의하여야만 할 것이다. 한국의 기업들은 일본으로부터 품질 프로그램을 무비판적으로 받아들임으로써 오류조차도 그대로 받아들이게 된 것이다. 'quality management'는 구체적으로 최고 경영자의 품질 방침을 비롯하여 고객을 만족시키는 모든 활동 즉 'quality planning', 'quality control', 'quality assurance', 그리고 'quality improvement'와 같은 활동을 포함한다고 할 수 있을 것이다.

반면 ISO 8402에 의하면 역시 'quality control'이란 "품질에 대한 요건을 충족시키는 데에 사용되는 기법과 활동"으로 규정하고 있다. 그리고 'quality assurance'에 관해서도 "제품 또는 서비스가 주어진 품질 요건을 충족시킬 것이라는 신뢰감을 주기 위해 품질 시스템 내에서 수행되는 모든 계획적이고 체계적인 활동"으로 정의하고 있다. 이와 관련하여 또 다른 큰 혼돈은 전사종합품질경과 전사종합품질관리에 의해 야기되고 있다. 역시 ISO 8402에 의하면 "품질에 중점을 두고, 전원 참여에 의해 고객만족과 조직 구성원 및 사회에 대한 이익 창출로 장기적 성공에 목표를 두는 조직 전체의 경영적 접근"이라고 정의하고 있다.

그러므로 전사종합품질경영은 품질경영을 하기 위한 전사적 접근 체계라고 할 수 있을 것이며, 전사종합품질관리는 역시 품질관리를 하기 위한 전사적 접근 체계라고 할 수 있을 것이다.

우리가 수행해 온 전사종합품질관리는 이상에서와 같은 'QC'의 개념 설정에서부터 커다란 오류가 포함되어 진행되어 왔으므로, 방법론상의 편협성을 면치 못했던 것이다. 그러므로 그동안의 우리의 시도가 실질적으로 TQC=TQM이었다고 하더라도 방법론상의 차이점은 매우 크다고 보아야만 할 것이다. 즉, 전사종합품질관리 체계하에서는 실질적으로 통계학적인 것이 주된 방법론이었다면, 종합품질경영 체계하에서는 통계학적인 것은 물론, 조직적이며 관리론적인 방법론이 주된 것이 될 것이다. 이러한 면들을 모두 고려해 볼 때 우리가 추진하고자 하는 품질경영은 다음과 같이 정의할 수 있다.

품질경영이란 "최고 경영자의 리더십과 시스템을 기반으로 고객만족, 지속적인 개선, 전원 참가를 추구하여 조직의 성과를 극대화시키는 경영 체계"이다. 품질경영은 특정한 형태의 경영 방식이나 제도이기에 앞서 경영 활동을 해나가는 데 있어서 기본이 되는 정신이며 업무를 수행해 나가는 사고방식이다. 구체적인 제도나 기법은 이러한 철학과 사고를 보다 효과적으로 달성해 나가기 위한 수단으로 택해진 일련의 대안들일 뿐이다. 과거 일본의 전사종합품질관리를 도입 추진하는 과정에서 많이 보여주었듯이 기본적인 정신이나 사고방식은 소홀히하고 지엽적인 제도나 기법에 매달려서는 품질경영의 진정한 효과를 얻기가 어렵다. 따라서 품질경영은 단순히 제도나 기법을 도입하고 적용하는 방식이 아니라 전 임직원의 가치와 신념의 변화를 전제로 하고 이를 통해 업무를 수행하는 태도와 행동을 변화시켜 나가는 기업 문화의 창달인 것이다.

품질경영의 구성 요소

현재 우리에게 주어진 내외 여건을 고려할 때 우리 기업에게 시급한 것은 우선 공존공영의 경영 철학과 근면 · 성실의 근로 윤리를 확립하고 이러한 기반 위에 전 임직원이 뜻을 합하여 기업의 경쟁력을 배양하는 경영 풍토를 조성해 나가는 일일 것이다. 이러한 풍토의 조성은 최고 경영자(기업가)가 물질적 소유의 확대보다는 일의 성취를 통한 보람을 중시하는 기업가 정신으로 재무장하고 진실한 경영 이념과 경영 철학을 재정립하여 품질경영의 제반 활동과 과정에 직접 참여하여 솔선수범하는 리더십을 발휘함으로써 이루어질 수 있는 것이다. 다음으로 시급한 것은 적극적인 인재 육성과 기술 개발을 통해 기업의 힘인 자원 능력 자체를 끊임없이 강화시켜 선진 기업 수준으로 끌어올리는 한편 이를 잘 활용하기 위한 적합한 경영 제도 및 관습을 찾아내고 개발해 나가야 할 것이다.

품질경영은 이미 완성된 경영 이론이나 경영 방식이라기보다는 업계 · 정부 · 학계가 힘을 합하여 개발하고 발전시켜 나가야 할 한국적 경영 방식이라고 볼 수 있다. 따라서 이 책에서는 우리나라의 품질경영이 현시점에서 한국적 경영 방식으로서 갖추어야 할 구성 요소와 기본 개념을 제시한다.

품질경영의 구성 요소

품질경영과 관련된 여러 제도나 기법의 채택 범위는 기업에 따라 다르고 동일 기업 내에서도 발전 단계에 따라 변화해 가는 것이다. 따라서 이들의 선정 및 도입 · 소화 · 정착 · 발전은 각 기업의 능력과 노력에 절대적으로 달려 있다. 경영과 관리는 자연 현상과 법칙을 상대로 하는 기술과는 달리 끊임없이 변화하는 인간을 주대상으로 하기 때문에 모든 기업에 똑같이 적용되어 동일한 결과를 가져올 수 있는 표준화된 방법이 존재하지 않는다. 다른 국가와 다른 기업의 사례를 참고할 수는 있어도 그대로 적용할 수는 없다. 따라서 각 기업은 품질경영을 향한 주체적인 노력이 품질경영 성공의 필수요소이자 책임임을 명심하여야 할 것이다.

품질경영의 구성 요소로는 경영 철학과 경영 풍토, 기본 사고방식, 제도와 기법의 3가지가 있다.

① 품질경영을 해나가기 위해서 기업가와 경영자, 종업원이 지녀야 할 기본적인 사상과 분위기에 해당하는 경영 철학과 경영 풍토.
② 제반 업무를 수행해 나가는 데 있어서 지침이 되는 기본 사고방식.
③ 구체적으로 업무를 수행해 나가는 절차와 방법에 해당하는 제도나 기법.

이 밖에도 경쟁력의 원천이며 기업의 실력에 해당한다고 볼 수 있는 인재, 기술, 기타 보유 자원 등과 같은 자원 능력(=기업의 자원이 지니는 총체적인 힘)의 강화 활동이 병행되어야 할 것이다.

경영 철학과 경영 풍토는 기업의 전 구성원이 지니는 사회와 기업의 관계, 기업과 경영의 본질, 직업과 일에 대한 인식, 노사간의 역할과 관계를 바라보는 가치나 신념의 종합체로서 경영의 가장 밑바탕이 되는 정신적 토대이다. 품질경영의 기본 사고방식이란 앞에서 언급된 경영 철학과 경영 풍토를 근간으로 하여 기업 또는 개개인이 일을 수행해 나가는 방식과 일에 임하는 마음가짐 및 태도에 대한 기본 지침 또는 원칙에 해당한다.

일반적으로 기업 문화란 "그 구성원 사이에 공유된 가치와 신념 및 행동의 체계"라고 정의하므로 우리는 앞의 두 요소를 합해 품질경영의 기업 문화라고 부른다. 또한 경쟁력이란 그 기업이 보유하고 있는 기술력이나 관리 능력(또는 관리 기술)에 좌우된다. 경영 철학과 경영풍토가 기업이란 집의 기초와 토대라면 품질경영의 기본 사고방식은 기업을 떠받치고 있는 기둥에 해당한다. 아무리 굵고 튼튼한 기둥이라도 토대가 약하면 제대로 역할을 하지 못하게 된다. 또 이러한 기둥의 육성은 건전한 기업 문화의 영향을 결정적으로 받는다. 이들이 원천적으로 부족한 우리의 입장에서는 기술과 관리 능력을 높이는 것은 경쟁력 강화를 위해서 필수적이다. 또 이를 위해서는 이것들을 소유하고 개발하는 주체인 인재의 육성과 활용에 각별한 관심을 가져야 한다. 따라서 기술과 인재 등 자원 능력의 강화는 품질경영의 핵심적 과제이다.

품질경영에 속하는 제도나 기법은 주어진 자원을 활용하여 효과적으로 업무를 수행해 나가기 위한 구조 · 절차 · 방법 등에 해당한다. 따라서 이것들은 품질경영의 본질적인 것이기보다는 수단에 해당하는 것이며 기업에 따라서 선택 · 가감 · 개량의 여지가 있는 것이다. 경영 이론이나 실무적 관행의 발전에 따라서 이것들도 변화해 가며 또 기업 스스로 개발할 수도 있다. 또 한편으로는 강한 기업 문화의 창달이나 자원의 육성도 이를 실행하기 위한 구체적인 제도나 방법에 크게 의존하므로 이들의 중요성을 간과해서는 안 된다.

품질경영의 경영 철학

품질경영은 최고 경영자가 명백한 경영 이념이나 경영 철학을 가지고 추진될 때 효과적으로 경쟁 우위를 달성할 수 있게 된다. 경영 철학은 기업가나 최고 경영자가 기업을 경영해 나가는 데 있어서 진정으로 추구하는 가치와 신념을 대변한다. 이것은 종업원들이 피부로 느낄 수 있을 정도로 명시적으로 표명되고 실행되어야 한다. 여러 기업들의 사례에서 경영 활동의 방향에 별로 영향을 미치지 못하거나 종업원들이 거의 공감하지 않는 이념이나 철학은 장식에 불과하다. 따라서 품질경영을 효과적으로 추진함으로써 기대되는 성과를 얻기 위해서는 경영 이념이나 철학의 재정립이 전제되거나 병행되어야 한다.

기업의 이익이나 가치의 극대화를 궁극적인 목적으로 하여 종업원이나 소비자를 수단으로서 인식하는 주주 중심의 사고로부터 사회의 한 구성원으로서의 고객에 대한 봉사를 중심으로 하는 사회적 기능을 강화하고, 주주뿐만 아니라 가치 창출의 실질적인 주체인 종업원의 이익과 발전도 동시에 중시하는 사고로의 전환을 의미한다. 품질경영이 추구하는 경영 철학의 내용은 다음과 같다.

① 고객 중시/고객만족
② 종업원의 인간성 존중
③ 사회에의 공헌
④ 품질 제일주의

고객 중시/고객만족

고객에 대한 기업의 봉사란 합리적인 가격에 고객이 원하는 좋은 품질의 제품이나 서비스를 제공하는 것을 기본으로 한다. 합리적인 가격이나 좋은 품질이란 경쟁자와의 상대적 관계에서 파악되어야 한다. 경쟁자보다 더욱 효과적으로 고객을 만족시킴으로써 기업은 고객에게 사랑받을 수 있으며 번영할 수 있다. 고객을 수단으로 생각하거나 조작의 대상으로 삼아서는 일시적 성과를 달성할 수 있을지 모르나 장기적으로 고객을 만족시키기는 어렵다.

진심에서 우러나는 관심을 가지고 고객의 욕구를 파악하고 봉사해야 고객만족을 효과적으로 이끌어낼 수 있는 것이다. 모든 제품과 서비스는 고객만족을 위해 만들어지고 제공되어야 한다는 생각을 최고 경영자에서부터 현장 종업원까지 모두 실천해야 하며, 이 목적을 달성하기에 적절한 품질 시스템을 유지해야 한다.

종업원의 인간성 존중

전세계에 걸쳐서 전개되는 지구적 규모의 격심한 경쟁 속에서 경쟁자보다 더 우수한 품질의 향상과 생산성의 향상을 지속적으로 이룩하여 성공의 가능성을 높이기 위해서는 기업은 혼신의 힘을 발휘해야 한다. 혼신의 힘을 발휘한다는 것은 기업의 전 구성원이 에너지를 최대로 끌어내어 힘을 합하는 것이다. 종업원들은 그들의 인간성이 존중되고 있다는 것을 느끼고 일에 대한 진정한 가치를 느낄 때 그들의 능력을 최대한도로 발휘한다. 종업원의 자발적 협조와 참여의 기반 위에 노사가 공동의 목표를 향해 노력하는 분위기를 만들기 위해서는 종업원을 수단으로서가 아니라 목적으로 대해야 한다.

또 종업원들이 피고용자 의식에서 벗어나 주인의식을 갖도록 유도해야 한다. 인간은 주인의식을 가질 때 의욕이 생기며 능동적이 된다. 실질적으로 오늘날과 같이 기업 규모가 커지고 주식 분산이 많이 진척되는 기업 환경에서는 종업원은 주주와 함께 기업의 실질적인 주인으로서의 역할과 책임을 담당해 가는 것이 전반적인 추세이다.

종업원에 대한 인간성의 존중과 공정한 성과 분배는 소비자 존중과 함께 품질경영의 가장 중요한 기본 철학이다. 인간성의 존중이란 단순히 인격적으로 존중하거나 그들의 이익을 중시하는 정도에 그치는 것이 아니라 인간이 지니고 있는 무한한 잠재력을 개발하고 그들로 하여금 성취하고 발전할 수 있는 기회를 마련해 줌으로써 삶에 긍지를 갖고 일에 보람을 느끼며 나아가서는 즐거운 직장이 되도록 하는 것을 포함한다.

사회에의 공헌

고객에 대한 봉사는 기업의 가장 중요한 사회적 책임이자 기능이지만 그 밖에도 기업은 사회적 책임과 공헌을 해야 한다. 첫째로 기업은 기업이 속해 있는 환경을 보존하여야 하며 이를 위해서는 공해 방지에 최대한의 노력을 기울여야 한다. 오늘날의 사회는 발전의 대가로 인한 환경 파괴를 더 이상 용납하지 않는다. 제품을 생산하고 판매함으로써 기업 활동이 끝나는 것이 아니라 판매된 제품의 사용과 폐기에 대한 책임을 포함하여 점점 제품에 대한 무한 책임이 요구되고 있다. 종업원과 고객이 사는 지역사회의 안전을 중시하는 것은 기업의 또 하나의 사회적 책임이다.

끝으로 기업은 기업이 속해 있는 지역사회나 국가에 대한 공헌도 고려해야 한다. 고용의 창출이나 세금 납부 등이 지역사회에 대한 기본적인 공헌이라 할 수 있지만 이외에도 지역 내에서 자기의 위치와 능력에 맞는 적절한 봉사 활동을 전개할 수 있을 것이다.

품질 제일주의

기업이 경쟁을 하기 위한 무기로서 택할 수 있는 품질 · 가격 · 납기 · 유연성 · 서비스 등과 같은 여러 요소 중 품질 우위의 확보를 가장 중요한 무기로 택하는 것이 품질 제일주의이다. 품질 제일주의는 기업이 선택할 수 있는 경쟁 전략의 한 유형이라고 볼 수 있다. 가격이나 납기는 고객의 구매 결정에 순간적인 영향을 미치지만 품질은 고객이 제품을 사용하면서 계속 평가하기 때문에 소비자 만족과 재구매시의 의사결정에 직접적인 영향을 미치는 가장 큰 요인이다. 따라서 오늘날에는 여러 경쟁 요소 중 품질이 가장 중요한 요소로 인식되고 있다.

경쟁 전략은 환경과 여건에 따라 변한다. 품질 제일주의는 경영 철학보다는 격이 낮은 개념이다. 고객만족이 더 이상 고객을 유인하기 위한 수단적 차원에 머물지 않고 경영의 목적 그 자체가 되듯이 품질 중시도 경영 전략에서 경영 철학의 차원으로 격상되어야 한다. 세계 시장에서 볼 때, 우리나라 제품들의 평균적 위치는 최근에 일부 제품의 약진이 있지만 중간 수준의 가격에 중간 수준의 품질이라고 볼 수 있다. 최고 품질의 제품은 가격에 둔감하기 때문에 상당히 높은 가격에도 팔릴 수 있다. 유럽 · 미국 · 일본 등 선진국의 제품들은 경쟁력을 지니고 있는 분야에서는 최고의 품질을 실현하고 있는 경우가 대부분이다. 그러나 우리의 경우와 같이 중간 수준에 위치하는 제품은 가격면에서 대단히 민감하다.

우리나라 기업들의 경우는 품질이란 개념을 순수한 품질만을 의미하는 절대적 개념으로보다는 가격에 비해서 만족스러운 품질이란 상대적 개념으로 보아야 한다. 현재 우리가 당면하고 있는 내외 환경에 비추어 볼 때 과거와 같이 상대적으로 저렴한 임금 수준과 소품종 대량생산 방식에 의한 규모의 경제에 의지해서는 더 이상 경쟁력 있는 가격을 실현하기 힘들다. 그러므로 경쟁력 있는 가격을 실현하기 위해서는 끊임없는 생산성 향상의 노력이 병행되어야 한다. 그러므로 우리는 품질과 생산성이란 두 마리의 토끼를 동시에 잡도록 노력해야 한다.

품질과 원가는 서로 상충적인 부분도 있고 보완적인 부분도 있다. 보완적인 부분(예: 제조품질의 향상과 원가의 절감, 제조성을 고려한 제품 설계)은 동시에 달성하도록 추구하여야 하며 상충적인 부분은 최적 조합을 할 수 있는 방법을 찾아나가야 할 것이다. 일반적으로 전략경영이 주어진 여건(자원 능력)하에서의 양자 사이의 효과적인 선택과 조합을 중시하는 개념임에 비하여 품질경영은 이들을 실현하는 원천인 자원 능력(사람 · 기술 등) 자체를 강화함으로써 품질과 생산성 양자를 추구하는 개념이다. 따라서 품질경영에서의 Q(quality: 품질 또는 질)는 제품의 품질뿐만 아니라 과정 또는 업무의 질, 사람의 질, 자원의 질, 기업의 총체적인 질(TQ: total quality)을 의미하는 것이다. 품질경영에서 경영 철학이나 기업 문화의 변화를 그 핵심 개념으로 삼고 있는 것은 바로 이와 같은 이유에서이다.

품질경영의 경영 풍토

품질경영이 추구하는 경영 풍토는 기업의 전 구성원이 기업 발전을 향한 공동의 목표를 가지고 신바람나게 일할 수 있는 보람의 일터를 만드는 것이며 구체적으로는 기업가 정신의 재무장, 근로 윤리의 확립, 노사 일체감을 확립하는 것이다.

기업가 정신의 재무장

우리나라가 지난 30년간 기적적인 경제 발전을 해온 데는 여러 가지 요인이 있겠지만 그중에서도 빼놓을 수 없는 것이 강인한 기업가 정신이다. 우리나라 기업가들의 왕성한 기업가 정신은 정부의 의욕적인 경제개발계획과 맞물려 때에 따라서 신규 사업 진출이나 사업 확장에 비관적인 분위기에서도 과감한 사업 추진을 하는 원동력이 되었다.

결과적으로 실패하여 자원의 낭비를 초래한 경우도 있지만 경부고속도로 건설, 포항제철의 건설, 중동 진출, 규모의 경제를 실현하기 위한 자동차 산업의 대량생산 체제 구축, 표준형 반도체 산업 진출 등은 대표적인 성공 사례로 꼽을 수 있을 것이다. 그러나 지난 몇 년간 노사분규의 과정을 거치면서 많은 기업가들이 사업 규모의 안정 · 분할 · 축소를 꾀하는 등 기업가 정신이 눈에 띄게 쇠퇴하여 왔다. 더구나 근래에는 국내외의 기업 환경이 매우 악화되었을 뿐만 아니라 이를 타파할 수 있는 활로가 쉽게 찾아지지 않는 상황에서 많은 기업가들이 자신감을 상실하고 표류하고 있으며 일부 경쟁력을 상실한 산업 분야의 기업들과 자원 능력이 취약한 한계 기업들은 속수무책으로 도산이란 종착역을 향해 가고 있는 실정이다.

역사적으로 볼 때 많은 국가 · 민족 · 사회 · 기업의 발전 과정에는 생존과 번영을 위협하는 내외로부터의 도전이 있어 왔으며 이를 효과적으로 극복한 자만이 생존하고 발전해 왔다. 조직의 생존과 발전을 달성하려면 도전의 형태가 다를 때마다 각기 다른 대응 방식이 필요하다. 과거의 도전에 대응하는 데 성공적이었던 방식도 새로운 도전에 대한 대안으로는 더 이상 효과적이지 못하다. 경영 철학이나 기업가 정신도 마찬가지이다. 오늘날 우리 기업에게 주어진 도전을 극복하는 수단이 바로 품질경영 활동이다. 이러한 위기를 극복하기 위해서 기업가나 최고 경영자가 선두에 서야 한다는 것은 너무나도 당연하다. 따라서 기업가들은 다시 한번 왕성한 기업가 정신을 되찾아야 한다. 또 사회와 기업에 관련된 사람들이 기업가들이 다시 일어설 수 있도록 함께 힘을 합하여 도와주어야 한다.

그러나 기업가 정신을 발휘하는 방식은 옛날과 달라야만 한다. 과거의 기업가 정신이 여기저기 널려 있는 많은 미개척지에 뛰어드는 모험 정신, 즉 성장 의지를 실현하기 위해서 불확실성 속에서 위험을 무릅쓴 과감한 모험 정신이 근간이 되었다면, 오늘날의 기업가 정신은 주어진 분야에서 혼신의 노력을 통해 내실과 실력을 쌓고 그 결과 성공을 얻어내는 합리적 경영 의지를 근간으로 하는 경영 정신 또는 혁신 정신이 되어야 할 것이다. 오늘날 모험 정신만 가지고 뛰어들 수 있는 미개척지란 더 이상 존재하지 않는다. 새로운 사업의 개척이란 것도 다져진 기술로부터 얻어지는 결과이지 외국에는 이미 존재하지만 우리나라에는 아직 없는 사업 분야를 개척하거나 정부로부터의 사업권 획득과 수입 규제 등을 통해서 얻어지는 것이 결코 아니다. 국내의 일부 기업들이 전개하고 있는 세계 최고의 상품이나 브랜드 개발 노력은 오늘날 우리에게 요구되는 매우 바람직한 기업가 정신으로 발휘되어야 할 방향일 것이다. 또 오늘날의 기업가 정신은 기업이란 재산을 소유하고 있으며 이 재산을 기업 활동을 통해 효과적으로 늘리고자 하는 소유 의식보다는 훌륭한 기업 경영을 통해 자기를 실현하고 완성한다는 성취 의식이 근간이 되어야 한다. 기업가가 충만한 성취 의식으로 무장하고 앞장설 때 종업원들도 고용인으로서의 수동적인 입장에서 벗어나 일에 대한 성취 의욕을 강화하게 된다.

그동안 가장 중요한 국가적 목표인 경제적 성공을 이룩하는 데는 모든 기업 구성원들의 헌신적인 노력이 가장 큰 역할을 하였다. 그러나 우리 사회는 기업의 리더인 기업가에 대해 국제 경제전에서 승리를 이끌어낸 영웅으로서보다는 가난한 사람을 상대로 부를 축적한 탐욕스런 표상으로서 비판적인 시각을 가져왔었다. 기업가들은 그들이 사회에 공헌한 것에 비해 너무나도 사회로부터 인정을 받아오지 못했다. 이것은 일반 대중에게 기업가들의 소유 의지가 주로 인식되었기 때문이다.

앞으로 기업가들이 진정한 성취 정신으로 재무장하고 이에 의해 기업이 성공하고 우리나라가 선진국으로 진입하게 될 때 우리 국민들은 기업가들을 성취인으로서 사랑하고 존경하게 될 것이다. 이것은 부보다는 성취를 통한 명예를 중시하는 가치관을 실현하는 것이다. 부를 궁극적인 목적으로 하는 천민 자본주의 사회는 설사 일시적으로 부의 축적에 성공했다 하더라도 쉽게 쇠퇴하나 성취를 통한 명예를 중시하는 사회는 건전하며 오랫동안 번영할 수 있다.

근로 윤리의 정립

품질경영의 국가적인 목표는 국제 경쟁력을 강화하여 한국이 직면하고 있는 위기 상황을 타파하고 선진국으로 진입하는 것이다. 국제화된 사회에서 특정 국가가 다른 국가보다 빠르게 성장한다는 것은 그 국가의 국제 경쟁력이 강한 결과라고 볼 수 있다. 국제 경쟁력이란 일시적이며 정태적인 개념보다는 장기적이며 변화하는 개념으로 파악되어야 한다. 특정 국가가 지니는 일순간의 경쟁력 우위(국제간 불균형)는 환율과 같은 외생 변수만 변해도 쉽게 무너진다.

그렇다면 경쟁력의 원천은 무엇인가? 환율의 변동이 국가간의 불균형을 회복하려는 힘으로 작용한다면 균형을 지속적으로 파괴하는 작용을 하는 것은 국가간에 존재하는 혁신 능력의 차이라고 볼 수 있다. 국가의 노동생산성을 의미하는 1인당 국민총생산은 그 국가가 보유하고 있는 자원, 자본, 노동 투입량, 노하우(기술 · 지식 · 경영 능력) 등에 의해서 정해진다. 노동생산성의 향상을 의미하는 성장이란 주로 자본 투자량, 노하우의 변화량에 의해서 좌우된다. 오늘날 자본이란 것은 국경이 없어져 개방화된 많은 국가에서 더 이상 제약 조건이 되지 못하므로 결국은 그 국가가 소유하는 노하우의 변화 속도, 즉 혁신 속도가 성장 또는 국제 경쟁력의 결정적인 변수가 된다.

국가의 경쟁력은 그 국가에 속한 기업 개개의 경쟁력의 종합이므로 결국 기업 개개의 혁신 능력이 국가 경쟁력을 결정한다고 볼 수 있을 것이다. 기업의 입장에서 혁신의 주체는 그 기업에 속해 있는 종업원 각자이다. 종업원 개개인이 소유하는 지식, 기술, 경영 능력 등이 변화되어야 기업이 혁신된다. 종업원들의 혁신 속도는 혁신에 대한 의지와 태도를 기본으로 하고 그들의 지적 능력, 수준 높은 정보(선진 기술)의 제공 여부 및 그 유입 속도에 좌우된다.

과거 성장 과정에서 보면 한국 기업들은 높은 교육열, 민족적 동질성과 단일 언어 등의 요인에 힘입어 도입된 기술과 기능의 소화(이것도 혁신임)에 충분한 지적 능력을 갖춘 인력을 풍부하게 공급받았다. 다른 한편으로는 우리에게 필요한 수준의 기술은 기술 도입선으로부터 쉽게 그리고 값싸게 공급받을 수 있었다. 그리고 종업원들은 잘 살아보자는 의지와 사회적 긴장으로 인하여 열심히 일해 왔다. 반면에 기술 선진국들의 혁신 속도는 우리가 후발 국가로서의 이익을 효과적으로 활용하여 기존 기술을 소화하는 속도에 비해 그다지 빠르지 못했으므로 선진국들과의 기술 격차는 서서히 줄어들어 왔다.

그러나 현재는 과거에 우리의 혁신 능력의 원천이었던 대부분의 요인들이 사라져 버렸다. 그 이유를 살펴보면 첫째로 우리가 원하는 수준의 기술은 이제는 선진 외국이 더 이상 주고 싶어하지 않는 기술이므로 혁신의 원천인 기술을 우리 스스로 개발할 수밖에 없게 되었다. 둘째, 기술을 자체적으로 개발하는 데 소요되는 비용은 기술 도입의 대가로 지불하는 로열티에 비해서 엄청나게 크다는 사실이다. 셋째, 과거에는 국민 모두의 높은 교육열에 따라 풍부한 인재 공급을 받을 수 있었던 것이 우리의 주요한 강점이었다. 그러나 자체적인 기술 개발에 적합할 정도의 우수한 인력의 공급은 질과 양 두 면에서 모두 부족하다. 도입 기술을 소화할 수 있는 정도의 능력에 해당하는 수준, 즉 전문 분야에 관한 상식을 갖춘 인재를 양산하던 대중 교육은 세계 최고 수준의 전문 지식을 갖춘 엘리트 교육으로 전환되지 않으면 안 된다. 넷째, 경제적으로 윤택해지고 서비스업의 성장에 의한 사회 전반적인 변화 때문에 종업원들은 더 이상 열심히 일하려 하지 않게 되었으며 직장의 일에 대해서 가치를 덜 부여하게 되었다.

위에서 언급한 바와 같이 우리의 혁신 능력이 둔화된 것과는 반대로 기술 선진국들의 혁신 능력은 과거보다 가속화되고 있다. 많은 산업 분야에서 제품의 기술 혁신이 가속화되어 신제품이 속속 개발되고 개발된 제품이 생산으로 전환되는 시간이 매우 단축되었다. 결과적으로 하나의 제품 유형이 시장에 처음 도입되어 소비자에게 선을 보이고 구매되다가 시간이 지난 후에 다른 경쟁 유형의 제품에 밀리어 시장에서 사라지기까지의 시간을 나타내는 제품 수명이 점점 단축되고 있는 것이다. 선진국에서 수입하던 제품을 모방 생산하여 시장에 보다 싼 값으로 팔려고 할 때에 이미 그 제품은 시장에서 사라지고 있는 현상을 우리는 자주 목격하게 된다. 또 다른 변화는 세계적으로 자동화 기술을 주축으로 한 생산 기술의 혁신이 매우 빠르게 진행되고 있다는 것이다. 자동화 기술의 발달은 전통적인 생산 요소인 노동력이 갖는 의미를 급격히 감퇴시키고 있으며 저임금에 의존한 제품의 저원가 생산이라는 경쟁 수단을 무력화시키고 있다. 일부 사양화되던 산업 분야에서 일본이 경쟁력을 되찾은 현상은 이를 잘 대변해 주고 있다.

우리 기업의 문제로 다시 되돌아와서 살펴볼 때 기업이 혁신 능력을 높이기 위해서 할 수 있는 방안은 무엇이 있는가? 스스로의 주체적인 노력에 의해 혁신을 해나가야 하며 그 주체는 종업원들이다. 오늘날 우리 기업들이 자신감을 상실한 중요한 원인의 하나는 국제 환경에 비추어 볼 때 과거보다 더 굳센 각오로 임해야 될 상황임에도 불구하고 반대로 근로자들이 작업에 대한 의욕과 의지를 상실하였다는 데 있다. 즉 급격히 높아가는 외부의 위협을 돌파하기 위해서는 과거보다 더욱 큰 내부의 노력과 지원이 필요한데 반대로 우리는 내부의 상황조차도 또 하나의 위협으로 등장한 것이다.

어떻게 하면 일할 의욕을 되살릴 수 있을까? 이에 대한 책임의 상당 부분은 개별 기업보다는 사회 전반에 있다고 보아야 하겠지만 기업 스스로도 할 수 있는 부분을 찾아서 문제를 해결해 나가야 한다. 개별 기업들이 이것을 효과적으로 해결할 때 사회 전체가 좋아질 것이다. 산업화 과정에서 우리의 목표는 '잘살아 보자'였고 이것이 열심히 일하게 한 원동력이었다. 그러나 이것은 빈자(貧者)의 목표이고 철학이다. 잘살기 위해서 일을 한다면 일을 열심히 하는 것은 잘살게 될 때까지만 필요한 일시적인 수단에 지나지 않는다. 잘사는 목표를 어느 정도 달성하게 되면 수단이었고 희생이었던 일은 옆에 제쳐놓고 그 대신 인생의 새로운 목표로 휴식이나 여가 선용을 추구하게 된다. 일에 대한 의욕은 줄어들었지만 새로운 목표를 이룰 수 있는 수단인 소득은 소비의 증가에 맞추어 상승되기를 바란다.

이제는 잘살기 위한 수단으로서의 일이 아니라, 일 그 자체가 목적이 되어야 한다. 기업의 입장에서 고객 만족의 추구나 종업원의 인간성 존중이 기업 이익의 증대를 위한 수단으로서가 아니라 목적 자체가 되어야 하듯이, 또 기업가의 입장에서 기업 경영은 소유의 증대를 위한 수단으로서가 아니라 경영을 통한 성취가 목적이어야 하듯이, 종업원들은 소득을 얻기 위한 수단이 아니라 일 자체를 통해서 자신을 성취할 수 있는 기회로 삼아야 한다. 기업은 생계 유지와 여가 생활을 위해서 필요한 돈을 버는 일터가 아니라 성취의 기회를 제공하는 보람의 일터가 되어야 한다. 이렇게 일하는 자세가 종업원들이 지녀야 할 근로 윤리이며 나아가서는 일 또는 직업을 바라보는 직업윤리인 것이다.

현 단계에서 한국인에게 필요한 직업윤리는 선진국 국민이 되기 위하여 갖추어야 할 자세와 목표인 것이다. 더 이상 우리가 단순노동이나 상식 수준의 전문 지식을 파는 사람이어서는 결코 선진국이 될 수 없을 뿐만 아니라 현재의 위치도 보장이 안 된다. 지금 동아시아권만 해도 훨씬 더 싼 임금에 우리가 공급하는 수준의 노동이나 지식을 공급할 수 있는 사람들이 10억 명을 넘는다. 우리는 각자가 자기가 일하고 있는 분야에서는 세계 최고 수준의 숙련된 노동, 최고의 전문 지식을 갖추도록 노력하여야 하며 또 그렇게 되어야 한다. 우리가 갖추어야 할 직업윤리는 과거보다 더욱 철저하게 프로 의식, 전문가 의식, 장인 정신으로 무장하고 일에 임하는 것이다.

근로 윤리는 사회 전반적인 분위기와 종업원 각자의 마음가짐에 달려 있는 것이지만 이것은 품질경영이 추구하는 고객 중시와 인간성 존중의 경영 철학과 성취를 중시하는 기업가 정신과 맞물릴 때 비교적 쉽게 형성될 수 있다. 또 이러한 근로 윤리가 형성이 되지 않는다면 종업원들 사이에 고객 중시의 사고는 이루어지기 어려운 것이다. 근로 윤리의 확립도 종업원 각자가 알아서 변화하도록 기다려서는 곤란하다. 기업가나 최고 경영자가 앞장서서 이러한 변화를 주도해야 성공이 가능하기 때문에 품질경영을 향한 기업가나 최고 경영자의 역할이 다시금 강조된다.

노사 일체감 조성

기업은 구성원들이 가지고 있는 능력이나 의지를 한 곳으로 모아야 비로소 큰 힘을 발휘할 수 있다. 앞에서 기업가 정신의 재무장과 근로 윤리의 정립에 관해서 언급했는데 근로 윤리를 정립하기 위해서는 우선 노사가 기업 경영의 방향과 목적에 대해서 합의를 해야 한다[여기서 말하는 노(勞)란 노조에 속해 있는 사람만을 의미하는 것이 아니라 전 종업원을 의미한다]. 기업이란 울타리 안에서 노사의 관계는 합심하여 경영 활동을 해나감으로써 부를 창출해 가는 협동자의 관계임과 동시에 창출된 부의 분배 과정에 있어서는 경쟁자의 관계이다.

혁신을 통한 부의 확대 재생산을 추구하는 공동 운명체로서 인식하는 동반자 의식이 노사관계의 주축이 될 경우에는 기업이 성공적으로 운영되지만 소득의 분배를 다투는 경쟁 관계가 지배적인 분위기가 되면 부의 창출 기능이 약해지므로 기업은 결코 발전할 수 없다. 따라서 바람직한 노사관계를 형성하기 위해서는 창출된 부의 평가와 분배에 관한 공정한 규칙이 수립되어야 하며, 기업의 활동과 성과에 대한 명확한 정보가 제공되고 그 과정에 대한 충분한 의사소통이 있어야 한다. 근로자들은 그들이 더 많은 노력을 할수록 더 많은 것을 공정한 몫으로 얻을 수 있다는 확신이 있을 때 자발적 노력에 동참할 것이다.

노사 일체감의 조성도 기업가나 최고 경영자, 나아가서는 기업의 지도층에 있는 사람들의 선도와 희생이 있을 때 더 쉽게 이루어질 수 있을 것이다. 더욱이 한국의 경우는 같은 근로자 사이에서도 계층간(화이트칼라와 블루칼라) 또는 직무간(사무직과 현장직) 갈등과 위화감이 커다란 문제가 되어 왔으며, 현재는 과거보다는 상당히 해소가 되었으나 앞으로도 이의 해소를 위한 많은 노력을 해야 한다. 우리 국민은 자본주의 체제로서 발전해 온 어떤 국가보다도 유별나게 높은 평등 의식(기회의 균등보다는 결과에 대한 평등 지향적임)과 상승 욕구를 지니고 있기 때문에 이러한 점이 고려되어야 함은 물론 이러한 성향이 지니는 잠재력을 긍정적인 방향으로 잘 이끌어 내야 할 것이다.

품질경영의 기본 사고방식

품질경영의 기본 사고방식(basic principles)이란 품질경영 추진을 해나가는 과정과 일반적 업무 수행을 수행하는 데 있어서 경영자 또는 종업원이 지녀야 할 마음가짐이나 원칙으로서 품질경영의 경영 철학 및 경영 풍토와 함께 품질경영 문화를 구성한다. 품질경영의 기본 사고방식에는 다음과 같이 14가지가 있다.

① 최고 경영자의 참여 및 의지
② 총체적 품질 방침, 품질경영 문화의 형성
③ 고객 지향적 계획과 평가
④ 기술 중시
⑤ 인재 육성과 인적 자원의 활용
⑥ 혁신과 지속적 개선의 조화
⑦ 리더십 발휘
⑧ 전원 참여
⑨ 부문간 협조
⑩ 팀 활동
⑪ 시스템적 접근
⑫ 과학적 관리
⑬ 공급자와의 협력 관계 증진
⑭ 장기적 관점에서의 성과의 평가

최고 경영자의 참여 및 의지

품질경영을 추진하고 정착시키기 위해서는 최고 경영자가 확고한 추진 의지를 지니고 추진 과정에 직접 참여하여 리더십을 발휘해야 한다. 품질경영의 도입과 추진은 경영 철학, 경영 풍토 등과 같은 기업 문화의 변화 과정이며 동시에 품질 우위의 경영 전략을 실행하는 과정이다. 기업 문화는 전 구성원들이 보편적으로 지니고 있는 가치 · 신념 · 행동을 의미하는 것이므로 당연히 최고 경영자의 철학과 가치 · 태도 및 관심은 기업 문화의 시작이다. 기업에서 중간 간부들은 최고 경영자의 몸짓과 버릇조차도 의식적 또는 무의식적으로 닮아간다. 또 하위 관리직이나 사원들은 그들의 직속 상관의 가치와 태도를 직장 생활의 규범으로 삼는다.

따라서 품질경영은 최고 경영자로부터 시작해서 전 종업원이 참여할 때 실행에 옮겨지고 전 종업원이 변화할 때 완성되는 위로부터의 경영 혁명이다. 최고 경영자의 헌신과 리더십 없이는 다른 구성원들을 설득시키고 참여시킬 수 없는 것이다. 과거 전사종합품질관리 추진 성과가 미진하였던 주요 원인도 바로 최고 경영자의 참여 부족이었던 것으로 판단된다. 최고 경영자의 의지나 참여가 결여된 채 타율적으로 도입하고 형식적으로 추진한다면 품질경영의 정착을 기대하기 힘들고 아울러 효과도 기대할 수 없다. 따라서 품질경영을 성공적으로 추진하기 위해서는 최고 경영자의 적극적인 참여와 의지가 필수적이다.

총체적 품질 방침, 품질경영 문화의 형성

회사의 경영 전략이 품질 우위 확보를 통한 경쟁력 강화에 있음을 명확히 하고 회사의 품질 방침 및 품질경영 추진 방침을 설정하여 이를 전 종업원에 주지시킨다. 그리고 이를 달성하기 위한 구체적인 실행 계획을 수립한다. 품질 방침의 명시란 품질에 대해서 기업 내부의 모든 부문과 구성원이 통일된 시각과 가치를 갖도록 하기 위해서 기업이 갖고 있는 품질에 대한 입장을 명백히 밝히는 것을 말한다. 구체적으로는 품질과 원가, 납기 또는 생산량 간에 상충되는 갈등이 발생했을 때 기업은 어느 쪽을 중시하는가 하는 입장 등을 사전에 밝히는 것이다. 품질경영 추진 방침은 또한 품질경영 추진에 대하여 기업이 지니는 기본적인 입장을 의미한다.

품질 방침은 제품의 품질을 중시하는 품질경영의 준비 단계를 지나 총체적 품질을 추구하는 본격적인 품질경영 단계에 이르면 제품의 품질뿐만 아니라 업무 · 사람 · 자원 · 기업 · 원가 · 납기 등을 포함하는 총체적 품질 방침으로 재정립되어야 한다. 품질경영을 효과적으로 추진할 뿐만 아니라 품질경영이 정착되기 위해서는 기업 문화가 품질경영 문화(품질경영의 철학과 경영 풍토 및 기본 사고방식)로 이행되어야 한다는 것을 인식하고 전 종업원들의 가치와 신념을 품질경영 문화로 변화시켜 나가야 한다. 이러한 변화는 저절로 얻어지는 것이 아니라 오랜 기간에 걸친 의도적이고 지속적인 조직 개발(OD: organization development)의 결과로서 가능하다.

고객 지향적 계획과 평가

업무를 계획하거나 수행해 나갈 때 자기 중심적 또는 생산자 지향적으로 하기 쉬운데 항상 고객의 입장에 서서 업무를 계획하고 수행해 가야 한다. 또 업무의 결과를 평가할 때도 자기의 기준에서가 아니라 고객의 기준에서 평가하여야 한다. 여기서 고객이란 기업의 경우에는 자기가 생산하는 제품이나 서비스의 구매자와 소비자를 말하고, 개인의 입장에서는 다음 공정이나 자신이 수행한 업무의 결과를 활용하는 사람을 의미한다. 또 공급자에 대해서는 자기의 요구 사항과 평가 기준을 명확히 전달하도록 함으로써 공급자가 고객 지향적 사고를 하도록 유도한다.

기술 중시

기업 경쟁력의 원천은 기술이다. 품질경영을 해나가기 위해서는 비록 해당 산업 분야의 최고급 기술은 아니더라도 최소한 제품을 자체적으로 개발하고 설계할 수 있는 능력을 갖추어야 한다. 한국이 신제품 개발 과정에서의 품질관리 활동을 핵심으로 하는 일본의 전사종합품질관리를 도입하였지만 원래의 목적을 달성하지 못하고 품질통제(QC: quality control)에 편중된 부분적인 현장의 공정 개선 활동에 머물렀던 큰 이유 중의 하나는 제품 개발 능력이 부족하여 자체적인 품질 계획(QP: quality planning)을 세울 수 없었기 때문이었다. 또 계획을 제대로 세우지 못하니까 검사 같은 통제 활동도 제대로 수행하지 못하게 되었던 것이다.

기술은 제품을 개발하고 설계하는 제품 기술과 생산 공정을 개발하고 운영하는 생산 기술로 구분하여 생각해 볼 수 있다. 제품 기술은 또 신제품을 개발해 내는 신기술과 기존 제품을 개량해 나가는 개량형 기술로 나누어 볼 수 있는데 전자는 부가가치가 높지만, 우리 입장에서는 우선 후자의 개량형 기술의 확보와 활용에 힘을 기울여야 한다. 물론 업종에 따라 차이가 있겠지만 일반적으로는 고객 요구를 잘 파악하면 개량형 기술만을 활용해서도 고객이 원하는 제품을 효과적으로 개발해 낼 수 있다. 생산 기술의 측면에서 볼 때도 기존의 설비나 치공구를 개량하고 작업 방법을 개선하거나 간이 자동화를 해나가는 수준의 기존 기술의 점진적 향상과 활용이 당장의 과제가 되겠지만 혁명적으로 변하고 있는 FA(Factory Automation)나 CIM(Computer Integrated Manufacturing) 같은 자동화 기술에 관한 정보와 기술의 축적에도 관심을 기울이고 준비를 해나가야 할 것이다.

현재의 경쟁력은 현재 보유하고 있는 기술력에 좌우되지만 내일의 경쟁력은 현재의 혁신력이 좌우한다. 기술은 혁신이 누적된 결과이므로 기술을 중시하는 것은 결국 혁신을 중시하는 것이다. 관리 능력도 그 자체로서의 의미가 있지만 결국은 고유 기술의 혁신을 보조하고 촉진하지 못하면 무의미하다. 인재 육성, 전원 참여 등도 결국 기술, 또는 혁신을 위한 수단일 뿐이다.

인재 육성과 인적 자원의 활용

고유 기술과 관리 기술을 선진국에서 쉽게 도입할 수 있을 때는 인적 자원이 지니는 의미가 상대적으로 적었었다. 그러나 자체적으로 기술을 확보하고 혁신을 해나가기 위해서는 결국 그 주체인 사람의 문제가 중요해진다. 오늘날 장기적인 관점에서 기업의 자원 중 가장 주요한 자원은 사람이다. 우리나라와 같이 인력의 이동이 적은 기업 풍토에서는 더욱더 인재 육성이 중요하다. 소양을 갖춘 자질 있는 인재를 채용하여 그들의 잠재 능력을 어떻게 끊임없이 개발하고 향상시키냐 하는 것은 매우 중요한 과제이다. 또 그들의 능력을 개발시킴으로써 보다 많은 창의성을 발휘할 기회를 주는 것은 그 자체가 인간성을 존중하는 것이다. 현장 작업원의 직무에 대해서는 미리 주어진 절차대로만 단순 시행하도록 함으로써 테일러리즘 이후에 기업에 만연된, 인간성을 무시한 엘리트주의를 종식시키고 모든 사람에게 자기 발전과 개선의 기회를 주어야 한다. 즉 기업내 모든 인적 자원을 적극적으로 개발하고 활용해야 한다. 이를 위해서는 교육 및 훈련에 대한 적극적인 투자가 이루어져야 한다.

기업은 고용된 인력에 대해서 계속적인 교육과 훈련을 통해 인재의 가치를 높여야 하겠지만 그 이전에 질(인간의 소양보다는 전문 지식과 기술의 수준을 말함) 높은 인재를 채용하는 것이 먼저일 뿐만 아니라 가장 비용이 적게 드는 방법이다. 사회, 교육기관, 취업 희망자는 인력을 공급하는 공급자이다. 한국의 교육열이 높다는 것은 인력 공급자간의 경쟁이 치열하고 따라서 공급되는 인력의 질과 양적인 측면에서 기업은 아주 유리한 위치에 놓여 있다는 것을 의미한다. 기업은 필요한 고급인력을 효과적으로 공급받을 수 있는 길이 있음에도 불구하고 과거 기술을 외국에 의존하던 시절의 채용 관습에서 벗어나지 못하고 있다.

미국 기업들은 사회의 교육기관에서 충분히 개발된 인재를 채용하고 입사 후의 개발을 소홀히하는 반면에 일본 기업들은 사회에서 개발이 덜된 인재를 채용해서 입사 후 사내 개발을 적극적으로 한다. 미국식으로 부가가치가 높은 인력을 채용해서 일본식으로 사내 교육을 열심히 하는 것이 인재의 가치를 극대화하는 길이며 따라서 빨리 선진화하는 길이다. 한국의 사회와 교육기관은 기업의 채용 패턴 변화에 따라서 얼마든지 고부가가치 인재를 공급할 자세를 갖출 수 있다고 판단된다.

혁신과 지속적 개선의 조화

품질경영을 통하여 품질의 유지와 향상, 생산성의 향상, 납기의 효율적인 준수를 위해서 프로세스 · 제품 · 서비스 및 업무에 대한 지속적 관리와 개선 활동은 필수적이다. 사소한 개선들도 오랫동안 누적되면 경쟁자가 쉽게 모방하기 힘든 강한 힘이 된다. 전원 참여에 의한 지속적 개선은 품질경영이 추구하는 핵심적인 경쟁력의 원천이다. 그러나 외부 환경에 의하여 커다란 변화가 요구될 때는 이에 맞추어 혁신(여기서의 혁신은 점진적 개선과 대비되는 큰 혁신을 의미한다. 그러나 앞에서 언급되었던 혁신은 양자를 다 포함한다)을 도모해 나가야 한다. 일본에서 전사종합품질관리를 추진하는 기업들이 환경의 변화에 의해 구조적 혁신이 필요한 상황에서도 전사종합품질관리의 특징인 점진적 개선으로 이에 대응하려는 경우가 자주 눈에 띄는데 이는 비효과적인 대응 방법이다.

현실적으로는 주어진 환경이 혁신이 필요한 상황인지 개선에 의해서 돌파될 수 있는 상황인지 판단하기가 쉽지 않다. 예를 들어 성숙 산업의 경우 외국의 저가 제품과 경쟁하기 위해 공장의 해외 이전이나 업종 전환으로 국내 생산을 포기할 수도 있고, 반대로 기존 상품을 포기하는 대신 고부가가치 상품을 개발하거나 대폭적인 자동화 방식으로 경쟁력을 확보할 수도 있을 것이다. 이같은 방법들이 혁신에 의한 대응 방법이라면 기존 제품의 개량, 기존 설비를 이용한 품질과 생산성의 향상을 추구하는 것은 개선에 의한 대응 방법이다.

미국 기업들은 혁신을 선호하므로 사업을 너무 쉽게 포기하는 경향이 있고, 일본 기업들은 개선을 선호하다 보니 신속한 구조조정에 실패하는 경우가 많다. 우리는 평상시는 지속적 개선을 추구하고 필요시 혁신을 가미하는 방식의 조화를 유지하는 것이 바람직하다.

리더십 발휘

모든 경영자와 관리자들은 품질경영의 추진을 위한 계획과 시스템을 고안해야 한다. 이 같은 시스템과 방안들을 통해 조직 구성원의 참여와 창의력이 발휘될 수 있도록 이끄는 리더십을 발휘해야 한다. 품질경영을 추진하기 위해서 각자가 해야 할 업무 · 책임 · 목표 등을 명확히 부여하고 계획의 진척도와 결과를 평가할 수 있는 시스템을 고안하고 이에 따른 적절한 보상을 제공하며 권한 위양이나 참여적 경영을 통해 동기 부여를 한다. 방침 관리의 활용은 위에서 언급한 것들을 실행하기 위한 효과적 수단이다.

전원 참여

품질은 품질관리 전문가들만의 책임이 아니라 기업내 모든 구성원의 책임이다. 기업내의 모든 구성원은 제품의 품질을 중심으로 하여 업무 · 사람 · 자원 · 생산성 · 납기 등 총체적인 품질 향상을 위한 개선 활동에 참여하여야 한다. 또 참여의 범위는 기업의 범위를 벗어나 관련 외주 업체, 유통 업체에까지 확대되어야 한다. 그들을 가격 협상 과정에서의 적으로서가 아니라 공존 공영을 추구하는 동반자로서 인식하고 품질경영 활동에 참여시켜야 한다.

부문간 협조

모든 조직에는 섹셔널리즘이 존재하며 이것은 기업의 통합력을 약화시킨다. 기업도 시스템이기 때문에 각 부문이 독립적으로 최선을 다한다고 해서 전체적으로 효율이 극대화되는 것이 아니다. 우리나라 기업들에서 나타나는 전형적인 조직인 기능별 조직은 필연적으로 부문을 구분하고 구분된 부문은 서로간의 협조를 거부하기 쉽다. 일본이 전사종합품질관리를 도입했던 이유의 하나도 섹셔널리즘의 장벽을 타파하기 위한 것이었다. 매트릭스 조직, 기능별 관리(cross functional management), 내부 고객 관계, 즉 다음 공정은 나의 고객이라는 의식의 확립은 이를 위한 방안들이다.

내부 고객 관계에서 앞공정은 자기가 서비스해야 하는 다음 공정이 자기에게 원하는 것이 무엇인지를 살펴서 뒤의 공정을 만족시킬 수 있도록 해야 한다. 반대로 다음 공정은 앞공정의 입장에 서서 앞공정의 입장과 애로 사항이 무엇인지를 이해하도록 노력해야 한다. 상대방이 나를 이해해 주기를 기다리기보다는 상대방에게 나의 입장과 요구가 무엇인지를 명확하게 전달하는 것이 좋다. 즉 사내 공급자 고객 관계란 서로가 충분한 의사소통을 통하여 상대방의 입장에서 바라볼 수 있도록 하는 것이다.

팀 활동

한 사람의 지식과 사고보다는 여러 사람의 지식과 사고를 모으는 것이 문제 해결에 더욱 효과적이다. 품질경영은 기업 내에서 개인간의 경쟁심 자극에 의한 동기 부여보다는 협동에 의한 시너지 효과의 창출과 성취를 권장한다. 팀활동은 품질경영을 수행하는 핵심적 활동 단위이다. 그러나 지나치게 팀활동을 강조하다 보면 개인이 해야 효과적인 개선 활동을 방해하거나 비능률을 초래한다. 따라서 개인적 개선 활동과 팀활동을 적절히 조화하는 것이 바람직하다.

시스템적 접근

시스템적 접근이란 사물을 전체의 입장에서 파악하고 구성 요소간의 상호관련성을 잘 분석하여 주어진 문제를 해결해 나가는 사고방식을 의미한다. 사물을 부분적으로 보는 데서 종합적인 시각으로, 문제의 영역을 좁게 설정하는 시야에서 넓은 시야로, 단기적 시야에서 장기적 시야로, 문제의 정적인(static) 파악에서 동적인(dynamic) 파악으로 가야 한다. 이렇게 하기 위해서는 문제를 파악할 때 충분한 시간을 갖고 검토·분석하고 종합적인 계획을 수립하여 단계적으로 추진하여야 한다.

한국은 압축성장 과정에서 너무 급하게 서둘렀고 계획을 소홀히 했으며, 충분한 검토 없이 즉흥적으로 도입하여 획일적으로 추진하고, 종합적으로 접근하지 못하고 부분적 접근에 치우쳤으며, 구성 요소들 사이의 관계를 고려하지 않았다. 또 여러 대안을 사전에 검토하지 못하고 한 대안을 일단 선택해 보고 벽에 부딪치면 쉽게 방향 전환을 해버렸다. 업무를 접근하는 방법에서도 위와 같은 현상들이 나타났지만 전사종합품질관리를 추진하는 경우에도 이와 같은 문제점들이 발전을 심각하게 저해했다. 예를 들어서 품질을 설계품질·제조품질 하는 식으로 각 부문의 입장에서 보고 기업 전체의 입장에서 판단하는 능력이 부족하였고, 국가 품질상을 시상하기 위한 준비 과정에서도 VE·IE·TPM 등 부문별 시상뿐만 아니라 품질경영상과 같은 종합적인 성격의 상을 시상하기 위한 준비 과정에서도 각각 따로따로 추진된다든가 하는 식이었다. 또 Q(품질), C(원가), D(납기)간의 균형 있는 감각도 결여되었다.

품질경영의 도입과 추진을 위해서는 충분한 사전 검토를 하여 가능한 대안을 충분히 분석 · 비교하고, 종합적이고 전사적인 계획에 의거하여 단계적으로 도입 · 추진하여야 한다. 또 모든 업무를 수행해 나가는 데 있어서도 시스템적 접근을 적극적으로 추구하여야 한다. 공급자와의 협력 관계 증진도 시스템의 범위를 사외에까지 확대한 개념에 해당한다.

과학적 관리

모든 업무에는 그 업무를 수행하기 위해서 요구되는 전문 지식이 있다. 이러한 전문 지식과 관리 지식이 유기적으로 결합할 때 업무를 훨씬 효과적으로 수행할 수 있다. 예를 들어서 특정 프로세스의 개선 활동에 기계에 관한 고유 기술과 통계적 방법과 같은 관리 기술이 결합될 때 효과적이고 고유 기술도 빨리 발전한다. 모든 업무의 수행과 개선 활동에 고유 기술 또는 전문 지식을 기초로 하여 과학적인 관리 방법이나 접근 방법을 적극적으로 활용해야 한다.

공급자와의 협력 관계 증진

한 기업은 품질을 결정하는 전체 시스템의 일부만을 담당하고 있다. 따라서 총체적인 품질을 달성하기 위한 기업의 참여 범위는 해당 기업의 물리적인 범위를 벗어나 관련 외주 업체, 유통 업체에까지 확대되어 관련된 모든 기업이 참여하도록 유도하여야 한다. 관련 산업의 국제 경쟁력은 자사의 국제 경쟁력을 향상시키는 주요한 원천의 하나이다. 예를 들어 완제품 조립 업체들이 확보하고 있는 경쟁력의 상당 부분은 부품 공급 업체들의 경쟁력에서 기인한다.

외주 업체, 유통 업체를 가격 협상 과정에서의 적으로서가 아니라 공존 공영을 추구하는 동반자로 인식하고 그들과 파트너 관계를 형성하여 최종 소비자의 요구를 충족시키고, 장기적인 이윤을 공유하며 장래를 보장하기 위한 품질경영에 동참하도록 유도하여야 한다. 특히 한국의 경우는 원가에서 차지하는 외주품 비중이 높은 반면 외주 업체들의 기술 수준이나 관리력이 낮아 품질의 주요 애로 요인이 되고 있는 경우가 많다. 계열화된 외주 업체의 품질경영 참여 유도나 육성도 모기업의 책임이다.

장기적 관점에서의 성과의 평가

회사 내의 각 계층이 전반적인 업무 중에서 성과 및 부의 창조에 대한 자신의 역할과 기여 정도를 인식하고 평가할 수 있어야 한다. 이때에는 채산성, 시장 점유율, 각종 품질 지수, 생산성 지수 등과 같이 과거와 현재의 성과를 비교할 수 있는 각종 평가지표(관리 항목)를 활용하여야 한다. 또 품질경영을 효과적으로 추진하기 위해서 회사의 전략, 계획, 자원 배분, 인재 육성, 기술 개발 등 경영지표와 관련된 제요소들을 장기적 관점에서 평가하고, 세계 최고 수준과 비교하여 목표를 설정하고 평가하는 벤치마킹(benchmarking) 방식을 도입하여 국제적 수준으로 끌어올리도록 하는 것이 중요하다.

품질경영 추진을 위한 제도와 기법

품질경영을 추진하기 위한 주요한 제도와 기법에는 다음과 같은 4가지가 있다.

① 품질경영의 기반 구축 제도 및 활동
② 품질관리 및 품질 시스템 요소
③ 원가, 생산성 및 납기 관리
④ 개선 활동 및 문제 해결 기법

첫째, 품질경영의 기반을 구축하기 위한 제도와 활동에 관련된 요소들로서 여기에는 조직을 관리해 나가는 기본 골격에 해당하는 전반적인 관리 시스템, 자원의 확보와 육성에 관련된 제도와 기법, 기업 문화 혁신을 추진하기 위한 방법 등이 있다. 둘째는 제품의 품질을 향상시키는 데 직접적으로 관련이 되는 제품의 개발 및 설계 단계에서부터 판매 후의 서비스 단계에까지 유기적으로 연결하는 품질 루트와 품질 시스템에 관련되는 제도나 기법들이 있다.

셋째로 고객에게 품질이란 절대적인 기준보다는 가격에 비유한 상대적 개념일 수밖에 없다. 품질과 가격은 상호보완적인 부분도 있고 반대로 상호배타적인 부분도 있지만 경쟁력의 관점에서 본다면 두 가지를 모두 성취하려고 노력해야 한다. 그러므로 품질우선이란 개념은 선품질 후원가와 같은 개념으로서 품질이 전륜구동 자동차의 앞바퀴라면 원가는 뒷바퀴와 같은 관계라고 보아야 할 것이다. 또 총체적 질이란 개념에서 원가나 납기에 관련된 요소들도 당연히 품질경영의 영역에 포함된다. 마지막으로는 종업원들이 팀 또는 개인적으로 개선 활동을 전개해 가도록 하는 제도인 개선 활동 제도들과, 문제를 해결해 나가는 절차와 문제 해결에 도움이 되는 여러 가지 통계적, 과학적 관리 기법들이 품질경영 추진을 위한 제도나 기법들에 속한다.

품질경영의 구성 요소간의 관계

품질경영 구성 요소 중 경영 철학, 경영 풍토, 기본 사고방식 등은 기업 문화적 요소로서 품질경영 문화라고 볼 수 있으며 주로 기업 활동의 밑바탕이 되는 정신이나 행동 양식과 같은 하부구조를 형성한다. 기업 문화는 기술 · 인재와 같은 자원 능력(기업의 힘)과 개선과 혁신 능력을 육성 · 강화하는 데 큰 영향을 미친다. 강한 기업 문화에 의하여 경쟁사에 비해서 탁월한 자원 능력과 혁신력을 갖추게 된 기업은 외부 환경의 변화에 쉽게 대응하고 버틸 수 있는 능력을 갖춘 우량 기업이 되는 것이다. 품질경영이 추구하는 궁극적인 목적은 고객 중시와 인간성 존중을 핵심으로 하는 '품질경영 문화'를 기업 문화로 구축하고 이를 기반으로 자원 능력을 강화시켜 우량 기업이 되는 데 있다.

변화하는 환경에 적절히 대응해 나가는 것을 목적으로 하는 경영을 전략경영이라 부르는데, 경쟁자에 비해 탁월한 자원 능력을 갖춘 우량 기업이 외부 환경의 변화에 대해서도 시의적절한 대응을 해나간다면 금상첨화격이라고 볼 수 있다. 따라서 전략적 경영도 소홀히 하지 말아야 한다. 강력한 자원 능력이 뒷받침되면 전략의 대안을 찾기도 쉽고 계획된 전략을 성공적으로 실행하기가 용이해진다.

품질경영은 건실한 기업 문화를 창달하여 강한 힘(자원 능력)을 갖춘 기업을 만들어 가자는 기업 문화적 접근 방식과 주어진 자원을 효과적으로 배분하여 성과를 올리자는 경영 전략적 접근 방식을 병행한다.

기업 문화적 접근 방식이 주로 "현재 하고 있는 일을 바르게 하자(DO THINGS RIGHT: Know How)"는 식의 효율성을 중시하고 있는 데 비해 전략적 접근은 변화하는 환경에 대응하여 현재 상황에서 "무슨 일을 하는 것이 가장 효과적인지 찾아서 하자(DO THE RIGHT THING: Know What)"는 식의 효과성을 중시하고 있다.

자원 능력을 육성하고 이것을 기업의 전략과 조직 구조에 맞추어 배분한 후에 생산 · 판매 · 재무 · 인사 등 기능별로 각각의 주어진 자원을 활용하여 업무가 수행되게 되는데 이 과정에서 품질경영의 제도와 기법이 활용된다. 즉 제도와 기법은 부문내 또는 부문간에 걸친 업무의 수행을 돕는 지식과 방법들이라고 볼 수 있다. 품질경영의 각종 제도와 기법은 주어진 자원을 보다 효과적으로 활용하여 보다 나은 경쟁력과 경영 성과를 얻게 하는 데 기여할 것이다. 또 앞에서 언급되었던 품질경영의 14가지 기본 사고방식은 각종 업무 수행을 효과적으로 수행하게 하는 행동 및 의사 결정의 지침이 될 것이다. 구체화된 경영 전략과 그에 따른 각종 프로그램은 각 부서의 업무를 기업이 나아가고자 하는 방향으로 나갈 수 있도록 통합력을 제고시킴으로써 업무 수행의 시너지(상승 효과)를 창출할 것이다.

업무 수행 활동에는 인사 제도, 교육 및 훈련 제도, 기술 개발 및 관리와 같이 자원의 확보와 육성 활동이 포함된다. 방침 관리, 품질 분임조, 제안 등과 같은 특정한 제도는 전사적으로 개선 의식을 높이고 개선 활동을 전개하도록 유도함으로써 자원 능력을 높이고 나아가서는 개선 지향적인 기업 문화를 구축하는 역할을 한다. 또 방침 관리와 같은 제도는 경영 전략의 수립과 실행을 목적으로 하므로 경영 전략적 접근을 체계적으로 전개하도록 하는 것을 뒷받침하는 제도이다.

경영 목표를 달성하기 위한 두 가지 접근 방식인 기업 문화적 접근과 경영 전략적 접근을 보다 구체적으로 설명하기로 한다. 양자는 상호 대립된 개념이 아니라 보완적 개념이며 동시에 추구될 때 그 효과는 극대화된다. 두 가지 접근 방식은 실행 과정에서 큰 차이를 나타내게 되는데 전략적 접근 방식은 주로 대폭의 도약적인 변화를 추구하는 데 비해 문화적 접근 방식은 점진적 향상을 추구한다. 그러나 도약적인 변화는 항상 필요한 것이 아니라 환경의 변화에 맞추어 간헐적으로 필요한데 비하여 점진적 개선은 평상시의 모든 업무 수행 과정에서 끊임없이 진행될 수 있다. 그러므로 가장 바람직하게 두 가지를 병행하는 방법은 평상시에 주어진 업무를 점진적 · 지속적으로 개선하다가 큰 변화가 필요한 시점에서 혁신적 변화를 가미하는 것이다. 그러나 양자는 서로 다른 스타일을 가질 뿐만 아니라 때로는 선택적이므로 미국과 일본 기업의 기업 활동에서 자주 나타나듯이 한쪽에만 편중되기 쉽다.

예를 들어 지금이 기존 시설 개량이나 간이 자동화를 해야 할 시점인가 아니면 대폭적인 자동화가 필요한 시점인가 하는 문제나 기존 제품의 개량이 바람직한가 아니면 보다 혁신적인 신제품을 개발하는 것이 바람직한가 하는 문제는 상호 선택적인 것이 될 수 있으며 상황에 따라 어느 것이 더 올바른 결정인지를 판단해야 한다. 그러나 현실적으로는 무엇이 조직과 의사 결정자에게 익숙한가에 따라, 즉 그 기업의 의사 결정 스타일에 따라 심사숙고하지 않고 편향적으로 선택하기 쉽다.

스타일의 측면에서 볼 때 전 구성원의 의식 · 행동 · 체질의 변화를 핵심으로 하는 문화적 접근은 시간도 오래 걸리고 어렵다는 단점이 있는 반면에 누적적 효과를 가져온다. 평상시에 문화적 접근에 기반을 두고 실력을 쌓아온 기업은 필요시 전략적 접근을 구사할 수 있고 또 수립된 전략을 쉽게 성공적으로 실행시킬 수 있는 힘도 갖게 된다. 그러나 너무 여기에 의존하다 보면 혁신이 필요한 시점에서도 환경의 변화에 능동적으로 대응하기보다는 환경을 극복하기 위해서 노력하기 때문에 경우에 따라서는 커다란 변화의 흐름에 밀려 낙오될 위험도 있다. 반면에 전략접 접근은 상대적으로 쉽고 기간이 적게 걸리며 효과도 크지만 기업 문화적 기반이 없는 경우에는 자원 능력이 뒷받침되지 않아 선택할 수 있는 전략이 제한될 뿐만 아니라 전략 실행에 실패할 확률이 높고, 한번 잘못된 전략을 구사하면 생존조차 위협받기 쉽다는 것이다. 또 여기에만 익숙한 기업은 문화적 접근을 새롭게 시도하기가 매우 어렵다는 단점이 있다. 전략에 관한 이론과 방법론이 앞선 미국의 많은 기업이 일본 기업의 도전 앞에 무릎을 꿇은 것은 단적인 예라고 볼 수 있을 것이다.

현재 한국이 처해 있는 내외 환경을 살펴보면 서론에서도 언급하였듯이 선진국의 강력한 견제와 후발국들의 급격한 추격 속에 매우 어려운 지경에 처해 있으며 점진적인 개선 정도만 가지고 난관을 극복하기가 어려워 보인다. 이것은 우리나라 기업들이 장기적으로 문화적 접근을 통해 기업의 자원 능력을 선진국 수준으로 끌어올려야 하나 중단기적으로는 전략의 변화를 통해 보다 혁신적인 타개책을 모색해야 할 필요성이 크다는 것을 의미한다.

한국 기업의 전략 유형을 살펴보면, 소품종 대량생산형 제품 계열에서 비교적 낮은 임금 · 규모의 경제를 갖춘 생산 설비, 일본식 생산방식의 모방 등에 기초한 저렴한 생산 원가와 국내 가격보다 낮은 수출 가격 책정에 근거한 가격 경쟁력을 기반으로 하는 원가 우위형 전략(cost leadership strategy) 또는 방어형 전략 (defender strategy)이었다. 품질은 그런대로 중급 또는 중상급의 평가를 받았으며, 여기에 신축적인 조업률을 이용한 납기에서의 강점이 경쟁력을 뒷받침하였다.

그러나 근래에 제품의 가격 상승 속도가 제품의 고부가가치화가 진행되는 속도에 비하여 더 빠르게 진행되었다. 또 신축적인 조업에 의한 납기 강점도 많이 사라졌다. 여기에 선진국들의 세계화 전략이 급격히 전개되면서 선진국들의 기술 및 자본과 후진국의 낮은 임금이 결합하여 품질에 비해 가격이 저렴한 제품이 많이 등장하였다. 이외에도 저급 기술 분야에 중국과 같은 낮은 임금에 기초한 매우 값싼 상품이 대거 세계 무대로 뛰어들었다. 이에 따라 한국 제품은 가격 경쟁력을 상실하여 원가 우위 전략을 더 이상 사용하기 어렵게 되었으며, 이를 대체할 새로운 전략을 확보하지 못한 채 어중간한 상태(stuck in the middle) 또는 주체적 대응 능력을 상실한 무계획한 반응형(reactor)으로 전락하였다.

따라서 한국의 국제 경쟁력을 효과적으로 회복하기 위해 선·후진국 시장을 구분하여 전략을 수립하는 것이 바람직하다. 선진국들과 주로 경쟁이 되는 산업에서는 우리 기업 자체의 개발 및 설계 능력을 갖추고 있는 경우가 많으므로 그들의 고품질에 의한 경쟁력에 대항하기 위해서는 뚜렷한 가격 우위를 유지할 수 있도록 생산성 향상을 우선적으로 중시하는 한편 품질 격차를 줄여 나가야 한다. 즉 기본적으로는 생산 기술에 입각한 원가 우위 전략 또는 방어형 전략을 추구하면서 보조적으로는 보유하고 있는 중급 수준의 제품 기술을 효과적으로 활용해서 개량형 제품 개발을 해나갈 수 있도록 고객의 요구를 중시하는 방향으로 나가야 하겠다.

후발국들과 경쟁이 되는 분야 중 근본적으로 해당 분야의 제품 기술이 이미 성숙되어 있어서 기술적 우위를 확보할 수 없는 경우는 업종 전환이나 공장의 해외 이전을 검토하고 고도의 자동화 기술을 확보하여 생산성을 획기적으로 올리는 전략을 검토하여야 할 것이다. 한국이 자체적인 제품 기술을 확보하지 못하여 저부가가치 제품밖에 생산을 못하는 경우는 제품 기술력을 확보함으로써 품질을 고급화하여 그들이 당분간 쫓아오기 어려운 고부가가치 시장으로 전환하는 방식을 추구해야 할 것이다.

우리 기업들이 나아가야 할 방향을 개략적으로 종합하여 보면 과거에 생산 현장을 기반으로 추구해 오던 원가 우위형 전략이 약화된 것을 보다 적극적인 생산 현장 개선 활동의 전개와 임금 안정을 통해 원가 우위를 회복하고, 여기에 덧붙여 자체적인 제품을 개발 설계할 수 있는 기술력을 확보하고 이를 활용하여 고객 요구를 기민하게 찾아 개량형 제품을 개발하는 고객/시장지향적 차별화 전략 유형을 가미하여야 한다.

5. 인간과 품질경영

품질을 결정하는 요인에 대한 주장은 크게 세 가지로 나눌 수 있다. 기술 결정론(technological determinism), 제도 우위론(system imperative), 인간 우위론(human imperative)이 그것이다(임내규, 13).

기술 결정론은 품질의 수준은 기술이 결정한다는 주장이다. 즉 기계 장비나 설계, 생산의 지식과 노하우가 품질 수준의 높낮이를 결정짓는다는 것이다. 선진국과 후진국의 품질 수준은 크게 다르다. 결국 그것은 기술 수준의 차이에서 비롯된 것이다. 현재 한국의 품질 수준은 50~60년대의 품질 수준과는 비교할 수 없을 정도로 높아진 것이 사실이다. 그만큼 우리의 기술이 높아졌기 때문이다. 기술 결정론적인 시각에서 볼 때, 품질을 높이려면 설계와 생산 기술을 높여야 하며, 교량의 붕괴 사고를 막으려면 교량 건설 기술을 높이지 않으면 안 된다고 할 것이다.

두 번째, 제도 우위론은 조직을 운영하는 제도가 품질을 만드는 데 결정적인 역할을 한다는 주장이다. 기술 그 자체보다는 기술을 활용하고 인간의 행동을 조정하는 제도가 더 중요하다는 것이다. 텔레비전의 품질이 나쁘다고 한다면, 그것은 텔레비전의 설계 기술 또는 제조 기술 때문이 아니라 재료의 구입 제도, 공정관리 제도, 검사 제도, 사람에 대한 평가 제도 등의 탓이라고 보는 것이다. 그래서 자동차의 품질을 높이려면 완성차 업체와 부품 공급 업체 간의 협력을 높일 수 있는 제도를 만들고, 품질관리와 공정관리 제도를 강화하는 등의 노력을 기울여야 하고, 교량의 품질을 높이려면 건설업의 하청 제도와 감리 제도 등을 강화해야 한다는 결론을 제도 우위론자들은 내릴 수 있을 것이다.

세 번째, 인간 우위론자들은 기술이나 제도에 앞서서, 일을 하고 조직을 운영하는 사람들의 마음자세와 행동이 품질을 결정한다고 주장한다. 기술을 개발하는 것도 인간이고, 제도를 설계하고 운용하는 것도 인간이기 때문에 보다 근본적인 원인은 인간에게서 찾아야 한다는 것이다. 그들은 설혹 기술 수준이 낮고 제도가 정비되어 있지 않더라도 사람들의 의식이 바로 서 있으면 좋은 제품을 만들어낼 수 있다고 믿는다. 따라서 자동차나 교량의 품질을 높이려면, 일하고 관리하는 사람들의 능력이나 자세를 바로 세워야 한다고 인간 우위론자들은 말한다(임내규, 14). 대한상공회의소는 「한국 기업의 성공과 실패」라는 보고서를 통해, 우리나라 30대 그룹의 첫 번째 성공 요인이 인재 양성이라는 조사 결과를 발표하였다. 이러한 결과를 좀더 비약시키면 한국의 경쟁력을 장기적으로 높이기 위하여 우리 각자가 해야 할 과제는 자신의 잠재력을 최대로 개발하는 것이라고 볼 수 있다(박영택 · 신완선, 217).

기술 · 제도 · 인간 중 어느 하나의 요인만이 품질에 영향을 주는 것은 물론 아니다. 이들이 복잡하게 얽히고설켜 서로 영향을 주고받으면서 현실을 만들어 가는 것이다. 그러나 인간 요인이 결코 경시될 수 없고, 더욱더 중시될 것이라는 것은 자명하다. 다음과 같은 사실에서 이를 알 수 있다.

첫째, 기술이나 제도는 원인이라기보다는 결과이다. 어느 순간에 우연히 기술이나 제도가 발견되거나 만들어져서 그것이 계속 다른 것에 영향을 주는 것이 아니라, 이들은 만들어지고 계속 변화 발전되는 과정에 있는 것이다. 누군가가, 무엇인가가 그것을 가능하게 해주어야 한다. 특히 기술이나 제도를 개발함에 있어서도 점점 더 높은 창의성이 요구되는데 이러한 창의성은 결국 인간에게 기대할 수밖에 없다. 따라서 기술 결정론만으로 품질 결정 요인을 설명하는 것은 한계가 있다.

둘째, 기술이나 제도는 정보화의 진전과 더불어 보편화되는 경향이 있다. 사회의 기술 발달 수준이 낮고 정보화 정도가 낮을 때에는 특정 기업이 기술 정보를 독점하여 상당한 기간 동안 독점적인 지위를 누릴 수 있었으나, 이제는 특정 기업이 특별한 기술을 개발하였다고 하더라도 머지않아 다른 기업에서 유사한 기술을 내놓게 마련이다. 따라서 기술을 가지고 있다고 안이한 자세를 가지고 있을 수 없게 되었고 제도 우위론으로 품질 결정 요인을 설명하는 것도 곤란하다.

셋째, 인간의 잠재력은 무한하다는 사실이다. 인간의 지적 능력과 정서적 차원, 그리고 인간관계의 잠재력은 극히 일부만 사용되고 있을 뿐이며 그 개발의 여지는 무궁무진하다고 할 수 있다. 심리학자 프로이트가 갈파했듯이 현재 사용되고 있는 인간의 잠재력은 빙산의 일각에 불과하다. 기술 결정론자나 제도 우위론자들은 문제를 정태적으로 보기 쉬우며, 인간에게 묻혀 있는 잠재력을 개발하는 데 소홀히 할 수가 있다. 결국 길게 보면, 품질은 인간이 만든다고 말하지 않을 수 없는 것이다(임내규, 13~14).

많은 경영자들이 인간 우위론을 지지하고 있다. 사업을 재구축하고 업무를 혁신하여 세계적인 초일류 기업의 위치를 재확인한 에디슨의 회사 제너럴 일렉트릭의 웰치 회장은 어떻게 개혁을 성공시킬 수가 있었느냐는 기자의 질문에 "결국, 사람들이 일할 수 있도록 한 것뿐이다"라고 대답하였다. 제도나 기술 속에 억압되어 있는 사람들을 해방시켰다는 이야기다. 그가 GE의 크론토빌연수원을 만들 때 누군가 투자 회수 기간에 대해 묻자 무한대라고 대답하면서 교육이 평생 투자임을 강조하였다. 초우량 기업을 저술한 세계적인 컨설턴트 톰 피터슨의 지론은 경기가 좋을 때는 교육 예산을 2배 늘리고, 경기가 나쁠 때는 4배 늘리라는 것이다. 일본에서 경영의 신(神)으로 추앙받고 있는 마쓰시다 전기의 창업자 마쓰시다 고노스케는 이런 이야기를 했다.

"단골 손님이 찾아와 당신네 회사는 무엇을 만들고 있느냐고 종업원들에게 물을 경우가 있을 것이다. 그때 '마쓰시다전기는 사람을 만들고 있다'라고 대답하라고 나는 강조한다. 훌륭한 제품을 만드는 것이 회사의 사명이기는 하지만, 이를 위해서는 제품에 앞서 사람을 만들어야 한다. 그런 사람이 배출되어야 좋은 물건을 만들 수 있기 때문이다."

호설암(胡雪巖)은 맨주먹으로 시작해 중국 역사상 가장 위대한 상인 반열에 오른 사람이다. 청나라 말기 항저우의 가난한 집에서 태어난 그는 청년기에 금융업에 뛰어들고 국제무역과 제약업 등으로 사업을 확장하며 거부가 됐고, 번 돈을 보국안민에 아낌없이 써 최초의 1품 관직인 '홍정상인(紅頂商人)'이 됐다. "큰 상인이 되기 위해서는 돈보다 사람이 더욱 소중하다는 것을 일찍부터 깨달았고 마침내 부와 명예를 모두 얻을 수 있었다."

삼성의 창업자 이병철 회장도 사람 만들기에 누구 못지않게 노력을 기울인 것으로 알려져 있다. 그의 자서전 『호암자전』에는 이런 구절이 있다.

"인재 제일은 나의 신조이며, 인사 정책은 언제나 삼성의 경영 정책

중에서 가장 최우선의 위치를 차지한다. 사원 교육을 중시하고, 자연농원 안에 1천 명을 수용할 수 있는 세계적인 대형 연수 시설을 만든 것도 이 때문이다."

기업은 사람이고, 품질은 사람의 질에서 비롯된다는 것을 인식한 고백이다. 유한킴벌리의 문국현 사장은 CEO가 최고 경영자가 아니라 평생학습을 책임지는 최고 교육 책임자(chief of education officer)가 되어야 한다고 주장하였다. 이를 바꾸어 말하면 10~20%의 향상을 얻고 기술을 바꾸면 1~2배의 효과를 얻고, 사람을 바로잡으면 10배의 기적을 낳는다는 것이다. 진정한 품질은 사람에게서 나온다(임내규, 15). 사람은 생산 활동의 수단인 동시에 생산 활동의 목적이듯이, 사람은 품질경영의 목적인 동시에 수단이기도 하다. 교육이 사람을 만들고, 사람이 품질을 만든다. 논어를 통해 공자는 2,500년 전에 이미 교육의 중요성을 강조하였다. 여기에 바로 논어의 유구한 생명력이 있다.

한 · 일 두 나라 모두 자원이 빈약한 국가이고 때문에 자원을 수입하여 그것을 토대로 우수한 제품을 만들어 수출해야 하는 경제 구조인 만큼, 고도성장을 이룩하기 위해서는 우수한 제품을 만들 수 있는 이른바 일정한 교육 수준을 갖춘 양질의 노동력이 절대적으로 필요했고, 이를 실현시키기 위해서는 국가의 교육정책뿐만 아니라 그 못지않게 부모들의 교육열도 중요했다고 할 수 있을 것이다. 80년대 미국의 경제가 곤두박질칠 때 미국 노동자들의 낮은 교육 수준이 문제가 되기도 했지만, 근면하고 우수한 노동력을 평균적이고 지속적으로 확보하는 것이 고도 경제성장의 필수불가결한 조건임을 감안한다면, 한국과 일본 사회에서 전개된 '교육 열풍' 도 어느 정도 긍정적으로 평가할 수 있을 것이다(김필동, 109).

대표적인 품질경영 모델

과연 품질에 관한 한 최고라고 자부할 만한 나라는 어디인가? 불과 수년 전까지만 해도 누구나 일본을 지목하는 데에 별 주저함이 없었다. 그렇지만 1990년대에 들어서면서 서서히 미국이 등장하기 시작하여 이제는 거의 모든 나라, 거의 모든 기업이 미국의 초우량 기업을 벤치마킹하기에 열을 올리고 있다(박영택 · 신완선, 13).

MB상은, 1987년 8월에 레이건 행정부의 상무장관을 지낸 고 말콤 볼드리지의 제안으로 미국 기업의 종합적 품질경영(Total Quality Management: TQM)을 촉진하기 위한 목적으로 입법화되었다(Public Law 100-107조). 이 상을 받을 자격이 있는 기업은 운영 방식이나 제품 및 서비스에 있어 탁월한 성과를 보이는 기업들이다. 한마디로 말해서, 그 나라에서 '최고'라고 불릴 수 있는 실천 방법을 보유한 기업들만을 인정해 주는 것이다.

말콤 볼드리지 품질상

미국이 말콤 볼드리지 품질상을 입안한 것은, 경쟁력 중에서도 계속 그 중요성이 증대하고 있는 품질에 대한 인식을 제고하고, 우수한 품질이 지니는 의미 및 그 내용을 이해시켜 품질 우수성에 대한 요구 사항을 명시화하며, 성공적인 품질 전략과 이러한 전략의 실행으로부터 얻어진 이익 및 효과에 대한 정보를 기업들이 공유하도록 유도하기 위함이었다.

일본과의 경제 전쟁에서 잇따른 패배를 맛보고 그 원인의 진단에 열성을 보였던 대부분의 미국 기업들이 내린 결론은 '품질의 실패'였다. 요컨대 미국은 품질을 만만히 보아서는 안 된다는 사실과 품질을 높이기 위한 방법의 적용이 필요하다는 사실을 뼈저리게 느끼게 된 것이고, 그에 따라 일본보다 앞서기 위한 대책을 강구하게 된 것이다. 이렇게 해서 시작된 국가적인 '품질 프로젝트'는 국가 품질상의 제정으로 그 기틀을 잡아나갔다.

실제로 이 국가 품질상의 제정을 계기로 미국은 서서히 국제 경쟁력을 회복했고, 온 세계가 불황의 늪에서 허덕이는 요즘에도 거의 유일하게 최고의 호황을 누리고 있다. 물론 우연의 일치라고 말할 수도 있겠지만, 특히 말콤 볼드리지상이 제정된 1987년 이후 미국의 경제는 놀랄 정도로 되살아나서 이제는 경제의 주요 키워드가 '성장'이 되고 있을 정도인 것이다. 여기에는 사업의 재구축, 리엔지니어링 등 기업들의 자구 노력도 큰 몫을 했지만, 경쟁력 회복의 원동력이 말콤 볼드리지 국가품질상에 있다고 해도 과언은 아닐 것이다(박영택 · 신완선, 15~16).

MB상의 구조를 7가지 범주로 나타내 보면 〈그림 1〉과 같다.

〈그림 1〉 MB상의 7범주

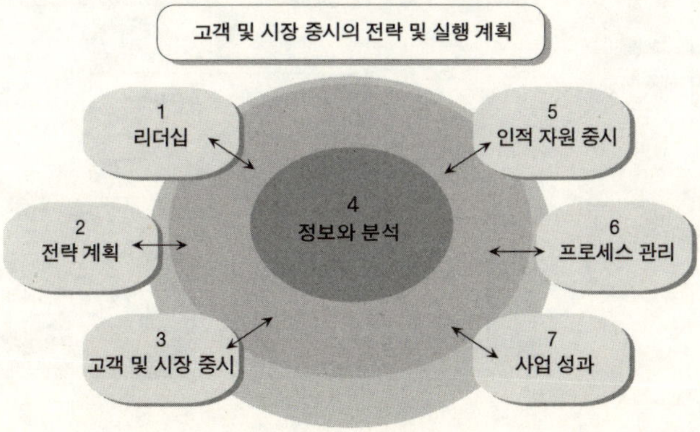

MB상의 7가지 범주에서 직접적으로 사람에 관계되는 것이 리더십과 인적 자원 중시의 두 범주이지만 나머지 4가지 범주도 직간접으로 관련되고 있기 때문에 MB상에서 가장 강조되는 것이 사람이라고 볼 수 있다.

성공하는 사람들의 일곱 가지 습관

세계적인 리더십 전문가인 코스비가 저술한 성공하는 사람의 일곱 가지 습관을 MB상의 구조와 비교해서 나타낸 것이 〈그림 2〉이다.

〈그림 2〉 MB상의 7범주와 성공하는 사람의 7가지 습관

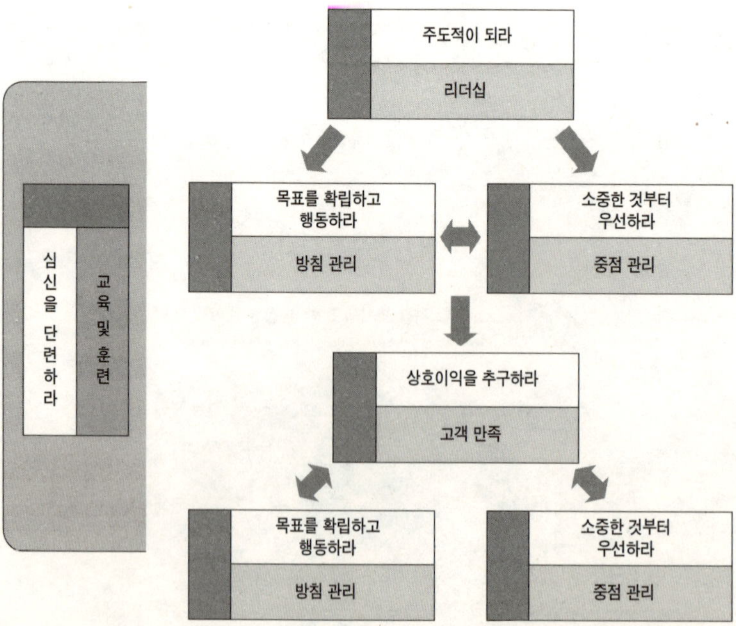

성공하는 사람의 7가지 습관이 MB상에서 나타낸 품질경영의 핵심 요소와 완전히 일치하고 있음을 알 수 있다. 사람이 가장 중요한 요소라는 점에서 2,500년 전 공자가 주장한 바와 일치한다는 것은 우연한 일이 아니다.

〈도표 1〉 품질경영 평가 기준 비교

K-MQ(한국) Korea-Management Quality	MBNQA(미국) Malcom Baldrige National Quality Award	EQA(유럽) European Quality Award	JQA(일본) Japanese Quality Award	신품질(한국) New Quality
1. 리더십 2. 사회적 책임 3. 전략 기획 4. 고객과 시장 5. 인적 자원 6. 정보와 기술 7. 프로세스 8. 사업 성과	1. 리더십 2. 전략 계획 3. 고객 및 시장 중시 4. 측정, 분석 및 지식 경영 5. 인적 자원 중시 6. 프로세스 관리 7. 사업 성과	1. 리더십 2. 방침과 전략 3. 인적 자원 관리 4. 파트너십과 지원 5. 프로세스 6. 고객 성과 7. 인적자원 성과 8. 사회적 성과 9. 주요사업 성과	1. 경영 간부의 리더십 2. 경영의 사회적 책임 3. 고객, 시장의 이해와 대응 4. 전략의 책정과 전개 5. 개인과 조직의 능력 향상 6. 가치 창조의 프로세스 7. 정보 관리 8. 활동 결과	1. 리더십 방침 및 전략 2. 인적 자원 3. 파트너십 4. 프로세스 5. 고객관련 성과 6. 인적자원 성과 7. 사회관련 성과 8. 사업 성과

유럽품질재단(European Forum Quality Management : EFQM)이 운영하고 있는 유럽품질상(European Quality Award : EQA) 또한 크게는 MB상 기준과 유사하나 미국과 달리 인적 자원(종업원)에 대한 사항이 2개 범주, 인적 자원 관리와 인적 자원의 성과로 나누어 평가되고 있으며 사회적 성과(공헌)를 별도로 평가하고 있다. 일본에서 오래전부터 시상해 오던 데밍상이 일본 TQC의 바이블이라는 평가를 받고 있으나 성과에 대한 반영이 다소 부족하기 때문에 이를 수정하여 사실상 MB 기준을 거의 그대로 적용하여 일본경영품질상(JQA)을 제정하였다. 그 이후 점차 일본화를 위한 노력을 진행하고 있다.

일본은 1950년대 미국식 품질관리를 도입하여 불과 10년 정도가 지난 사이에 그들 특유의 일본식 품질관리를 만들어 냈는데, 우리나라는 언제나 외국 제도를 뒤따라가고 모방하는 데 급급하다는 소리가 높다. 우리의 품질관리는 이제 거듭나지 않으면 안 된다. 과거의 우리 산업은 선진국 기업의 하청업체에 불과하였다. 그들의 주문에 따라 낮은 기술의 제품을 이른바 OEM 방식으로 수출하면서 발전한 것이다. 그때에는 모자란 것은 바이어에게 의지하기도 하고, 낮은 가격 조건으로 품질의 약점을 메우기도 하였다. 무엇보다 고도의 기술을 요구하는 것이 아니기 때문에 적당주의와 모방으로 넘어갈 수도 있었다. 그러나 이제는 우리 상표로, 우리 신용으로 무한경쟁의 세계시장에서 싸워야 한다. 국내외를 불문하고 소비자의 욕구는 고급화되었고 세계무역기구(WTO)의 출범과 함께 국제경쟁은 더욱 치열하게 되었다.

그래서 최근에는 품질관리(quality control)라는 개념도 새로운 것으로 바뀌게 되었다. 곧 품질경영(quality management)이 그것이다. 작업현장에서만 하는 품질 운동이 아니라, 회사 전체가 진정으로 하는 운동이 되어야 하기 때문이다. 이제 제품 생산에만 적용되는 품질관리가 아니라 디자인과 마케팅에 이르기까지 전 기능이 종합적으로 연계된 품질 창출이 있어야 하는 것이다. 이것만이 아니다. 품질을 만드는 일은 고객을 만족시키고 지구의 환경을 살리는 차원 높은 것이 되어야 한다(임내규, 1~2). 이러한 움직임에 부응하여 한국품질경영학회가 중심이 되어 한국 품질경영에 대한 정의를 발표하였다.

즉, 전사종합품질관리(TQC) 체계하에서 실질적으로 통계학적인 것이 주된 방법론이었다면, 종합품질경영(TQM) 체계하에서는 통계학적인 것은 물론 조직론적이며 관리론적인 방법론이 주된 것이 될 것이다. 이러한 면들을 모두 고려하여 볼 때 우리가 추진하고자 하는 품질경영은 다음과 같이 정의된다.

〈도표 2〉 한국 품질경영의 정의

	한국 품질경영 정의
추진 기반	최고 경영자의 리더십과 시스템을 기반으로
목표	고객 만족
추진 전략	지속적인 개선, 전원 참가를 추구하여
궁극적인 목적	조직의 성과를 극대화시키는 경영 체계

품질경영이란 "최고 경영자의 리더십과 시스템을 기반으로 고객 만족, 지속적인 개선, 전원 참가를 추구하여 조직의 성과를 극대화시키는 경영 체계"이다. 한국품질경영학회가 정의한 품질경영은 최고 경영자의 리더십과 시스템을 기반으로 해서 고객 만족을 목표로 전략적으로

지속적인 개선과 전원 참가를 실천하여 조직의 성과를 극대화시키는 경영 체제이다.

한국 품질경영의 정의를 논어의 내용과 비교해 보자. 추진 기반인 최고 경영자의 리더십과 시스템을 논어에서는 솔선수범과 교육을 강조하는 것에서 볼 수 있다.

> 곧은 사람을 등용하여 굽은 사람 위에 두면(擧直錯諸枉),
> 굽은 사람을 곧은 사람으로 고칠 수 있다(能使枉者直).
>
> -「안연편」 22장

솔선수범의 필요성을 간파한 말이다.

> 윗물이 탁한데 아랫물이 맑을 리 없다(上濁下不淨).

노나라의 실권자인 계강자가 공자에게 정치를 잘하는 법을 물었다.

> 정치라는 것은 바로잡는 것이니(政者 正也),
> 앞장서서 바르게 한다면 누가 감히 바르지 않겠습니까?
> (子帥以正 孰敢不正)
>
> -「안연편」 17장

수범하는 지도자의 리더십이 조직을 바로잡는 첩경이라고 여겼던 공자는 그 당시의 혼란과 무질서를 극복하는 방법이 교육과 학문을 통해 사회의 시스템을 바꾸는 것이라고 보았다. 춘추시대에 교육은 귀족만이 점유했던 특권 중의 하나였다. 주나라 왕실과 각자의 제후들이 설립한 관학(官學)은 모두 귀족의 자제들만 받아들였다. 그런데 공자가 대담하게 이 관례를 깨뜨리고 일반인들을 교육하기 시작한 것이다(오성수, 15). 공자는 피교육자의 귀천, 영리하거나 어리석으나 따지지 않고 균등하게 교육을 받을 기회를 주었다.

그는 가르침에 차별이 있을 수 없다고 여겼으며, 귀하든 천하든 혹은 영리하든 어리석든 문하에 들어오기만 하면 그들을 잘 가르칠 수 있는 방법을 나름대로 가지고 있었다. 공자는 제자들의 인품이나 재능에 따라 그에 맞게 지도해 교육의 효과를 높였으며, 제자들 스스로의 재능이나 노력에 의해 도달한 학문과 수양의 수준에 따라 가르치는 것을 조절했다. 그래서 공자가 제자들에게 같은 문제에 대해 마치 병의 증상에 따라 약을 달리 처방하는 식으로 사람과 경우에 따라 일러주는 내용을 달리했던 것이다(오성수, 15).

공자의 교학(教學) 기본 사상은 피교육자의 능력에 따라 가르친다는 '인재시교(因材施教)'와 배우고자 희망하는 사람이면 누구나 상관없이 가르친다는 '유교무류(有教無類)'에 있다. 공자는 학문하는 방법으로 배우는 것과 배운 것을 사고하여 스스로 깨우쳐서 실천할 것을 권장하였다. 배우기만 하고 스스로 사색하지 않으면 사물의 이치를 올바로 이해할 수 없고, 자기 생각만 골똘히 하면 소견이 좁아지고 위험한 사상을 가지게 된다.

> 나는 날마다 세 가지 반성으로 내 자신을 되돌아본다(吾日三省吾身).
> 남을 위해 성의를 다하지 못한 건 아닐까?(爲人謀而不忠乎)
> 벗을 사귐에 믿음직스럽지 못한 건 아닐까?(與朋友交而不信乎)
> 배운 것을 익히지 못한 건 아닐까?(傳不習乎) -「학이편」 4장

공자는 생각하면서 공부하고, 공부한 다음에도 공부한 것을 다시

생각하여 자기 것으로 만들었다. 순자도 교육의 중요성을 무척 강조하였다. 『순자』 제1편이 바로 「권학」, '학문을 권한다'는 주제인데, 여기에서 학문이란 옛 성인이 제정하여 남긴 문물제도와 예법에 대한 지식을 쌓고 자신의 품성을 열심히 갈고 닦는 것을 뜻한다. 순자는 사람들이 학문에 전념하는 데 있어서 "쇠를 숫돌에 갈 듯", "나무를 먹줄로 그은 직선에 맞추어 깎듯" 해야 한다고 강조한다. 이렇게 본다면 순자의 성악설은 "잘못된 심성과 행동을 끊임없는 수양과 공부를 통해 바로잡아야 한다"는 주장을 함축하고 있으며, 이것은 사람들이 악해지지 않기를 간절히 바라는 순자의 심정을 반영하고 있는지도 모른다.

공자가 공부 다음으로 중요하게 생각한 것은 배운 것을 실천하는 것이다. 자로는 공자의 제자들 중에서 비교적 결점이 많은 사람이었다. 그런 자로를 공자는 제일 좋아했다. 왜 그랬을까? 그것은 자로가 공자의 가르침을 실행에 옮기는 데 제일 모범이었기 때문이다. 자로는 공자의 가르침을 듣고는 어떤 일이 있어도 즉시 행동에 옮겼다. 공자는 자로의 이런 태도를 좋아했다.

> 자로는 가르침을 받고(子路有聞),
> 그것을 아직 다 실천하지 못했는데(未之能行),
> 다른 가르침을 받을까 두려워했다(唯恐有聞). -「공야장편」 13장

이것은 자로가 공자의 가르침을 실천하는 데 있어 남이 따르지 못할 정도로 노력했기 때문에 한 말이다. 먼저 배운 것을 실천에 옮기기도 전에 또 다른 것을 배우게 될까 두려워하였다는 의미다. 말하자면 자로는 그토록 실천을 위해 노력했던 것이다. 우리는 품질 경쟁력을 강화시켜 우리 산업의 체질을 강화시켜야 한다. 품질경영에 대해 배우고

부지런히 사고하여 산업에 실천적으로 활용하여야 한다.

부모님 모시는 것에 대하여 공자는 이렇게 가르쳤다.

> 부모를 섬기되 허물이 있거든 은근히 간할 것이니(事父母 幾諫),
> 간함을 따르지 않더라도 더욱 부모님을 공경하며(見志不從 又敬不違),
> 수고로워도 원망해서는 안된다(勞而不怨). -「이인편」 18장

한국 품질경영의 정의에서 목표는 고객 만족이다. 부모를 모심에 있어 부모에게 잘못이 있으면 자식은 웃는 얼굴로 부드럽게 권유해야 한다. 부모가 그 말을 듣지 않는다 해도 부모에 대한 공경심을 버리지 않아야 하고 부모의 말에 반항하지 말아야 한다. 이로 인해 그 어떤 참기 어려운 고통을 받게 될지라도 부모를 미워해서는 안 된다. 부모를 고객으로 바꾸어 보면, '고객이 왕이다'라는 고객 만족 정신과 그대로 일치한다. 고객의 주장이 자기 입장에서 불합리하더라도 부드럽게 이해를 하고, 나아가서 미워해서는 안 된다. 고객 만족은 품질경영의 목표이다. 논어에서 부모님을 모시는 정신은 품질경영의 목표인 고객 만족 정신과 동일하다.

한국 품질경영을 추진할 전략은 지속적인 개선과 전원 참여이다. 논어에서도 잘못을 고치는 것[개선]을 매우 중요하게 언급하고 있다. 사람이기에 잘못이 없을 수 없다. 아무리 올바른 행위를 하고 말실수를 하지 않는 사람이라도 잘못이 아주 없을 수는 없다. 하지만 사람들은 보통 자기 잘못을 인정하기 싫어한다. 그러므로 공자는 이렇게 개탄했다.

> 나는 자기의 잘못을 인정하고 마음으로 꾸짖는 사람을 보지 못했노라
> (吾昧見能見其過而內自訟者也). -「공야장편」 26장

잘못이 있거든 고치기를 꺼려하지 마라(過則勿憚改). -「학이편」8장

우리는 성인이 아니므로 잘못이 없을 수 없다. 가끔 상품을 잘못 보냈다든가 불량품을 팔았다든가 하는 일이 있는데, 이런 잘못을 솔직히 인정하고 합리적인 보상을 해주면 그 효과는 아주 좋다. 즉 잘못을 저지른 후 그것을 즉시 고치고 사후 처리를 능력껏 빨리 한다면 의외로 큰 수확을 얻을 수 있다.

품질경영에서 개선의 의미는 매우 중요하다. 일반적으로 관리의 방법은 유지 관리와 변화 관리로 나눌 수 있다. 이 중 유지 관리는 정해진 표준(규정 · 규격)에 맞도록 관리하는 것이고 변화 관리는 현재의 상태를 개선이나 혁신을 통하여 바꾸어 나가는 것을 말한다. 개선은 점진적으로 바꾸어 나가는 것이고 혁신은 급격하게 바꾸는 것을 말한다. 품질경영에서는 표준 관리와 개선 · 혁신을 모두 중요시하고 있다.

논어는 관계론의 보고(寶庫)와도 같다. 품질경영을 효과적으로 실행하려면 전원이 참가해야 한다.

덕은 외롭지 않고 반드시 이웃이 있다(德不孤 必有隣).

는 공자의 말에서 "덕(德)이란 사람과 사람이 맺는 관계에 무게를 두는 것"이라고 해석한다. 나아가 운동론에서도 민중과의 접촉 국면을 확대하고 그 과정을 민주적으로 이끌어 나가는 것이 '덕불고 필유린'의 원리라는 것이다. "인간관계로서의 덕이 사업 수행에 뛰어난 방법론으로서 검증됐다는 의미가 아니라, 그 자체가 삶이며 가치이기 때문에 귀중한 것"이다.

'공자'는 중국의 새로운 화두다. 후진타오 국가주석이 지난해 2월

"조화를 소중히 여겨야 한다"는 공자의 말을 거론하며 '조화사회론'을 역설한 이후 중국 지도자들은 기회만 있으면 공자 어록을 들먹인다. 공자사상 연구를 위한 대학의 학과 개설이나 연구소 설립도 잇따르고 있다. 중국사회과학원은 지난해 6월 '유교연구중심'이란 연구소를 세웠다. 3개월 뒤 런민(人民)대는 공자사상을 전문으로 가르치는 '국학원(國學院)'을 설립했다. 공자사상이 '국학(國學)'으로까지 격상된 셈이다. 최근까지 18개 대학이 공자 관련 연구소나 학과를 개설했다. 초등학교에서도 공자 학습이 한창이다. 논어나 사서삼경을 옆구리에 끼고 다니는 일반인도 늘어났다. 지난해 9월 베이징[北京]에서는 200여 명이 참가한 대규모 공자토론회가 열리기도 했다. 또 지방 행사로 그쳐 온 '공자문화제'가 지난해에는 국가 차원으로 승격됐다. '공자표준상'도 제정하기로 했다. 또한 2004년 11월 서울에 처음 '공자학원'이 설립된 이후 올해 6월까지 미국 · 독일 · 케냐 등 60여 곳으로 늘었다. 2010년까지 모두 100여 개를 세울 예정이다. 공자가 중국에서 되살아나고 있다. 개혁개방 이전 공산당에게 철저하게 비판당했던 그의 사상이 이제는 새로운 국정 이념이 되다시피하고 있다.

한국 품질경영의 정의를 논어와 비교한 〈도표 3〉에서 보는 것처럼 품질경영의 정의에서 핵심 용어로 사용하고 있는 경영자의 리더십과 시스템, 고객만족, 지속적인 개선과 전원 참여는 모두 논어의 정신과 일치하고 있다. 또한 MB상 · 유럽 · 일본 · 한국 품질경영 평가 기준도 논어정신과 일치한다. 품질경영은 특정한 형태의 경영 방식이나 제도이기에 앞서 경영 활동을 해나가는 데 있어서 기본이 되는 정신이며 업무를 수행해 나가는 사고방식이다. 구체적인 제도나 기법은 이러한 철학과 사고를 보다 효과적으로 달성해 나가기 위한 수단으로 택해진 일련의 대안들일 뿐이다. 과거 일본의 전사종합품질관리를 도입 · 추진하

〈도표 3〉 한국 품질경영의 정의와 논어의 비교

	한국 품질경영 정의	논어
추진 기반	경영자의 리더십과 시스템	곧은 사람을 등용하여 굽은 사람 위에 두면 굽은 사람을 곧은 사람으로 고칠 수 있다. -「안연편」 22장 정치라는 것은 바로잡는 것이니, 앞장서서 바르게 한다면 누가 감히 바르지 않겠습니까? -「안연편」 17장
목표	고객만족	부모를 섬기되 허물이 있거든 은근히 간할 것이니, 간함을 따르지 않더라도 더욱 부모님을 공경하며, 수고로워도 원망해서는 안 된다. -「이인편」 18장 첫째, 자기의 자녀에게 바라는 것을 모두 자기의 부모님께 해 드리고, 둘째, 자기의 임금에게 바라는 것을 모두 그대로 임금에게 해드리고, 셋째, 자기가 아우에게 바라는 것을 모두 그대로 형에게 해드리고, 넷째, 자기가 벗들에게 바라는 것을 모두 그대로 먼저 벗들에게 행하면 된다. -「중용장구」 13장
추진 전략	지속적인 개선 전원 참여	잘못이 있거든 고치기를 꺼려하지 마라. -「학이편」 8장 덕은 외롭지 않고 반드시 이웃이 있다. -「이인편」 25장

는 과정에서 많이 볼 수 있듯이 기본적인 정신이나 사고방식은 소홀히 하고 지엽적인 제도나 기법에 매달려서는 품질경영의 진정한 효과를 얻기가 어렵다. 따라서 품질경영은 단순히 제도나 기법을 도입하고 적용하는 방식이 아니라 전 임직원의 가치와 신념의 변화를 전제로 하고 이를 통해 업무를 수행하는 태도와 행동을 변화시켜 나가는 기업 문화의 창달인 것이다.

앞으로의 품질경영을 추진하는 방식은 논어정신에 입각하여 제도와 기법을 발전시키고 활용하는 것이다. 그렇게 한다면 우리도 품질경영의 진정한 효과를 얻을 수 있을 것이다

참고문헌

공건, 『삶을 다듬는 일곱 가지 지혜』, 성균관대학교출판부

공건 저, 양억관 역, 『돈버는 데 깨끗하고 더러운 것 없다』, 경영혁신, 2001

공건 · 이원길 역, 『CEO 공자』, (주)신원문화사, 2003

공자의 문도들, 조광수 역, 『논어』, 책세상, 2003

기세춘, 『동양고전산책』, 바이북스, 2006

김경일, 『공자가 죽어야 나라가 산다』, 바다출판사, 1999

——, 『사서삼경』, 바다출판사, 2004

김동구, 『인간공자』, 명문당, 1992

김동현, 『21세기 신유목시대를 가다』, 에세이, 2006

김상배, 『논어』, 자유문고, 1997

김석원, 『논어』, 혜원출판사, 1991

김석진 · 신성수, 『대산중용강의』, 한길사, 2004

김성동 · 백원람, 『중국철학산책』, 백산서당, 1996

김연성 · 박영택 · 서영호 · 유한수, 『말콤 볼드리지』, 한언, 1999

김영호 외, 『논어의 종합적 고찰』, 심산, 2003

김용옥, 『도올 논어』, 통나무, 2000

김재영, 『한국사상 오디세이』, 인물과사상사, 2004

김철호, 『동양철학 이야기 주머니』, 녹두, 1995

김태길, 『공자 사상과 현대사회』, 철학과 현실사

김필동, 『전후일본』, 계명, 2000

김형찬 역, 『논어』, 홍익출판사, 2005

노자 저, 황병국 역, 『노자 도덕경』, 범우사. 2005

동양고전연구회, 『논어』, 지식산업사, 2002

로스 테릴 저, 이춘근 역, 『새로운 제국-중국』, 나남, 2005

막스 베버 저, 박성수 역, 『프로테스탄티즘의 윤리와 자본주의 정신』, 문예출판사. 1996

박선규, 『공자는 안 죽어』, 신원, 2000

박영택 · 신완선, 『국민은 변화를 요구한다』, 한국표준협회, 1999

박용의, 『군자상에 관한 연구』, 건국대학교 석사학위 논문, 1986

박우희, 『한국 지식인에게 고함』, (주)박영사, 2005

박우희 · 이어령, 『한국의 신자본주의 정신』, (주)박영사, 2005

박이문, 『논어의 논리』, (주)문학과 지성사, 2005

박재홍, 「한국형 품질경영」, 신품질포럼, 2005

——, 「한국적 품질경영시스템에 관한 탐색적 연구」, 『한국품질경영학회지』, 한국품질경영학회, 2004

——, 『현대품질경영』, (주)박영사, 2002

——, 「기업의 경쟁력 향상과 품질관리 활동의 내재화 과정에 관한 연구」, 『경영논총』, 이화여자대학교 법정대학, 1989

——, 「한국품질경영체제의 단계별 특징에 관한 연구」, 『사회과학논집』

12집, 이화여자대학교 법정대학, 1992
범선균, 『맹자』, 혜원출판사, 2000
배병삼, 『논어』, 문학동네, 1993
산업자원부 · 한국능률협회, 『경영품질 가이드북』, 2004
서근석, 『재미있는 중용』, 풀잎, 1993
서두칠, 『지금은 전문경영인시대』, 김영사, 2006
송복, 『동양적 가치란 무엇인가: 논어의 세계』, 생각의 나무, 1999
신정근, 『논어의 숲 공자의 그늘』, 심산, 2006
신품질포럼, 『신품질 실천 가이던스』, 한국품질재단한국품질인증센터, 2002
안병욱, 『논어인생론』, 자유문학사, 1996
양백준 저, 이장우 외 역, 『논어역주』, 중문출판사, 2002
양창삼, 『한국의 경영사상』, 양영각, 1993
오성수, 『논어 오디세이』, 어진소리, 2004
오카모토 미쓰오 저, 이정환 역, 『두시간 공자왈』, 창조집단시빌구, 2001
왕방웅 외 저, 황갑연 역, 『논어철학』, 서광사, 2002
요시카와 료조, 전영주 역, 『신바람 한국 가미카제 일본』, 다락원, 2001
윤재근, 『논어』, 둥지, 1994
——, 『사람인가를 묻는 논어 1 · 2』, 동학사, 2004
이가원, 『논어』, 신원문화사, 1994
이강식, 『논어의 경영학』, 환국, 2006
이기동 역해, 『논어강설』, 성균관대학교출판부, 1992
이기동, 『논어에서 얻는 지혜』, 동인서원, 1998
이기동 · 배요한, 『도올 김용옥의 일본 베끼기』, 동인서원, 2001
이민홍, 『논어강의』, 문자향, 2005

이상국, 『옛공부의 즐거움』, 웅진지식하우스, 2005
이석명, 『회남자』, 사계절, 2004
이수태, 『논어의 발견』, 생각의 나무, 1999
이승철, 『맹자로 한국 살리기』, 자유문고, 2001
이언호, 『공자를 알아야 나라가 산다』, 도서출판큰방, 1999
──, 『이야기 논어』, 도서출판큰방, 1989
이완재, 『공자에서 퇴계까지』, 인문출판사, 2001
임균택, 『한민족의 전통사상』, 동화출판공사, 1990
임내규, 『사람이 품질을 만든다』, 21세기북스새날, 1994
장기근, 『논어신역』, 범조사, 1986
장희경, 『논어』, 시공사, 2000
정진일, 『동양의 지혜』, 양영각, 1994
정후수 역, 『논어』, 장락, 2000
조규상, 『철학의 진실과 조건 그리고 논어』, 얼과 알, 2002
조남국, 『한국사상과 경제윤리』, 교육과학사, 1994
조용헌, 『조용헌 살롱』, 랜덤하우스, 2006
조영호 외, 『품질을 위해 사는 사람들』, 한국표준협회, 1995
존 K. 클레멘스, 더글라스 F. 메이어, 김민홍 편역, 『고전에서 배우는 리더십』, 매경출판(주), 2004
조셉 주란 저, 김종철 역, 『전략적 품질경영』, 21세기북스새날, 1994
『중앙일보』 분수대, 2004
철학연구회, 『윤리질서의 융합』, 철학과 현실, 1996
카이즈카 시게키 저, 박연호 역, 『공자의 생애와 사상』, 서광사, 1991
피에르 도딘 저, 김경애 역, 『공자』, 한길사, 1998
표정훈, 『하룻밤에 읽은 동양사상』, 중앙M&B, 2002

한필훈, 『사람은 무엇으로 사는가』, 동녘, 1998

함재봉, 『유교 자본주의 민주주의』, 전통과현대, 2000

함재봉 · 함재학 · 데이빗 홀, 『유교 민주주의, 왜 & 어떻게』, 전통과현대, 2000

홍사중, 『나의 논어』, 이다미디어, 2004

——, 『한국인 가치관은 있는가』, 사계절, 1998

Voss Christopher and Cruise O' brien, *In Search of Quality*, London, 1992

찾아보기

〔ㄱ〕

6시그마 191

건도 47

검사품질 155

격물치지 58

경세치용 56~57

경영 철학 186, 201, 203, 208, 230

경영 풍토 201~202, 208, 217~218, 230

경영품질 190~193, 246,

곤도 47

공급자 217, 220, 222, 225, 227

공자 24, 51, 64,73, 95, 109, 117, 137, 248

과학적 관리 217, 227

관계론 90, 123, 252

군자 59, 62, 90, 101, 112~143

규범 23, 24, 37, 102, 144, 218

기본 사고방식 202~203, 217, 230

기술 결정론 237, 239

기업가 정신 12, 208, 210, 216

〔ㄴ〕

내구성 161, 165, 170, 174, 175, 188

논어 15, 37, 41, 53, 65, 80, 82~83, 90, 94, 96, 104,146~147, 241, 248, 251, 253~255

〔ㄷ〕

대우법 69

도 56, 72, 144~152

〔ㅁ〕

막스 베버 18, 22~23

만만디 17, 31

말콤 볼드리지 품질상 242~246

목표 관리 12

문선왕 63

미국품질대회 191

〔ㅂ〕

발분망식 53, 142

방어형 전략 233-234
방침 관리 224, 231

〔ㅃ〕
빨리빨리 16~17, 32, 81

〔ㅅ〕
사단 28~30
사상체질 31
사용 적합성 161-165, 169
삼강오륜 23, 41
서비스 가능성 171, 175-176
설계품질 155, 160, 180, 188, 226
성능 158~159, 161, 170~172, 174, 176
성리학 51~52, 54~56, 84~85
성선설 23~27, 30~31, 47, 80
성악설 24~27, 31, 47, 250
시스템적 접근 155, 217, 226
시장품질 155, 160
실사구시 56-57
실학 55~58
심미성 176
심학 33, 37

〔ㅇ〕
안인 96~97
애인 96
원가 우위형 전략 233, 235
유교무류 61, 113, 249
유럽품질상 246
이시가와 80, 197
이용후생 56, 57
인 29, 40~41, 94~112
인 · 의 · 예 · 지 27, 29
인간 우위론 237, 239
인내천 41
인본주의 12, 109
인인 96, 99, 115
인재시교 61, 249
인지도 161, 171, 177

〔ㅈ〕
자본주의 18, 51, 216
잠재요구 적합성 162, 167
적합성 161-165, 173, 178
전사적 접근 155, 200
전사종합품질경영 195, 196, 198
전사종합품질관리 83, 161, 195, 196, 200, 223
전원 참여 199, 217, 221, 224
정보의 부분적 보류 178
정보의 이용가능성 178
제도 우위론 237~239
제조품질 155, 160, 181, 208, 226
조직 개발 219
중용 97, 117, 144, 254
지속적 개선 217, 223
집단주의 11, 31, 44, 49

〔ㅊ〕
총체적 품질 180, 185, 189, 217
춘추 54, 63
충 102, 112, 130, 147~149
충서 102, 146, 148-149

측은지심 26

〔ㅋ〕

카노 다이어그램 168

캐치볼 84

〔ㅌ〕

특성 54, 98, 156~157, 165, 173

특성요인도 86

〔ㅍ〕

표준 적합성 162-163, 167

품질 제일주의 206

품질경영 52, 58 ,64, 70, 86, 88, 199, 202, 217~218, 223

품질 기능 전개 82

품질의 형성 180

프로테스탄트 22

〔ㅎ〕

화이부동 90, 125

ISO 8402 199

ISO 9000 186-187, 196, 199

PIMS(Profit Impact of Market Strategy) 98

2008 대한민국학술원 선정 우수학술도서

논어 품질경영

펴낸날 | 1판 1쇄 2007년 7월 25일
2쇄 2008년 9월 3일
3쇄 2009년 11월 10일
지은이 | 박재흥
펴낸이 | 최민숙
펴낸곳 | 이화여자대학교출판부
주 소 | 서울특별시 서대문구 대현동 11-1 (우)120-750
등 록 | 1954년 7월 6일 제9-61호
전 화 | 02-3277-2965, 2966(편집기획)
02-3277-3164, 362-6076(경영지원)
팩 스 | 02-312-4312
전자우편 | press@ewha.ac.kr
인터넷 서점 | www.ewhapress.com
책임편집 | 정경임
디자인 | 정경숙
찍은곳 | 한영문화사

ISBN 978-89-7300-750-9 93320
값 13,000원